G

Cathédrale de Ratisbonne. (P. 126.)

Mosquée d'El-Harem. (P. 138.)

Église de l'Assomption, à Moscou. (P. 127.)

Temple de Lama. (P. 150.)

Église du Saint-Sépulcre. (P. 141.)

Saint-Jean-de-la-Résurrection, en Syrie. (P. 144.)

Saint-Charles-Borromeo, à Vienne. (P. 126.)

Église St-Pierre et St-Paul, à St-Pétersbourg. (P. 12

Cathédrale de Messing. (P. 120.)

Panthéon d'Agrippa. (P. 108.)

Cathédrale de Florence. (P. 121.)

Intérieur de la Cathédrale de Sienne. (P. 112.)

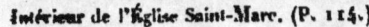

Intérieur de l'Église Saint-Marc. (P. 114.)

Le Dôme de Worms. (P. 125.)

Panthéon d'Agrippa. (P. 108.)   Sacristie de la Cathédrale de Sienne. (P. 112.)

Le Monastère royal, à Ummerapoura. (P. 197.)

Abbaye de Bolton. (P. 185.)

Abbaye de Saint-Ricq. (P. 175.)

Abbaye du Mont-Cassin. (P. 190.)

Abbaye d'Hautecombe. (P. 193.)

Couvent d'Otrotck. (P. 194.)

Couvent de Troïtskoïe. (P. 195.)

Couvent de Troïtzoïe.

(Abbaye de la Victoire. (P. 178.)

La Chartreuse de Pavie. (P. 188.)

Église à Rio-Janeiro. (P. 201.)

Monastère du Mont-Sinaï. (P. 198.)

Cathédrale d'Exeter. (P. 94.)

Intérieur de la Cathédrale de Cordoue. (P. 99.)

Maître-autel de la Cathédrale de Séville. (P. 103.)

Cathédrale de Worcester. (P. 98.)

Intérieur de Saint-Pierre-de-Rome. (P. 106.)

Extérieur de Saint-Pierre-de-Rome. (P. 106.)

Mosquée de Cordoue. (P. 99.)

Notre-Dame de Paris. (P. 7.)

Cathédrale de Strasbourg. (P. 42.)

Cathédrale d'Orléans. (P. 46.)

Cathédrale de Rheims (P. 39.)

Portail de la Cathédrale de Rheims. (P. 39.)

Cathédrale d'Amiens. (P. 47.)

Façade de la Cathédrale d'Orléans. (P. 46.)

Notre-Dame de Chartres. (P. 25.)

Cathédrale d'Yorc. (P. 87.)

Église de Sainte-Gudule, à Bruxelles. (P. 81.)

Chœur de la cathédrale de Westminster. (P. 90.)

Cathédrale d'Albi. (P. 81.)

Cathédrale de Rouen. (P. 69.)

Chapelle de Cambridge. (P. 92.)

Cathédrale d'Anvers. (P. 84.)

Église de Saint-Martin, à Londres. (P. 91.)

Église de Newark. (P. 89.)

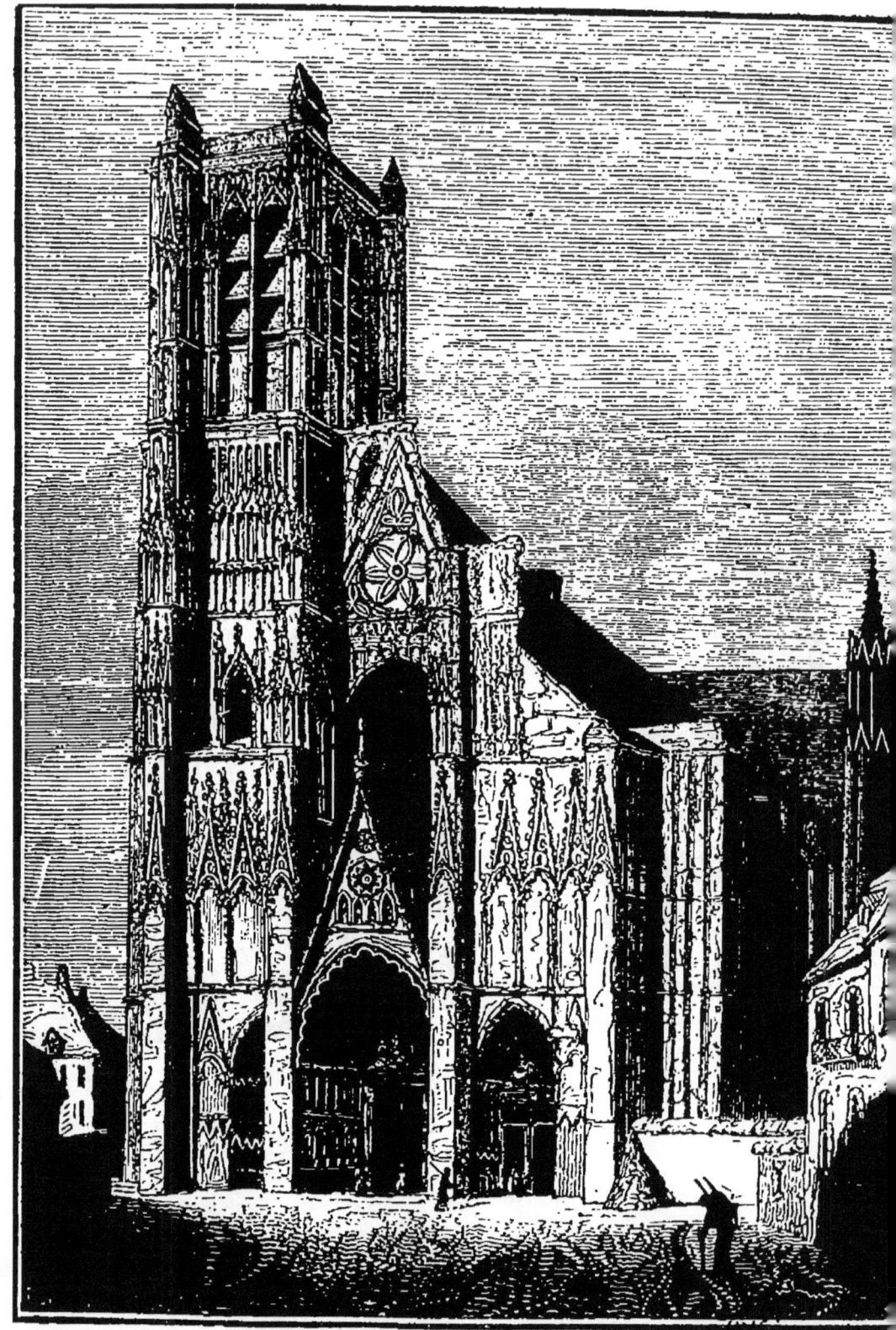

Cathédrale d'Auxerre. (P. 71.)

Vue de Saint-Gatien, à Tours. (P. 67.)

Saint-Trophyme d'Arles (P. 54.)

Église de Saint-Vulfran, à Abbeville. (P. 66.)

Saint-Maurice, à Vienne. (P. 61.)

Cathédrale de Rodez. (P. 69.)

Cathédrale d'Autun. (P. 70.)

Église d'Étampes. (P. 75.)

Église d'Evron. (P. 72.)

PRÉFACE.

Quelle imagination pourrait demeurer froide et muette en présence de ces pompeuses cathédrales, de ces constructions presque fabuleuses, léguées par le moyen-âge aux siècles à venir, comme de grandes leçons de persévérance et de piété? A l'aspect de ces hautes églises, noircies par le temps, de leurs portiques façonnés, de ces vieux saints qui garnissent leurs niches, on se sent pénétré d'un sentiment tout autrement chrétien que devant ces modernes imitations du Parthénon d'Athènes, où la croix n'est qu'un anachronisme. Interrogez un de ces débris du moyen-âge, tout y est empreint des saintes croyances : ces vitraux étincelants de toutes les couleurs de la nature, et qui inondent de leurs rayons la foule agenouillée au pied de l'autel; ces ogives aux mille découpures, ces colonnes élancées jusqu'à la voûte, où elles se marient en flexibles rameaux; ces quelques tombeaux ici, là, dispersés, où repose raide et couchée la statue d'un évêque avec sa crosse et sa mitre; ou bien la figure à cheveux plats et tombants d'un seigneur châtelain, comme le témoignent le chien et le faucon à ses pieds; ces stalles du chœur relevées par mille sculptures, par de bizarres allégories, sur lesquelles s'appuient gravement les mains des chanoines; tout ici respire je ne sais quel air de spiritualisme, de grandeur et d'originalité, qui subjugue la pensée de l'artiste, du philosophe et du chrétien.

L'architecture, dans les xiie et xiiie siècles, porte avec elle un caractère particulier, d'autant plus remarquable qu'on n'a pu jusqu'ici lui assigner une origine précise. Ce style fut-il emprunté à l'orient ou à la Grèce? Dérive-t-il du gothique, du lombard ou du byzantin? Quels qu'aient été les raisonnements apportés à l'appui de telle ou telle opinion, la question est demeurée indécise, en ce sens que les monuments du moyen-âge ne sont point une dégénération, mais un système complet, entièrement neuf, même dans ses caprices. Néanmoins, comme rien n'est et ne peut être spontané dans les arts, on ne saurait douter que les styles antécédents aient concouru à la composition de l'architecture *ogivique*, où l'on retrouve en effet les éléments de ces divers styles, fécondés et agrandis par la pensée chrétienne.

Le petit nombre de monuments qui précédèrent cette époque, et qui subsistent encore, présentent des constructions d'une grande solidité, mais dénuées de goût et d'ornements caractéristiques. De lourdes basiliques éclairées par d'étroits soupiraux, des monastères à tours crénelées, où se montraient quelques souvenirs défigurés de l'art chez les Grecs et les Romains, tels furent, jusque sous les premiers rois de la troisième race, les palais et les temples chrétiens. Ce style funèbre demeura tant que l'Europe retentit des coups de la tempête qui poussait les hordes du Nord à venir déraciner les vieilles cités occidentales comme des arbres vermoulus.

Mais enfin les barbares se civilisent à leur tour. L'édifice du moyen-âge se forme dans sa clé de voûte, la papauté. Alors se fait sur la terre une végétation nouvelle : tout s'anime à la fois, toutes les fleurs du Christ s'épanouissent ; l'architecture prend de la hardiesse, de la couleur ; et le xiiie siècle commencé, l'Europe occidentale se hérisse de monuments religieux qui tous semblent participer d'un type commun. Ce sont des piliers terminés en obélisques, des flèches élancées et, pour ainsi dire, suspendues dans les airs; des murs, sans épaisseur, élevés à une hauteur excessive, mais contrebutés à l'extérieur par un grand nombre d'arcs-boutants, suivant le procédé constamment employé par les Goths ; puis un ou plusieurs portails cintrés, et, sur leurs voûtes surchargées d'ornements, le mélange de la fable et du christianisme. Dans l'intérieur, qui présente, ou l'image d'une croix latine, ou quelque signe mystique du catholicisme, l'apparente légèreté de cette architecture est encore augmentée par la subdivision infinie des piliers en faisceaux de colonnes qu'on a eu l'adresse de figurer jusque dans les nervures croisées et intérieures des voûtes. Partout, d'ailleurs, sous ces effets de l'art se cache une pensée symbolique et religieuse. La forme de la croix suivie dans le plan de la plupart de ces édifices, c'est l'image vivante du Sauveur étendu sur sa divine couche ; ses regards brûlants d'amour et le sang coulant de ses blessures se reflètent, en quelque sorte, dans la pourpre et le feu des vitraux. Dans la crypte lugubre, l'église semble s'ensevelir au tombeau avec son Dieu expiré. Enfin, dans la tour élancée et la flèche qui monte légère et diaphane, elle semble avec lui ressusciter et faire son ascension dans les cieux... Telle est, en général, cette architecture, improprement appelée *gothique* ou *sarrazine;* l'erreur, comme on l'a fait observer, consistant à lui attribuer absolument l'une ou l'autre de ces origines. Imposant dans l'ensemble, grandiose dans ses proportions, ce style affecte une hardiesse de formes dont l'œil s'étonne, et se complaît dans la multitude et la richesse des ornements de détail. Aussi la première vue de ces grands monuments religieux fait-elle naître la pensée d'un bloc colossal sur lequel une main surhumaine aurait indiqué les masses principales, et dont les délicats et minutieux travaux auraient ensuite été abandonnés à la patience d'ouvriers secondaires.

Il y a peu de grandes cités de notre Europe occidentale qui ne possèdent quelques unes de ces merveilleuses églises, dont la construction remonte aux siècles qui précédèrent la *renaissance*. Les unes sont célèbres par la délicatesse de leurs sculptures; d'autres, par la prodigieuse élévation de leur nef; d'autres encore, par la hardiesse de leurs flèches dentelées, et comme livrées aux vents. Telles sont les cathédrales de Cologne, d'Anvers, de Strasbourg, d'Amiens, de Chartres, de Beauvais, etc.

Le xvie siècle fut pour l'architecture une époque de transition, où les artistes, abandonnant peu à peu le style gothique, revinrent aux traditions de l'art grec. C'est pourquoi l'on donne à cette révolution le nom de *renaissance*. L'imagination des architectes commençait alors à se fatiguer. Les sculptures les plus variées, les formes les plus fantastiques, les dessins les plus bizarres, les ornements les plus capricieux s'étaient multipliés à l'excès, souvent même aux dépens du bon goût, et on était arrivé à ce point où l'esprit, fatigué de ses découvertes passées, éprouve l'impuissance d'en faire de nouvelles, et le besoin de prendre quelque repos. L'architecture grecque fut en quelque sorte le refuge des artistes. Guidés par les grands modèles de l'antiquité, ramenés à des principes sûrs, invariables et consacrés par les siècles, ils se sentirent plus à l'aise, et se livrèrent avec ardeur à un genre oublié pendant longtemps et qui leur offrait tous les attraits de la nouveauté. Leur zèle se ranima; leur verve reprit son essor. Aussi trouve-t-on dans la plupart des monuments de ce siècle, une vie, une chaleur, qu'il est rare de rencontrer dans les ouvrages d'imitation, et qu'on chercherait en vain dans les constructions postérieures. C'est ce qui a fait dire à un de nos écrivains les plus éloquents : « L'architecture du xvi° siècle passa des brillantes témérités du style gothique, aux grâces classiques de la renaissance, fille ingénieuse de l'antiquité, dont les beautés riantes rivalisent souvent avec celles de sa mère. »

Cependant, la transition ne se fit pas brusquement. Ainsi, le chapiteau corinthien ou dorique ne détrôna pas tout de suite l'ogive : il y eut d'abord une espèce de fusion des deux genres, et il n'est pas rare de retrouver dans les monuments de cette époque les découpures, les évidements, les losanges, les trèfles et les rosaces gothiques, unis et entremêlés avec les feuilles d'acanthe, les triglyphes, les modillons, et tous ces ornements si purs et si symétriques des monuments de la Grèce.

Parmi les constructions qui présentent ce mélange d'architecture et qui à ce titre sont dignes de toute l'attention des artistes et des historiens, nous citerons particulièrement la belle église de

Saint-Maclou, à Rouen. Cette église peut soutenir sans désavantage la comparaison avec toutes celles que renferme la France, si riche en nobles cathédrales, prodigieux monuments qui attestent la piété des temps passés, et qui sont restés debout à travers les secousses et les décombres, comme des rochers inébranlables qui se rient de la colère des flots; elles sont là comme des réponses à ceux qui traitent nos pères d'ignorants et de barbares; elles couvrent au loin les blasphémateurs de leur nombre immense, et semblent leur demander où sont les monuments modernes élevés par leurs savantes mains. Où sont-ils, en effet? Dans quelle ville a-t-on construit un autre Panthéon, un autre hôtel des Invalides, un autre château de Versailles? Chaque ville a sa cathédrale, mais chaque cathédrale date des siècles qui ont précédé le nôtre.

Et quand on vient à réfléchir qu'une grande partie de ces immenses monuments date des xe et xie siècles, l'étonnement redouble et l'esprit se confond. A ces époques reculées, les sciences exactes étaient dans l'enfance; on ignorait le secret de multiplier les forces par des appareils ingénieux; on n'arrivait à l'exécution des choses les plus simples que par une immense multiplication de moyens : les échafaudages étaient sans doute une forêt de poutres qui se croisaient dans tous les sens; et cependant de ces éléments imparfaits sont sortis ces monuments parfaits qui ont fait pendant des siècles l'orgueil de la France et l'admiration des étrangers. Qu'avons-nous produit de semblable, nous qui sommes plus habiles que nos pères, nous qui avons pour nous les secours de la science et de tant de découvertes nouvelles? Nous avons élevé des arcs de triomphe mesquins, des casernes et des hôpitaux en moellons, quelques églises, pas une seule cathédrale; et si ce n'était la majestueuse colonne de la victoire, nous n'aurions d'autre gloire à revendiquer que celle d'avoir achevé des monuments commencés, ou gratter pauvrement des colonnades noircies par le temps. Notre siècle n'est pas celui des monuments, il faut bien l'avouer; mais il faut reconnaître aussi qu'en revanche le bien-être s'est répandu dans toutes les classes. A défaut d'édifices somptueux, on a vu de modestes maisons s'élever de toutes parts, et les chaumières de chaume disparaître pour faire place à des habitations commodes. Félicitons-nous de ces heureux progrès, mais ne médisons plus de nos pères en admirant les merveilles qu'ils nous ont laissées.

HISTOIRE
PITTORESQUE
DES ÉGLISES.

NOTRE-DAME DE PARIS.

L'église de Notre-Dame de Paris, quoique citée plus souvent à cause des grands souvenirs qu'elle rappelle que pour le style de son architecture, est regardée néanmoins comme un des plus vastes et des plus beaux monuments du genre appelé gothique. Nous nous arrêterons peu à discuter les traditions incertaines qui parlent de son origine. Les uns ont placé dans la Cité la première basilique des Parisiens; les autres, dans les faubourgs; et ceux qui s'accordent dans l'une de ces deux opinions se divisent ensuite lorsqu'il s'agit de fixer précisément le lieu qu'elle occupait. Il n'y a pas moins de contradictions sur son fondateur. On ignore si c'est Saint-Denis ou quelqu'un de ses successeurs, ou lequel de ceux-ci : enfin cette obscurité s'est étendue jusque sur l'édifice actuellement existant, que ces mêmes historiens, toujours divisés, attribuent à Childebert, au roi Robert, à Erkenrad I, évêque de Paris, à Maurice et Eudes de Sully, deux de ses successeurs.

Il est peu croyable, en ce qui touche les commencements de l'ancienne basilique, que les premiers chrétiens, au sortir des catacombes et des persécutions, aient choisi, pour se réunir, un terrain en rase campagne, préférablement à la Cité, dont la Seine forme la défense naturelle. Quant à l'endroit de l'île qui reçut les fondements de la première basilique chrétienne, il paraît, d'après des titres incontestables, que ce fut dans la partie orientale, où se trouve la cathédrale actuelle. D'autres témoignages, non moins dignes de foi, établissent que le temple primitif a porté d'abord le nom de Saint-Etienne, et que, plus tard, n'étant plus en proportion avec le nombre toujours croissant des fidèles, on imagina d'en élever une à côté, sous l'invocation de la Vierge. Ce fut alors que la basilique nouvelle devint la cathédrale. Tels sont les documents les plus certains sur la première origine de Notre-Dame.

Vers le milieu du xiie siècle, Maurice de Sully, évêque de Paris, conçut la pensée de faire une seule basilique des deux églises. Secondé par les libéralités des fidèles, Maurice fit commencer les travaux sous ses yeux en 1163. L'église de Notre-Dame fut d'abord abattue jusqu'aux fondements, que l'on conserva, et sur lesquels on éleva le sanctuaire de la nouvelle église.

Tandis qu'on achevait le chœur, dont Henri de Château-Marçay, légat du saint-siége, consacra le grand autel en 1182, Maurice faisait construire sur une ligne parallèle à la cathédrale le palais épiscopal et une double chapelle qui naguère existait encore. Dans la chapelle basse étaient des chapelains établis par les évêques; le jeudi-saint on y lavait les pieds des enfants de chœur, et tous les dimanches on y célébrait la messe pour les prisonniers de l'archevêché. La chapelle supérieure servait aux ordinations, aux sacres d'évêques, à certaines thèses de théologie et à d'autres assemblées solennelles. Maurice de Sully n'eut point la consolation de voir la fin de ces travaux; il mourut en 1196, laissant à ses successeurs le soin de les continuer. Depuis cette époque jusqu'à l'entier achèvement de Notre-Dame, plus de deux siècles s'écoulèrent.

La nef, dont la construction est postérieure à celle du chœur, est d'une grande hardiesse. Elle fut achevée, ainsi que la façade principale de l'église, sous le règne de Philippe-Auguste, en 1223.

Une inscription en caractères gothiques qu'on lit autour de l'embasement du portail méridional atteste que cette partie de l'édifice n'existait point encore en 1257, et qu'elle ne fut commencée qu'au mois de février de cette année, sous Régnault de Corbeil, évêque de Paris, par un maître maçon du nom de Jean de Chelles.

Le portail septentrional, construit en 1313, remonte au règne de Philippe-le-Bel, qui y consacra en partie le produit de la confiscation des biens des Templiers.

Les chapelles situées autour du chœur appartiennent à une époque encore plus rapprochée : elles furent bâties dans le courant du xive siècle.

Enfin, la Porte-Rouge, qui regarde le cloître, soit qu'elle ait été construite par Jean-sans-Peur, ou qu'elle soit due, comme quelques auteurs le prétendent, à un bienfait de Jean, duc de Berry, frère de Charles V, ne fut achevée que dans le xvie siècle.

La dédicace solennelle de Notre-Dame n'a jamais été faite; aussi n'y célèbre-t-on point d'anniversaire particulier. Divers prélats, entre autres Louis de Beaumont, évêque de Paris en 1472, et le cardinal de Noailles, archevêque de Paris au commencement du xviiiᵉ siècle, eurent l'intention de consacrer cette église, mais leurs projets demeurèrent sans exécution.

Telles sont les principales indications puisées dans l'histoire de la construction de Notre-Dame.

Une tradition longtemps accréditée avait fait croire que cette basilique était fondée sur pilotis. Diverses fouilles ont détruit cette ancienne croyance. La dernière, poussée jusqu'à 24 pieds de profondeur, deux pieds au dessous des fondations, fit découvrir un cours de trois assises régulières d'une grande hauteur, en pierres de taille, et établies sur un fonds de terre franche.

La disposition générale du plan de cet édifice est grande et noble; les proportions en sont heureuses. Son extérieur n'offre pas, néanmoins, la hardiesse des beaux monuments du style ogivique, et malgré les sculptures multipliées qui la décorent, la lourdeur antique, l'inquiétude de l'élan s'y trahissent de toutes parts. Infiniment plus légère dans ses travaux intérieurs, elle présente la figure d'une croix latine dont les dimensions principales, dans œuvre, sont, pour la longueur, trois cent quatre-vingt-dix pieds; pour la largeur, cent quarante-quatre. La hauteur des maîtresses-voûtes, depuis le sol jusqu'à la clé, est de cent quatre pieds.

La façade, quoique toute mutilée par la main du temps et des révolutions, est d'un aspect imposant. Considérées à une certaine distance, ses formes à angles droits, et en quelque sorte égyptiennes, rappellent l'architecture romane des premiers siècles chrétiens et ces fortes basiliques crénelées à l'abri desquelles les moines bravaient les attaques du baron franc ou des bandes normandes. Les deux grosses tours carrées qui terminent la façade viennent encore à l'appui de cette pensée. Hautes de deux cent quatre pieds, elles présentent une largeur de quarante sur chaque dimension. On a prétendu que, d'après le système général de l'édifice, l'on ne devait pas considérer cette façade comme achevée. Les couronnements pyramidaux des tours semblent y manquer en effet; et le parti pris dans la décoration de les unir par des galeries horizontales, pour former du plateau entier une espèce de soubassement, annonce le projet de les surélever par un couronnement à jour, suivant l'usage adopté pour ces sortes d'édifices.

La façade de l'église de Notre-Dame est percée, au rez-de-chaussée, de trois portiques de formes et de hauteurs inégales. Ces portiques, surchargés d'ornements, de statues et de groupes allégoriques, offraient cette multiplicité, ce pêle-mêle d'objets qui font le caractère de la barbarie gothique.

Sous la voussure ogive du portail du centre est représenté le Jugement dernier.

Les sculpteurs d'alors plaçaient cette image sur la façade principale des temples, afin de frapper les yeux de la multitude par un continuel et terrible avertissement. Dans le travail de ce genre qu'on remarque au grand portail de Notre-Dame, J.-C. est placé au centre et dans la partie la plus élevée ; il a quitté la droite de Dieu son Père, pour venir juger les vivants et les morts. Deux anges debout sont à droite et à gauche du divin juge. Plus loin, la vierge Marie est à genoux, et, du côté opposé, saint Jean l'évangéliste, dans la même attitude. Vient ensuite une longue file de réprouvés, enchaînés et conduits par les démons en enfer, lequel est figuré par des chaudières enflammées. Ici s'anime vraiment, sous une inspiration diabolique, l'art du statuaire, généralement raide et glacé dans le moyen-âge. Nous voulons parler du tableau de l'enfer et des supplices des damnés, dont les uns, culbutés par les démons armés de fourches, sont près de disparaître dans les ardentes chaudières ; tandis que d'autres, fouettés, embrochés, foulés aux pieds, provoquent le rire de toute cette légion infernale, de tous ces diables à figures monstrueuses ou bizarres. L'un d'eux surtout, indécente et grotesque personnification de la luxure, est de l'effet le plus étrange. L'idée première de ces emblèmes, que l'on retrouve dans une foule de gravures de cette époque, est évidemment empruntée aux visions de l'Apocalypse ; néanmoins, une personnification si ingénieuse et si horrible tout à la fois du péché et des châtiments qui lui sont réservés, la prodigieuse variété introduite dans les formes, dans les poses de ces êtres fantastiques, appartenant pour ainsi dire à une création nouvelle ; enfin, l'expression de cruelles souffrances si bien reproduite par la physionomie des damnés, tout ici indique, chez l'artiste, dont le nom est demeuré inconnu, une grande verve d'imagination.

Dans les compartiments correspondants du côté opposé, sont représentés le paradis avec ses délices, et cette glorieuse armée de martyrs, de moines et d'anachorètes, dont est formé le monde héroïque chrétien.

Les sculptures que l'on voit aujourd'hui dans le tympan, au dessus des ventaux, sont d'une date bien postérieure à tout ce travail. Les anciennes disparurent en 1771, lorsque la porte fut renouvelée d'après les ordres de Louis XV, qui la trouva trop étroite pour l'entrée de sa cour et des autorités dans les jours de cérémonies. Sur les deux faces latérales, qui servaient de soubassement aux grandes statues dont ce portail était décoré avant 1795, sont sculptées les Vertus, mises en opposition avec les Vices, qui sont placés immédiatement au dessous.

Au trumeau qui sépare les ventaux de la porte à droite, connue sous le nom de porte Sainte-Anne, est adossée une longue et anguleuse statue en demi-bosse. C'est saint Marcel; on le reconnaît à sa crosse, à sa mitre et au dragon qu'il foule aux pieds, en mémoire de la victoire attribuée à ce saint évêque sur un serpent monstrueux qui désolait les environs de Paris. La statue de saint Marcel, mutilée en 1793, a été restaurée en 1818. Les bas-reliefs qui existent encore à la partie supérieure du cadre ogive représentent divers sujets tirés du Nouveau-Testament : saint Joseph, la Vierge avec la crèche, Hérode dans son conseil, les bergers et les mages. Des rois, des apôtres, des évêques de Paris, viennent ensuite, et forment, avec les sujets qui précèdent, une réunion assez incohérente. Ces sculptures sont fort anciennes, les plus anciennes sans doute de toutes celles qui ornent les grands portails de l'église.

Le zodiaque sculpté sur le portail de la Sainte-Vierge ne présente que onze signes seulement, chacun accompagné de l'image des travaux champêtres, ou attributs qui y correspondent. Le douzième signe, celui de la vierge, au lieu d'être rangé à sa place parmi les autres, se trouve dans une plus grande proportion, adossé au trumeau du milieu ; il est représenté sous la figure de la vierge Marie, tenant l'enfant Jésus dans ses bras. Cette transposition est un hommage rendu par l'artiste à la patronne de l'église métropolitaine.

Ce travail est d'une exécution bien supérieure aux sculptures du portail de droite. Le zodiaque et les allégories qui s'y rapportent présentent un tableau moral et complet, dont le but est d'indiquer au peuple les obligations auxquelles il est astreint, depuis le péché du premier homme.

La ferrure que l'on voit sur les battants des deux portes latérales de la façade, est composée d'enroulements exécutés en fonte de fer. Ces pentures, travaillées en arabesques très légères, et ornées de rinceaux et d'animaux, ne sont point pareilles sur les deux portes. De plus, ni la porte du milieu, ni les portes des croisées ne présentent rien d'analogue. On a présumé, de là, que ce travail, appelé merveilleux dans le moyen-âge, avait été enlevé de quelque autre monument, et appliqué à celui-ci. On l'attribue généralement à un habile serrurier du nom de Biscornet.

Quatre grandes niches, pratiquées dans les contreforts de la façade, contenaient autrefois des statues représentant la Foi, la Religion, saint Denis et saint Etienne. Elles ont été détruites en 1792.

Au dessus de l'ordonnance inférieure, on voit, sur toute l'étendue de la façade, la galerie des rois, ainsi appelée, parce qu'avant 1793 elle contenait les statues de vingt-huit de nos rois. Le premier était Childebert et le dernier Philippe-Auguste, sous le règne duquel furent terminées la façade et les deux tours de l'église.

Parmi ces colossales statues, figurait Pépin-le-Bref tenant une épée, et porté par un lion, pour rappeler le courage que déploya ce prince en descendant dans l'arène contre un de ces terribles animaux. Mais, grâce à la main des démolisseurs toutes ces niches sont vides aujourd'hui, et il n'y a pas vestige de ces vingt-huit statues.

La galerie des rois est surmontée par une balustrade, à laquelle on donne le nom de Galerie de la Vierge. On y voyait, avant 1793, la statue de la Vierge, plus grande que nature, ayant deux anges à ses côtés.

Au dessus de cette balustrade se présente la fenêtre circulaire de la façade, appelée rose. Elle a quarante pieds de diamètre. Les autres façades latérales de l'église sont percées d'une fenêtre de pareille grandeur et d'un travail aussi délicat. Ce travail consiste dans un assemblage de verres de différentes couleurs en manière de mosaïque, et représentant ordinairement divers sujets tirés de l'Ecriture sainte. Avant d'être réparée, en 1731, la rose de la façade contenait un magnifique zodiaque, dont la plupart des signes subsistent encore. Toutes les grandes fenêtres qui règnent dans la partie supérieure de l'église offraient autrefois de colossales figures d'évêques, coiffés de la mitre, et portant le bâton pastoral.

Immédiatement au dessus de la grande rose et des fenêtres latérales, règne une colonnade qui entoure la façade, et forme péristyle entre les deux tours. Les fûts de ces colonnes, qui se font remarquer par leur longueur, sont chacun d'une seule pierre, et supportent, malgré l'extrême ténuité de leur diamètre, tout le fardeau de la galerie supérieure. Le nom de l'architecte, auquel est dû ce travail, l'un des plus hardis peut-être que l'on rencontre dans la construction de Notre-Dame, n'est point arrivé jusqu'à nous.

Il existe, sur la plate-forme située entre les tours, deux réservoirs garnis en plomb, contenant chacun quatre-vingts muids d'eau. Ces réservoirs, qui sont alimentés par les eaux pluviales, ont été placés à proximité de la charpente du grand comble, pour s'en servir en cas d'incendie dans l'église.

Les deux tours carrées, qui s'élèvent au dessus des portiques, répondant aux bas-côtés, sont terminées par des plates-formes couvertes en plomb. On y arrive par un escalier en colimaçon, pratiqué dans l'intérieur des tours, et qui ne compte pas moins de trois cent quatre-vingts marches.

Dans la tour du sud est la grosse cloche, appelée *bourdon*, que l'on ne met en branle que dans les grandes occasions. Cette cloche, fondue et refondue trois fois, pèse en ce moment trente-deux mille livres. Elle fut bénite en 1682; Louis XIV et la reine son épouse furent ses parrain et marraine, et lui donnèrent les noms d'Emmanuel-Louise-Thérèse. Sa hauteur, de huit pieds, est égale au diamètre de la circonférence de sa base. Le son grave et solennel qu'elle rend est le *fa dièze* de ravalement ; et le dernier fondeur est parvenu, dit-on, au moyen de fournitures heureusement dispensées, à donner à ses vibrations la résonnance de l'accord parfait. Le battant pèse à lui seul neuf cent soixante-treize livres. Une mesure adoptée, en 1793, par le gouvernement républicain, conserva cette cloche à la cathédrale. Les autres cloches, au nombre de neuf, dont une seule pesait vingt-cinq mille livres, descendirent dans le creuset révolutionnaire, pour être converties en numéraire ou en canons.

Les bas-côtés extérieurs de Notre-Dame sont surtout remarquables par les portails qui les décorent. Du côté méridional est le portail dit de *Saint-Marcel*. Là se trouve l'inscription en caractères gothiques : *L'an du Seigneur 1257, le deuxième des ides de février, ce portail fut commencé, en l'honneur de la sainte mère du Christ, pendant la vie de maître Jean de Chelles, maçon.* Les sculptures, d'un travail assez remarquable pour le temps, sont bien conservées.

Le côté gauche extérieur de l'église reçut de grandes réparations pendant les années 1812 et 1813. Le portail septentrional, situé du côté du cloître, présente à peu près la même disposition que celui du midi. Les tentations du démon jouent un grand rôle dans les sculptures de ce portail. On y a reproduit l'histoire complète d'une jeune personne qui s'est donnée au diable. Le malin esprit lui prend affectueusement les mains ; un magicien, debout, veut faire signer à la pauvre enfant un contrat auquel est attaché un sceau. Plus loin se trouvent d'autres sujets représentant des possédés du démon exorcisés par des évêques.

Les faces latérales de l'église sont d'un aspect moins imposant que la façade principale. Elles sont hérissées d'une infinité de piliers, la plupart terminés en obélisques fleuronnés. Leur décoration se lie assez heureusement avec les pignons et les appuis évidés qui servent d'amortissement aux chapelles. Trois galeries extérieures forment, à diverses hauteurs, des espèces de ceintures d'entrelacs qui unissent ensemble toutes ces formes pyramidales, et rassurent l'œil sur leur solidité, en même temps qu'elles présentent, par la richesse et la variété de leurs ornements, une heureuse opposition avec le *lisse* des murs et des contreforts. La première est placée au dessus des chapelles ; la deuxième surmonte les galeries de la nef et du chœur, et la troisième règne autour du grand comble. Celle-ci, par sa disposition, sert pour faire extérieurement la visite de l'église, et contribue à sa conservation en facilitant la conduite et l'écoulement des eaux pluviales, par l'emploi multiplié des arcs-boutants. Notre-Dame présente l'image peu gracieuse d'un monument étayé de toutes parts, et dont les dehors annoncent autant de timidité que l'intérieur fait voir de hardiesse. Ses différentes voûtes sont contrebutées à l'extérieur par soixante arcs-rampants, dont plusieurs ont jusqu'à quarante pieds de longueur.

La charpente du grand comble, appelée *la forêt*, a trente pieds d'élévation. Ce nom lui fut donné de temps immémorial, à cause du grand nombre de pièces de bois de châtaignier, dont elle est composée. Cette vaste charpente, d'une longueur de trois cent cinquante-six pieds de long, sur trente-sept de large, soutient la couverture en plomb, pesant dans son ensemble quatre cent vingt mille deux cent quarante livres.

Sur le plateau octogone du grand comble, précisément au dessus du point d'intersection que forment les deux axes de l'édifice, s'élevait autrefois une flèche, d'une construction tout à la fois élégante et hardie. Une légère inclinaison dans sa pose parut à la Convention un motif suffisant pour la faire abattre en 1793. On s'était proposé, dans la première année de la restauration (1814), de rétablir ce clocher, en même temps que la grande croix placée jadis à l'extrémité du comble, au dessus du rond-point du chœur. La catastrophe de 1815, et les sacrifices énormes qu'elle imposa à la France, firent renoncer à ce projet.

Ce fut du haut des tours de Notre-Dame que Cassini de Thury procéda à ses opérations trigonométriques, pour l'exécution de sa grande carte de France.

On a vu quelle était la disposition du plan, et les dimensions principales de Notre-Dame. Son intérieur présente une nef, un chœur, et un double rang de bas côtés où sont les chapelles qui entourent l'édifice en lui servant comme de rempart. On en comptait autrefois quarante-cinq ; des réparations successives ont fait réduire ce nombre à vingt-neuf. Au dessus des bas-côtés règnent des galeries spacieuses, destinées au public les jours de grandes cérémonies, et qui, par leur disposition tout autour de la nef et du chœur, offrent la pompeuse image de deux églises élevées l'une sur l'autre. C'est aux balcons de ces galeries que l'on suspendait jadis les drapeaux pris sur les ennemis de la France.

Ces constructions sont soutenues par deux cent quatre-vingt-dix-sept colonnes, chacune d'une seule pierre, et la plupart tellement isolées des piliers autour desquels elles sont groupées, que, heurtées par un corps dur, elles ont la résonnance du bronze. Arrivés à la naissance des cintres ogives, les piliers qui séparent la nef des bas-côtés, se divisent en faisceaux de trois colonnes, détachées des murs jusqu'aux chapiteaux, où viennent retomber les nervures de la grande voûte.

L'église est éclairée par cent treize vitraux, sans y comprendre les trois grandes roses dont nous avons parlé. Les bordures, que l'on voyait autrefois dans la partie supérieure des fenêtres, consistaient en une guirlande de fleurs de lis peintes en or sur un fond d'azur, et entourant le chiffre de Marie.

Dans l'intérieur de la nef de Notre-Dame étaient, avant 1793, deux ouvrages sculptés, de grande dimension : la figure colossale de saint Christophe, et la statue équestre de Philippe-le-Bel. La première, adossée au premier pilier de la nef à droite, représentait le saint courbé sous le poids de Jésus-Christ enfant qu'il portait sur ses épaules, et appuyé sur un bâton noueux. Érigée au xve siècle, par suite d'un vœu d'Antoine Desessarts, frère du surintendant décapité en 1413, cette statue de mauvais goût fut enlevée, en 1786, par ordre du chapitre.

L'autre, celle de Philippe-le-Bel, supportée par deux colonnes, se trouvait au bout de la nef, à droite de l'entrée du chœur. Ce prince, vainqueur des Flamands à la bataille de Mons-en-Puelle (18 août 1304), entra dans l'église Notre-Dame, monté sur le même cheval et couvert des mêmes armes, qui lui avaient servi lorsque, avec vingt gens d'armes seulement il repoussa les ennemis qui avaient pénétré, par surprise, jusqu'à sa tente. Persuadé qu'il devait son salut et la victoire qu'il remporta, à la protection signalée de la Vierge, il fonda une rente de cent livres dans l'église de Notre-Dame, et voulut que sa statue équestre y fût élevée, dans l'équipage où il se trouvait au moment de cette attaque imprévue : à cheval, casque en tête, l'épée à la main, mais sans cotte-d'armes, sans jambarts ni brassards. Cette statue fut brisée en 1792.

Un an après les caveaux de Notre-Dame eurent surtout à souffrir de cette fureur de profanation qui animait l'anarchie. Ce fut en 1793 que, partageant le sort des sépultures royales de Saint-Denis, les cercueils de tant d'illustres personnages ensevelis à Notre-Dame furent brisés, et leurs ossements en poussière jetés au vent comme jadis ceux des criminels. On ne sait comment, au milieu de cette tourmente, les tombeaux du cardinal de Noailles et de l'abbé de la Porte, chanoine de Notre-Dame, échappèrent à la dévastation.

Le chœur de l'église avait été magnifiquement décoré par Louis XIV, qui accomplit ainsi le vœu qu'avait fait son père d'y élever un maître-autel digne d'un temple aussi auguste. Louis XV, après son retour de Metz, en 1744, ajouta à cet autel un magnifique bas-relief en bronze doré d'or moulu. Malgré les dégradations exercées sur ces grands ouvrages, il reste cependant encore des traces de tant de richesses.

Le chœur, pavé en marbre, a cent vingt-six pieds de long sur quarante-cinq de large. Il présente de chaque côté, au-dessus de la corniche des stalles, quatre grands tableaux, dont les sujets appartiennent à la vie de la Sainte Vierge : à gauche est l'Adoration des Mages, par Lafosse; la Naissance de la Vierge, par Philippe de Champagne; la Visitation de la Vierge, par Jouvenet, et l'Annonciation de la Vierge, par Allé. A droite est l'Assomption de la Vierge, par Antoine Coypel; la Présentation de la Vierge au temple, par Philippe de Champagne; une Fuite en Egypte, par Louis Boulongne, et la Présentation de Jésus-Christ au temple, par le même. Ces huit tableaux furent donnés, en 1709, à l'église Notre-Dame, par le riche abbé de la Porte.

Les sculptures des stalles présentent les principaux traits de la vie de la vierge Marie, dans une suite de médaillons alternativement oblongs et ovales. Les ornements des trumeaux qui les séparent son, de mauvais goût : les instruments de la passion de Jésus-Christ figurent à côté des armes des rois de France.

L'aigle en bronze doré que l'on voit au milieu du chœur de Notre-Dame, a remplacé un lutrin en bois qui s'y trouvait primitivement. La hauteur totale du lutrin actuel est de sept pieds trois pouces : il se compose d'une lyre à trois faces, surmontée d'un globe terrestre, au dessus duquel s'élève un aigle dont les ailes déployées soutiennent les livres de chant, appelés *Graduels*. L'aigle fut exécuté par Vannier, fondeur du règne de Louis XV.

Le sanctuaire est pavé en marbre de compartiment; et, malgré les dégradations considérables qu'il a subies, on peut encore juger de sa merveilleuse exécution. Les armes de France, qui occupent le centre de ce pavé, offrent tout ce que l'art et la main-d'œuvre ont produit de plus précieux en ce genre.

Le gouvernement consulaire s'occupa de restaurer Notre-Dame. Le groupe en marbre appelé *le Vœu de Louis XIII* avait été en quelque sorte oublié, depuis 1793, au musée de la rue des Petits-Augustins; il fut restitué à l'église de Notre-Dame, en 1802, époque où le concordat rendit au culte ses sacrifices et la plupart de ses priviléges spirituels. Ce groupe est placé derrière l'autel et sous l'arcade du milieu : la Vierge y est représentée les bras élevés vers le ciel; sur ses genoux reposent la tête et une partie du corps de Jésus, descendu de la croix; un ange soutient une main du Christ; un autre porte sa couronne d'épines. Cet ouvrage fut terminé en 1723, par Nicolas Coustou. — De chaque côté du groupe étaient les figures, à genoux, de Louis XIII et de Louis XIV, revêtus de leurs habits royaux, et offrant leur sceptre et leur couronne à la Vierge. — Enlevées pendant la révolution de 1789, ces statues furent rétablies en 1816, et de nouveau enlevées en 1830 : elles se trouvent actuellement au Musée. On voit encore autour de l'autel, six anges en bronze, portant chacun des instruments de la passion, et posés sur des piédestaux en marbre blanc. Enfin le sanctuaire est entouré d'une belle grille en fer poli et dorée, exécutée en 1809 par MM. Vavin et Forestier.

Au pied des marches du sanctuaire avaient été déposées les entrailles de Louis XIII et de Louis XIV.

Avant que l'ensemble architectural du chœur eût disparu sous une décoration moderne, il était chargé de sculptures représentant, à l'intérieur, l'histoire de la Genèse; elles avaient été exécutées, en 1303, aux frais du chanoine Fayet. Celles de l'extérieur, dont une partie existe encore, offraient toute la suite du Nouveau-Testament : ces figures, exécutées en plein relief, sont l'ouvrage de Jehan Ravy et de Jehan Bouteiller, son neveu, tous deux maçons de l'église de Notre-Dame, au xive siècle.

Les chapelles qu'embrasse le vaste contour de l'église sont, ainsi qu'on l'a dit, au nombre de vingt-neuf. Sur les murs, dépouillés de leurs ornements primitifs, on a placé ceux des anciens tableaux appartenant à Notre-Dame, dont cette église a pu obtenir la restitution, soit du musée de Versailles, soit des dépôts particuliers.

Les plus remarquables sont : l'Assomption de la Vierge, par Philippe de Champagne; l'Annonciation de la Vierge, par le même; le Martyre de saint André, à Patras, par Charles Lebrun; les Vendeurs chassés du temple, par Claude Guy Hallé; Jésus-Christ crucifié, par le Guide; saint Paul à Ephèse, par Louis Boulongne; le Martyre de saint Simon, en Perse, par le même; Charles Borromée à Marseille, en 1720, par Charles Vanloo.

Ces tableaux, que l'on voyait autrefois rangés des deux côtés de la nef, au dessous des galeries supérieures, étaient dus à une pieuse association d'orfèvres, connue sous le nom de *Confrérie de Sainte-Anne et de Saint-Marcel*. Après avoir fait hommage, à diverses époques, de tabernacles d'une grande richesse, à l'église Notre-Dame, les orfèvres de Paris changèrent ce présent en un petit tableau représentant un sujet tiré de la vie de la sainte Vierge. Plus tard, en 1630, le chapitre leur permit de modifier de nouveau leur offrande : ils purent, au lieu de cette image votive, offrir un tableau de onze à douze pieds de haut. Ces dons cessèrent en 1708, l'église n'ayant plus d'espace pour placer convenablement d'aussi grandes toiles.

Les chapelles situées derrière le chœur contenaient, avant la révolution de 1789, les statues d'une foule de personnages illustres dans les annales de la monarchie française. Nous citerons :

Le mausolée de Henri-Claude comte d'Harcourt, ouvrage de Pigalle. Du fond d'un sarcophage dont un Génie soulevait le couvercle, on voyait se dresser le comte d'Harcourt, tendant ses bras affaiblis vers son épouse, représentée à genoux au bas du monument; derrière, l'Hymen éteignait son flambeau, et la mort inflexible annonçait, en montrant son sablier, que les jours du comte étaient écoulés;

Les mausolées d'Albert et de Pierre de Gondi, dans la chapelle de saint Louis et saint Rigobert : cette chapelle, magnifiquement décorée, était destinée à la sépulture de l'illustre famille de ce nom ;

Le tombeau de messire Juvénal des Ursins, le célèbre prévôt des marchands à la fin du xive siècle ; en considération de son zèle pour le bien public, le chapitre de Notre-Dame lui concéda la chapelle consacrée à saint Remy, pour sa sépulture et celle de sa famille.

Enfin, lorsqu'on creusa la *crypte* qui sert de sépulture aux archevêques, on y découvrit le tombeau d'une reine d'Angleterre dont le nom est inconnu, et celui de Louis de France, dauphin, fils de Charles VI et d'Isabeau de Bavière.

Quelques unes de ces chapelles ont été réparées depuis 1814 : dans celle consacrée à saint Jean-Baptiste, on a placé, en 1818, le mausolée du cardinal de Belloy, archevêque de Paris, dû au ciseau de Deseine.

Une autre chapelle, située au rond-point de l'église, et correspondant à l'axe de l'édifice, a été complétement restaurée ; elle est consacrée à la sainte Vierge : c'est là qu'on a placé, dans une niche pratiquée au dessus de l'autel, la belle statue de marbre blanc, représentant la vierge Marie, sculptée à Rome par Antonio Raggi, d'après le modèle du chevalier Bernin.

Le *trésor* et les *reliquaires* de Notre-Dame ne laissent à décrire que des richesses dont la majeure partie a été emportée par le flot révolutionnaire. Cette église n'était pas riche seulement en peintures et en sculptures, elle possédait encore des trésors inestimables en reliques, en vases précieux et en ornements de tous genres.

On voyait, devant l'autel de la Vierge, un lampadaire d'argent, composé de sept lampes, dont six avaient été données par Louis XIV et la reine son épouse ; celle du milieu, qui avait la forme d'un navire, était un présent de la ville de Paris, et rappelait un vœu singulier qu'elle avait fait, en 1356, pendant la captivité du roi Jean. La capitale était alors livrée à l'anarchie et à tous les maux qui en sont la suite. Pour toucher le ciel en leur faveur, les bourgeois de Paris firent vœu d'offrir, tous les ans, à Notre-Dame, une bougie d'une longueur égale au tour de la ville. Cette offrande se fit régulièrement jusqu'en 1605, époque où les accroissements successifs de Paris l'ayant rendue de plus en plus difficile à remplir, le don annuel de la bougie fut remis, et celui de la lampe d'argent le remplaça définitivement.

Ainsi non seulement les rois et les princes, mais encore le corps des bourgeois, les confréries, les communautés de métiers, se plaisaient à enrichir Notre-Dame de leurs offrandes.

La salle du trésor contenait, entre autres richesses, un reliquaire de vermeil, renfermant le chef de saint Philippe, apôtre ; la tunique de saint Germain, dans une châsse également en vermeil; des vêtements de la Vierge, brodés en perles fines; une partie du crâne de saint Denis, et une quantité prodigieuse de ciboires, de calices, de croix, de vases, de chandeliers, de soleils en vermeil enrichis de diamants, monuments précieux de la piété de nos pères depuis plus de huit siècles. —La sainte couronne, qui avait été transférée, en 1794, par ordre de Louis XVI, de la sainte chapelle où elle était primitivement, à l'abbaye de Saint-Denis, fut donnée à Notre-Dame en 1804, et rendue à la dévotion des fidèles le 10 août 1806, sur une ordonnance du cardinal de Belloy, archevêque de Paris. La couronne d'*épines* est composée d'une espèce de *jonc marin*, dont les tiges, de couleur cendrée, sont entrelacées de fils d'or. Le grand reliquaire doré en or moulu, qui renferme cette relique vénérée, porte l'inscription suivante : *La sainte couronne d'épines de N. S. J.–C., conquise par Baudouin, à la prise de C. P. en 1238; engagée aux Vénitiens et portée à Venise en 1238, fut reçue avec grande piété par saint Louis, à Villeneuve, près Sens, le 10 août 1239.*

L'église Notre-Dame fut longtemps le lieu de réunion des *physiciens* (médecins), qui la plupart étaient ecclésiastiques. Vers les xiiie et xive siècles, ils s'assemblaient autour des bénitiers, et les malades les attendaient au Parvis, où bien sous la tour méridionale.

Ces consultations, que n'excluaient pas les exercices ecclésiastiques, présentaient un spectacle singulier et quelquefois tumultueux. On voyait d'un côté des confesseurs appliqués à guérir les maladies de l'âme; de l'autre, des prêtres venant en aide aux maladies du corps, visitant et pansant des blessures dont le vice et la débauche étaient les sources les plus communes. De pareilles assemblées, bien que colorées par un sentiment de charité chrétienne, contrastaient néanmoins d'une manière si choquante avec les fonctions du sacerdoce et le respect dû aux temples, que les *physiciens* furent insensiblement éloignés de l'église de Notre-Dame. Cette réforme fut accomplie vers l'année 1474, époque où l'on commença à bâtir les écoles de médecine dans la rue de la Bûcherie, à l'angle de la rue des Rats.

Dès le xiiie siècle l'église de Notre-Dame avait acquis une haute importance religieuse. Nulle part le culte n'était célébré avec un appareil plus auguste : dans les grandes solennités, les hautes murailles du chœur disparaissaient sous des tentures d'étoffes précieuses; ces tentures, ces draperies, en nombre sans doute prodigieux dans les trésors de Notre-Dame, variaient suivant la couleur d'ornement consacrée à la fête. Le pavé de l'église était alors jonché de fleurs et d'herbes odoriférantes. Cette parure remplaçait la paille dont en hiver on recouvrait les dalles du temple, car il n'y avait à cette époque ni bancs, ni chaises pour s'asseoir. Les seules personnes âgées ou infirmes avaient le droit de se faire apporter des chaises.

Il était d'usage encore, à certaines fêtes de l'année, de faire pleuvoir des fleurs du haut des voûtes, ou des étoupes enflammées sous la forme de langues de feu. Le jour de la Pentecôte, pendant qu'on célébrait l'office divin, on lançait des oiseaux et des pigeons pour figurer la descente du Saint-Esprit sur les apôtres. Ces frappantes images agissaient fortement sur l'imagination du peuple, toujours ami du merveilleux. — A chaque avénement, le nouveau monarque, allait dans ce temple auguste déposer sa couronne aux pieds de celui qui juge les rois. Avant de combattre, il y retournait demander la protection du ciel pour ses armes, et, dans la gloire du triomphe, il y revenait encore humilier son front couronné des palmes de la victoire. Enfin, il n'était point de fêtes solennelles, point d'événement remarquable, sans que l'on ne marchât d'abord vers la cathédrale, où les pompes de la religion se mêlaient sans cesse aux affections les plus vives des peuples, aux intérêts les plus grands des princes.

Les vicissitudes de Notre-Dame, à partir de 1789, se présentent ainsi : d'abord le chapitre de Notre-Dame fut supprimé. Plus tard, un décret de l'assemblée nationale érigea cette église en paroisse métropolitaine, et un évêque constitutionnel en prit possession au mois de mars 1791. Elle fut fermée en 1793 ; et dans la même année Robespierre fit inscrire sur son frontispice : *Temple de la Raison*... La cathédrale devint ensuite un dépôt de vins, de marchandises confisquées... Ce n'est qu'à la fin de l'année 1795 qu'elle fut rendue au culte du clergé *constitutionnel*, qui la desservit jusqu'en 1801. A cette époque un nouveau concordat fut signé entre la république française et la cour de Rome. Alors Bonaparte donna l'ordre de déployer la plus grande pompe dans la cérémonie qui eut lieu, à cette occasion, dans l'église de Notre-Dame. — Ce fut dans cette église que le premier consul, devenu empereur, se vit présenté pour la première fois au peuple par le pape Pie VII, comme *l'oint du Seigneur!*...

Là aussi fut baptisé le roi de Rome. Cette dernière cérémonie, dont le fastueux élan participa des joies sincères de la cour impériale, n'eut point d'égale en splendeur dans le cours de ce règne.

Enfin la restauration s'accomplit, et avec elle revinrent quelques beaux jours pour Notre-Dame. Dès sa rentrée en France, en 1814, Monsieur, comte d'Artois, vint y remercier le ciel du retour inespéré de sa famille ; et le 10 juillet 1830, quelques jours avant sa chute, il y consacrait, comme roi, notre glorieuse conquête africaine... Notre-Dame avait vu le mariage du duc de Berry et le baptême du duc de Bordeaux, célébrés dans les années 1816 et 1820.

Les dépendances que possédait anciennement l'église de Notre-Dame étaient nombreuses.

Le *For-l'Évêque* était un bâtiment situé sur le territoire et dans la rue de Saint-Germain-l'Auxerrois, où l'évêque de Paris tenait sa cour de justice. Ce bâtiment, nommé jadis *Forum Episcopi*, fut démoli en 1780.

Autour de Notre-Dame se trouvaient, en outre, plusieurs petites églises qui en dépendaient. C'étaient *Saint-Jean-le-Rond*, démoli en 1748; *Saint-Denis-du-Pas*, abattu en 1813, pour faire place au jardin de l'archevêché; *Saint-Christophe* et *Sainte-Geneviève-des-Ardents*, qui disparurent en 1747, lorsqu'on construisit l'hôpital des *Enfants Trouvés*, dont le bâtiment fait face à l'église cathédrale.

Au nord de Notre-Dame était le cloître du chapitre. Une rue considérablement élargie en 1812, sur cet emplacement, a conservé son nom de rue *Cloître-Notre-Dame*.

Devant la principale façade de l'église est la place nommée *Parvis-Notre-Dame*. C'est là que s'éleva, en 1314, l'échafaud sur lequel montèrent le grand-maître des Templiers et le maître de Normandie, pour y entendre le récit des crimes imputés à leur ordre.

Enfin, au sud-est de la cathédrale s'élevait le palais archiépiscopal au sujet duquel nous entrerons ici dans quelques développements, son histoire se trouvant naturellement liée à celle de Notre-Dame.

La maison de l'évêque était située, de temps immémorial, près de la vieille église de Saint-Etienne, cathédrale primitive. Quant au palais épiscopal qui lui succéda, nous avons parlé de son fondateur, Maurice de Sully, qui le fit bâtir parallèlement à la nef de la nouvelle cathédrale, vers la fin du xiie siècle. Ce furent là les commencements du palais archiépiscopal, qui, reconstruit depuis avec magnificence, et successivement agrandi par divers prélats, a subsisté jusqu'en 1831.

Le premier évêque qui se soit trouvé à l'étroit dans cette demeure est Etienne de Poncher, dont l'épiscopat remonte à l'année 1514. Henri de Gondy, vers la fin de ce siècle, y ajouta encore divers bâtiments ou maisons canoniales, qui prolongèrent le palais jusqu'au jardin du *Terrain*. Dès lors se manifeste cette tendance successive des évêques de Paris à abandonner l'ancienne habitation épiscopale, pour s'avancer insensiblement vers la partie orientale de la Cité.

Vers la fin du xviie siècle, le cardinal de Noailles, possesseur d'une grande fortune, ordonna la démolition des divers bâtiments qui longeaient la cathédrale du côté du sud, et fit élever à ses dépens le palais épiscopal, tel qu'on le voyait avant 1831. Les travaux furent terminés en 1697. Dans les bâtiments abattus existaient anciennement les salles des officialités métropolitaine et diocésaine, du bailliage de la duché-pairie de l'archevêque, la chambre ecclésiastique du diocèse, et la bibliothèque des avocats.

M. de Beaumont, qui occupa le siège de Paris depuis 1746 jusqu'en 1781, ajouta à ce palais le grand escalier à double rampe, que l'on remarquait à droite en entrant.

M. de Juigné, son successeur, augmenta encore le palais archiépiscopal d'un corps de logis qu'il fit construire sur une cour intérieure du côté du jardin. En sorte qu'à l'exception de la double chapelle que l'on avait conservée dans la seconde cour de l'archevêché, tout le reste, du côté de l'orient, était une augmentation de bâtiments, dont le plus ancien n'avait pas plus de deux cents ans.

La révolution de 1789 vint mettre un terme aux agrandissements de l'archevêché. Pendant toute la période révolutionnaire, ce palais servit de demeure au chirurgien en chef de l'Hôtel-Dieu; tandis que la chapelle, convertie en salle d'anatomie, était devenue un amphithéâtre de dissection...

Le palais archiépiscopal, dont plusieurs parties menaçaient ruine, fut l'objet de travaux considérables dans les années 1809 et 1810. En 1817 et 1818, il fallut encore étayer et reprendre en sous-œuvre plusieurs parties des bâtiments, qui fléchissaient de toutes parts.

L'entrée principale du palais archiépiscopal présentait deux pavillons séparés par une grille en fer à deux battants. Après avoir traversé une première cour, qui longeait le côté méridional du chœur de la cathédrale, on arrivait dans la seconde par une arcade pratiquée sous le bâtiment du Trésor. — C'est dans la première cour qu'avaient lieu, au moyen-âge, les duels juridiques, appelés *jugements de Dieu*.

Le palais archiépiscopal, bâti en équerre sur la seconde cour, offrait un vaste bâtiment d'une choquante irrégularité d'architecture. Ce défaut, il faut le dire, était racheté par la distribution intérieure des appartements, dont la grandeur, le bon goût et la richesse d'ameublement ne laissaient rien à désirer. Au palais était joint un jardin pittoresque, que des eaux jaillissantes et une élégante grille contribuaient encore à embellir.

Tel était le palais archiépiscopal, lorsqu'il fut assailli par l'émeute du 15 février 1831. En un clin-d'œil, meubles, tableaux, livres, tapisseries, tout est brisé, déchiré, et lancé dans la Seine. Puis on s'attaque aux lambris dorés, aux parquets des appartements; on arrache les balcons des croisées, les grilles d'enceinte, et jusqu'aux arbres du jardin. Enfin, comme pour n'avoir plus à y revenir, les assaillants se retournent avec fureur sur l'édifice lui-même. La destruction commence, et tel est l'acharnement des démolisseurs, qu'en moins de quarante minutes la toiture, ébranlée de toutes parts, s'écroule dans le jardin. L'étage inférieur est ensuite attaqué, et déjà il touchait à sa ruine, lorsque l'autorité, jugeant qu'il était temps enfin d'intervenir, fit refouler le peuple hors de ce théâtre de destruction.

Il reste à parler du chapitre de Notre-Dame, et de cette succession non interrompue de prélats qui l'ont gouvernée depuis sa fondation.

La distinction que l'on fit, en 324, des églises cathédrales d'avec les églises particulières, peut être regardée comme la véritable origine des colléges et des communautés de clercs appelés *chanoines*. Le relâchement qui, dans les siècles suivants, s'introduisit au sein des communautés, ayant fait sentir le besoin d'une réforme, un concile convoqué à Aix-la-Chapelle, sous le règne de Louis-le-Débonnaire, leur prescrivit l'habitation et la vie commune dans les cloîtres fermés, sans exiger toutefois la désappropriation ni certaines abstinences qui étaient de précepte chez les moines. L'empereur ordonna que cette règle fût observée dans les différents états sous sa domination ; ce fut là l'époque de l'institution des chanoines de Notre-Dame, dans la forme qui s'est conservée presque entière jusqu'aux derniers temps.

Ce chapitre fut dès le principe l'un des plus considérables de la France entière. Il a donné à l'Eglise six papes, Grégoire IX, Adrien V, Boniface VIII, Innocent VI, Grégoire XI et Clément VII ; trente-neuf cardinaux et cent soixante évêques.

L'ancien chapitre de Notre-Dame était indépendant de la juridiction de l'évêque. Il se composait de huit dignités, savoir : le doyen, le chantre, l'archidiacre de Paris ; celui de Josas et celui de Brie ; le sous-chantre, intendant des censives ; le chancelier et le pénitencier. Il existait en outre six vicaires perpétuels ; deux vicaires de Saint-Aignan et un chapelain ; huit bénéficiers, chanoines de Saint-Jean-le-Rond, et dix de Saint-Denis-du-Pas. Ces bénéficiers, ainsi que les cent trente chapelains attachés à Notre-Dame, ne faisaient qu'un seul corps avec l'église de Paris.

La création du chapitre actuel de la métropole date de l'époque du concordat (1802). Ce chapitre se compose de trois vicaires généraux, qui ont le titre d'archidiacres, et de seize chanoines titulaires, y compris l'archiprêtre de la paroisse, lequel est aussi chanoine. Le nombre des chanoines honoraires n'est pas déterminé.

Depuis saint Denis, qui fut le premier évêque et à la fois le premier martyr de Lutèce, vers la fin du IIIe siècle, jusqu'à Jean-François de Gondy, revêtu en 1622 de la dignité archiépiscopale, on compte cent dix évêques, parmi lesquels dix ont été cardinaux et plusieurs autres chanceliers.

La première tentative pour ériger le siége de Paris en archevêché, et le rendre indépendant de celui de Sens, date du règne de Charles V. Aimeric de Maignac, évêque de Paris, fut député en 1376 auprès de la cour de Rome, pour entamer cette négociation. Mais le pape Grégoire XI, bien qu'il sortît lui-même du chapitre de Paris, refusa au roi de France ce changement, sous prétexte que *cette église était encore trop petitement dotée*. Plus de deux siècles s'écoulèrent ainsi et Paris avait depuis longtemps acquis le titre et les priviléges de capitale du royaume, que l'on n'avait point encore osé renouveler cette demande auprès du saint-siége. Louis XIII fut le premier qui renoua la négociation vainement tentée par Charles V. Cette fois elle réussit complétement, et Paris, si longtemps suffragant de Sens, fut érigé en archevêché par Grégoire XV, le 20 octobre 1622. Cette ville eut pour suffragants les évêchés de Meaux, de Chartres, d'Orléans et de Blois.

Treize archevêques ont gouverné l'église de Paris depuis son érection en archevêché.

NOTRE-DAME DE CHARTRES.

Plusieurs anciens manuscrits affirment sans scrupule que les druides, longtemps avant la venue du Messie, avaient eu révélation qu'une vierge devait enfanter pour le salut du monde, et qu'en plusieurs endroits, notamment à Chartres, ils lui rendaient un culte particulier, dans le lieu même où fut depuis élevé ce magnifique temple en l'honneur de la mère du Sauveur et de son divin fils.

Sans admettre ni réfuter de pareilles assertions, il nous suffit de savoir qu'antérieurement au III° siècle, l'histoire de l'église de Chartres ne présente qu'incertitude et obscurité; qu'avant cette époque, saint Savinien et saint Potentien, qui furent les fondateurs des églises de Troyes, d'Orléans et de Sens, prêchèrent aussi la foi catholique dans la ville de Chartres et que saint Aventin, leur disciple, en fut le premier évêque, vers l'an 280.

Comme toutes les églises des Gaules, celle-ci fut, dès sa naissance, en butte aux plus cruelles persécutions, sous les empereurs romains. On montre encore dans l'église souterraine l'emplacement où existait autrefois un puits vulgairement appelé *le puits des saints-forts*. C'est là que Quirinus, gouverneur de la ville de Chartres pour l'empereur Claude, fit précipiter une foule de chrétiens, au nombre desquels se trouvait sa propre fille, récemment convertie, et à qui les plus cruelles tortures n'avaient pu arracher l'abjuration de sa foi nouvelle. — Le règne de Constantin vit finir toutes ces calamités, et aussitôt les chrétiens s'empressèrent de bâtir à Chartres une église sur laquelle l'histoire ne nous a conservé aucun détail. Nous savons seulement qu'elle fut incendiée vers l'an 858 par les Normands qui, après un siége infructueux, abusèrent de la bonne foi des habitants pour s'emparer de la ville, en demandant à y être introduits pour y recevoir le baptême. Une fois entrés, les perfides mirent tout à feu et à sang.

L'église qui avait été réparée par l'évêque Gislebert, fut encore détruite en 973, pendant la guerre entre Richard, duc de Normandie et Thibaud-le-Tricheur, comte de Chartres. Enfin, en l'an 1020, la veille de la Nativité de la Vierge, le feu du ciel la réduisit de nouveau en cendres, ainsi que la plus grande partie de la ville. Si cet embrasement fut un grand fléau pour Chartres, dont presque tous les habitants se trouvaient ruinés et sans asile, ce fut du moins une consolation pour le clergé et pour le peuple d'avoir, en cette circonstance malheureuse, un prélat tel que celui qui occupait alors le siége épiscopal.

L'évêque Fulbert, placé au faîte des grandeurs, comblé des faveurs de la cour ; Fulbert jouissant à juste titre d'une considération générale, non seulement en France, mais encore chez l'étranger, fit un appel à la chrétienté pour la reconstruction de son église, et des offrandes lui arrivèrent de toutes les parties de la France, de l'Allemagne, de l'Angleterre. du Danemark. Toutes les classes de la population du pays chartrain contribuèrent, les uns de leur bourse, les autres en donnant des matériaux, ceux-ci de leurs bras, ceux-là de leur industrie. Les écussons, les instruments de diverses professions sculptés sur les murailles et peints sur les vitraux, attestent la part prise à la réédification de la cathédrale par la noblesse et par des corporations d'artisans. Les chroniqueurs racontent qu'on se mit à l'œuvre avec tant de zèle et d'activité, que le travail fut achevé en moins de huit années ; mais cette narration, écrite sous l'inspiration de l'enthousiasme général, n'est pas conforme à la vérité, car l'édifice n'était pas encore terminé au milieu du xii° siècle, et l'on se contenta alors de bâtir un des deux clochers en bois. Un nouvel accident fit reprendre les travaux et mettre la dernière main à ce magnifique ouvrage. En 1506, la foudre tomba sur le clocher en bois, et en deux jours il n'en resta plus qu'un amas de cendres et de charbons amoncelés sur la plate-forme de la tour, qui servait de base au clocher, et dont les pierres avaient été calcinées par l'ardeur du feu. Ce fut encore à la générosité et à la dévotion publique que le chapitre de la cathédrale s'adressa pour réparer ce malheur. Des confréries, dites de Notre-Dame (sous l'invocation de laquelle était placée l'église) ; s'organisèrent pour aller recueillir les offrandes. Le roi de France Louis XII, donna 2,000 livres, et le cardinal d'Amboise promit des indulgences à quiconque contribuerait au rétablissement de l'église. Cette fois encore le désastre tourna à la splendeur de la cathédrale ; non seulement on restaura toutes les parties atteintes par le feu, mais pour prévenir de nouveaux incendies, le clocher détruit fut rebâti en pierre, et l'architecte Jean Tixier, surnommé de Beauce, le rendit digne de rivaliser avec le vieux clocher. La précaution n'était pas inutile ; cinquante années ne s'étaient pas écoulées, lorsque le tonnerre tomba sur le nouveau clocher ; mais quoiqu'il eût pénétré dans l'intérieur et qu'il y eût même prolongé sa visite, d'après les registres de la cathédrale, il en sortit en faisant grand tapage, et sans avoir causé le moindre mal. Ce fut le dernier danger que courut l'église de Chartres, jusqu'à la révolution française ; elle subit alors quelques dégradations, qui disparurent dès que la crise révolutionnaire fut passée.

L'effet général que produit l'aspect extérieur de la cathédrale de Chartres n'excite point d'abord dans l'imagination un sentiment de vive surprise; mais ce degré d'intérêt et de satisfaction calme qui naît de la sévérité des lignes, du grandiose des proportions et de l'imposante majesté d'un édifice qui, comme celui-ci, réunit à la noble simplicité du premier âge de l'art, des dispositions et des formes devenues plus sveltes et plus hardies. Cette réflexion est surtout applicable à la façade occidentale, ou principal portail du monument que nous décrivons. En effet, dans cette façade haute et étroite, terminée par un pignon triangulaire, dans la masse principale des deux tours qui l'accompagnent, et dont le mur lisse n'offre que quelques embrasures de fenêtres, la plupart sans ouvertures, on retrouve le caractère, la grave monotonie du style appelé *lombard,* encore en usage dans les xe et xie siècles.

Mais de grandes innovations signalent en même temps un goût nouveau. Ici la forme plus inspirée, plus spiritualiste de l'ogive a presque généralement succédé au plein cintre. Un des deux rangs de fenêtres, toujours situées au dessus de la porte principale pour éclairer la nef, a déjà fait place à une rose dont les compartiments, encore simples, deviendront le type de ces chefs-d'œuvre de découpures compliquées, qui plus tard doivent émerveiller l'imagination. Les voussoirs ogives, les tympans, ornés d'abord de grecques, de zigzags, ou de figures chimériques, sont enrichis de statues et de groupes allégoriques, aussi curieux sous le rapport de l'art que comme monuments historiques du costume.

Une petite galerie située dans la partie la plus élevée, au centre de cette façade, et dont les entre-colonnements renferment des statues de rois et de reines, est aussi un ornement nouveau, qui, plus tard, placé au premier rang et dans de plus grandes proportions, paraît être devenu indispensable dans la décoration extérieure de la plupart de nos basiliques.

Le clocher vieux offre un des premiers exemples de ces pyramides aiguës, octogones, environnées de clochetons à la base, dont la hardiesse nous surprend autant que la solidité, et qui ont dû succéder aux plates-formes crénelées, qui, dans les siècles anarchiques et batailleurs, servaient à la défense des églises.

Les trois portes, élevées sur un perron de six marches, occupent, sans intervalle, toute la partie inférieure de la façade occidentale, comprise entre les deux clochers. Celle du milieu est appelée *porte royale*, parce qu'elle servait à l'entrée des rois de France. Elle est, ainsi que les deux autres portes, ornée de nombreuses sculptures, dont les plus remarquables sont les grandes figures des parois latérales, que l'on croit représenter les princes et princesses du temps, qui contribuèrent à l'édification du temple. Celles-ci sont vêtues de longues tuniques recouvertes par une espèce de manteau, qui, ouvert quelquefois sur le devant, laisse apercevoir de riches ceintures et de très belles étoffes gauffrées. On remarque également la forme variée de leurs couronnes, ainsi que leurs longues tresses de cheveux, dont les nattes enveloppées de rubans, furent les signes caractéristiques des reines et des princesses, jusqu'au commencement de la troisième race des rois de France.

Le tympan de la porte royale offre, en deux tableaux, l'emblême de la loi ancienne, figurée par les prophètes, et celui de la loi nouvelle, représentée par Notre Seigneur, environné des symboles des quatre évangélistes, et venant juger les vivants et les morts. Dans les voussures, on reconnaît les vingt-quatre vieillards de l'Apocalypse, portant divers instruments de musique : la harpe, le sistre, le psaltérion.

Les sculptures du tympan de la porte à droite représentent les principaux traits de la vie de la sainte Vierge : l'Annonciation, la Nativité, la Présentation au temple et l'Apothéose. Le tympan de la porte à gauche offre l'Ascension de Jésus-Christ. Les voussures, remarquables par leur frappante analogie de position et de pensée avec les emblêmes de la façade de Notre-Dame de Paris, contiennent les signes d'un zodiaque, auquel le sculpteur, conformément à l'usage, a cru devoir associer les attributs des travaux agricoles des douze mois de l'année.

Mais ce qui, dans cette façade, fixe surtout l'attention, ce sont les deux clochers qui l'accompagnent, et que l'on proposa longtemps pour modèle dans un adage des siècles passés. Suivant cet axiome, les parties les plus belles choisies dans diverses cathédrales, pour former par leur réunion un temple parfait, seraient : le chœur de Beauvais, la nef d'Amiens, le portail de Reims et les clochers de Chartres.

Le clocher à droite ou méridional, qu'on appelle le *clocher-vieux*, date en effet de l'origine même de l'édifice, et a conservé intacte sa forme primitive. Il est admirable par sa masse imposante et son élévation. Dans l'un des étages inférieurs de ce clocher, on remarque une fort belle charpente, qui supportait, avant 1793, les trois grosses cloches appelées *bourdons*, et dont les poinçons en cul-de-lampe sont ornés de bas-reliefs : sur l'un est gravé un écusson aux armes de France, où le nombre de fleurs de lis, réduit à trois, indique le règne de Charles VI, l'autre cul-de-lampe présente les armes de l'ancien chapitre.

En 1395, la pointe du clocher, fatiguée par l'injure du temps, et menaçant ruine, fut démolie d'environ vingt pieds au dessous de la pomme, et reconstruite à neuf.

Le clocher à gauche ou septentrional est appelé *clocher neuf*, quoique sa partie supérieure appartienne seule à une époque plus moderne. Sa base, jusqu'à la hauteur de la *galerie des Rois*, est du même temps que le clocher de droite. Elle offre absolument le même caractère, et fut primitivement surmontée d'une flèche ou pyramide en charpente revêtue de plomb, que la foudre réduisit en cendres le 26 juillet 1506. Le chapitre, aidé des libéralités de plusieurs princes, seigneurs et particuliers, fit reconstruire en pierre l'élégant clocher qui subsiste aujourd'hui. Jugé dans le temps avec cet enthousiasme qu'excite la nouveauté, il fut proclamé un chef-d'œuvre. Ce clocher, ouvrage de Jean Texier, architecte de Chartres, fut entrepris en 1507, et terminé en 1514.

En octobre 1691, un vent impétueux ayant ébranlé l'extrémité de ce clocher, que soutinrent néanmoins les crampons en fer qui attachent les pierres entre elles, la pointe fut reconstruite l'année suivante par Claude Angé, sculpteur lyonnais, et élevée de quatre pieds plus haut qu'elle n'était auparavant.

L'intérieur de ce clocher est divisé en plusieurs étages voûtés. Dans le premier, appelé *la chambre de la Sonnerie*, on lit, sur une grande pierre blanche scellée dans le mur, les strophes suivantes, gravées en caractères gothiques. C'est le clocher qui est censé parler, suivant une des naïves coutumes de l'époque :

> Je fus jadis de plomb et de bois construict,
> Grand, hault et beau, et de somptueux ouvrage,
> Jusques à ce que tonnerre et orage
> M'ha consommé dégasté et détruict.

> Le jour de saincte Anne, vers six heures de nuict,
> En l'an compté mille cinq cens et six;
> Je fus bruslé, démoli et recuit,
> Et avec moi de grosses cloches six.

> Après Messieurs, en plein chapitre assis,
> Ont ordonné de pierres me refaire,
> A grande voulte, et pilliers bien massifs
> Par Jehan de Beaulse, ouvrier qui le sceut faire.

> L'an dessus dict, après pour me refaire,
> Firent asseoir le vingt-quatriesme jour
> Du mois de mars, pour la première affaire,
> Première pierre et aultres sans séjour.

> Et en april huictième jour exprès,
> René d'Illiers, évesque de renom,
> Perdit la vie, au lieu duquel après
> Fut Esrard, mis par postulation.

En ce temps-là qu'avois nécessité,
Avoit des gens qui pour moi lors veilloient :
De bon cœur, fust hyver ou esté,
Dieu leur pardoint (pardonne), car pour luy travailloient.

1308.

Au dessus de la chambre de la sonnerie, est placée la charpente dans laquelle sont suspendues les cloches. Le troisième étage renferme une chambre octogone, voûtée en pierre, dans laquelle sont deux hommes payés par la ville, pour veiller nuit et jour aux incendies en cas de besoin. Sur le mur de cet observatoire est gravée une inscription destinée à perpétuer le souvenir du miracle attribué à la Vierge, lors de l'incendie de 1674 :

Ob vindictam, singulari Dei munere
et a flammis illæsam hanc pyramidem,
anno 1674,
15 decembris, per incuriam vigilium,
hic excitato ac statim extincto incendio,
tanti beneficii memores solemni pompâ,
gratiis Deo priùs persolutis, decanus
et capitulum carnotense hoc posteritati
monumentum posuêre.

Les proportions de cette façade sont de cent cinquante pieds pour la largeur, et de cent soixante pour la hauteur, depuis la base jusqu'au pignon de couronnement. Le clocher vieux a trois cent quarante-deux pieds de haut, du sol jusqu'au croissant, et le clocher neuf, trois cent soixante-dix-huit.

Après avoir observé la structure singulière des arcs-boutants en forme de sections de roues, dont les rayons sont autant de petites colonnes réunies par de légers arceaux, et celle des contreforts ornés de statues dans le goût de la cathédrale de Reims ; après avoir observé l'heureuse disposition des tours latérales qui flanquent les extrémités du transept et du côté du chœur ; après avoir admiré l'effet pyramidal et éminemment pittoresque du chevet du monument, vu des jardins de l'archevêché ; enfin, après avoir remarqué la structure élégante du pavillon de l'horloge, de 1520, ainsi que deux grotesques figures sculptées sur les contreforts du vieux clocher, dont l'une représente une truie, aux mamelles gonflées, assise et filant une quenouille ; l'autre, un âne *qui vielle*, suivant l'expression du pays, nous allons examiner avec plus de détail les magnifiques portails latéraux, et les porches ou péristyles plus magnifiques encore qui les précèdent.

Le portail septentrional, d'un style noble et sévère, est en même temps le plus riche de détails. Le porche ou péristyle, qui en est la partie principale, est élevé sur un perron de dix-sept marches, et présente trois grandes arcades ogiviques surmontées de pignons, correspondant aux trois entrées du fond. Soutenus sur des massifs, des pieds droits et des colonnes, ces portiques sont décorés, ainsi que les voussures, d'une quantité considérable de statues, de groupes, de bas-reliefs et d'ornements, aussi curieux par la manière dont ils sont travaillés que par l'étonnante variété de leur composition. Les grandes statues adossées aux colonnes représentent des patriarches et des prophètes de l'ancienne loi, dont on a eu soin d'écrire les noms en caractères gothiques sur les consoles qui les supportent. On y voit encore des princes et des seigneurs, sans doute bienfaiteurs de cette église, et assez connus alors pour qu'il ne fût pas besoin d'en indiquer les noms, mais qui par cette négligence ne sont aujourd'hui pour nous que l'objet de conjectures plus ou moins vraisemblables. Les voûtes de ce péristyle sont également surchargées de riches sculptures et de groupes, qui, suivant l'usage alors généralement adopté, sont une ingénieuse allégorie sur l'alliance de l'ancien et du nouveau Testament. C'est ainsi que l'on reconnaît dans les bas-reliefs du tympan et des voussures de la porte du milieu, la naissance, la vie et l'apothéose de la sainte Vierge, dont la statue orne le trumeau qui partage la porte ; sur le tympan de la porte de droite, l'histoire de Job, de Samson, etc.; dans celui de la porte de gauche, la naissance de Jésus-Christ, l'adoration des Mages, la parabole des vierges folles et des vierges sages ; enfin dans les grandes figures des parois latérales de la porte du milieu, Abraham, Isaac, Melchisedec, etc., d'un côté; de l'autre, saint Pierre, saint Paul et quelques autres apôtres.

Au dessus du porche s'élève en retraite la partie supérieure du portail, flanquée d'abord de deux petites tourelles octogones, puis de deux grosses tours carrées, et terminée par un pignon triangulaire orné d'une statue de la Vierge.

Au dessous, la partie centrale du portail est entièrement remplie par un vitrail divisé en cinq panneaux, surmontés d'une très belle rose à compartiments, laquelle doit être regardée comme un des meilleurs modèles de peinture sur verre, et classée dans la seconde époque de leur perfectionnement. Ce portail date de la fin du XII° siècle.

Le portail méridional, qui par l'aspect général, a la plus grande analogie avec celui du nord, en diffère essentiellement dans ses détails. Le porche est également riche et élégant. Exhaussé sur dix-sept marches, il est distribué comme le précédent en trois grandes arcades, soutenues par des massifs et des pieds droits ornés de sculptures, et sur des colonnes isolées, dont la plupart des fûts sont d'une seule pierre. La disposition des pignons qui couronnent les arcades, et dans lesquels elles sont engagées, est la même. Mais ici les intervalles sont remplis par une suite de rois et de reines distribués dans de petits tabernacles, surmontés de clochetons ou pyramides. Une multitude de statues, de structures et d'ornements allégoriques, décorent les parties intérieures de ce porche. On remarque, dans le tympan de l'arcade du milieu, la représentation des quatre fins de la vie de l'homme : la mort, le jugement, le paradis et l'enfer, tableaux qui se reproduisent à l'extérieur de presque tous les grands monuments religieux des xiie et xiiie siècles. C'est toujours saint Michel pesant les âmes, et le diable, cherchant à faire pencher la balance; les démons enfournant les réprouvés à coups de fourches; les vices, surtout celui de l'impureté, figurés d'une manière plus que naïve; enfin le Sauveur dominant cette grande scène et donnant l'évangile, c'est-à-dire la lumière aux hommes.

Le tympan de la porte à droite présente divers faits de la vie de saint Martin, évêque de Tours, et sur les parois plusieurs statues d'évêques et de personnages du temps, dont les costumes fournissent à l'archéologue un sujet de précieuses observations. Parmi les évêques placés sur les faces latérales, un surtout est remarquable en ce qu'il porte sur l'épaule droite le faucon, attribut de la puissance féodale, ordinairement réservé aux seigneurs laïcs dans le moyen-âge.

Sur le tympan de la porte à gauche, on remarque le martyre et l'apothéose de saint Etienne, et sur les parois, diverses figures historiques, parmi lesquelles se trouve un comte de Chartres, armé de toutes pièces, portant le nimbe ou cercle lumineux autour de la tête; et l'évêque Fulbert, reconnaissable à l'ornement du support de sa statue. Cet ornement emblématique représente une église de Chartres pendant l'administration de ce prélat.

Ici, comme au portail du nord, la partie supérieure s'élève en retraite au dessus du porche, et offre, à de légères différences, le même aspect et la même disposition. La rose, du style différent, est aussi d'un travail moins curieux.

La toiture de l'édifice, entièrement couverte en plomb, avait été presque totalement détruite en 1794; elle fut réparée en 1797, aux frais des habitants de Chartres. La charpente du grand comble, appelée *forêt,* à cause du grand nombre de pièces de châtaignier dont elle fut composée, a quarante-quatre pieds de hauteur perpendiculaire. Il existait jadis deux petits clochers : l'un, sur le centre du transept, contenait la *grue,* espèce de machine, dont le mouvement produit un bruit éclatant, et remplace le son des cloches le *vendredi-saint;* l'autre s'élevait vers le milieu du chœur, et renfermait six petites cloches, dites *commandes,* parce qu'elles donnaient, pendant le service divin, le signal pour mettre en branle les grosses cloches et les bourdons des grandes tours. Ici, comme dans beaucoup d'autres endroits, ces ornements ont été détruits en 1793.

Les proportions intérieures de Notre-Dame sont de trois cent quatre-vingt-seize pieds de longueur, sur cent trois de largeur; sa hauteur, dans la partie la plus élevée de la voûte, est de cent six pieds, et la longueur du transept de cent quatre-vingt-quinze.

Cinquante-deux piliers isolés forment le chœur, la croisée, la nef et les bas-côtés; et trente-six massifs, liés par les murs, qui en déterminent la circonférence, soutiennent dans toute son étendue cette basilique, l'une des plus dignes, sans contredit, de figurer parmi les cathédrales dont la France a droit de s'enorgueillir. Les piliers ronds, cantonnés en croix; la jolie galerie qui règne au dessus des arcades, et les fenêtres, divisées en roses et en panneaux terminés en trèfles, offrent dans toute sa pureté le style du XIIe siècle. Les murs, élevés à l'entrée de la nef, entre les deux tours, et formant une espèce de porche intérieur, sont remarquables en ce qu'ils ne présentent que des chapiteaux et des arcs cintrés, évidemment d'une époque antérieure.

Le buffet d'orgues est à la hauteur des galeries, et, contrairement à l'usage, adossé au côté droit de la nef. Cet instrument, que l'on voyait autrefois au fond de l'église, au dessus de la porte principale, n'a de remarquable que sa *montre* ou façade, dans laquelle les travaux de sculpture signalent l'époque de transition du style gothique à celui de la *renaissance*.

Les bas-côtés de la nef ne sont point ici, comme dans la plupart des autres cathédrales, de la même époque, entourés de chapelles. Une seule qui existe entre les piliers butants de la cinquième travée à droite, fut construite en 1413, pour accomplir un vœu fait à la Vierge par Louis, comte de Vendôme, dont elle porte le nom.

Sur les faces extérieures de cette chapelle on voit deux statues de grandeur naturelle représentant Louis de Bourbon et Blanche de Roucy, sa femme, vêtus suivant la mode du temps.

Sept autres chapelles, élégamment disposées, sont comprises dans le pourtour du chœur. La plus remarquable est celle du Chevet, placée sous l'invocation de la Vierge, et vulgairement appelée la chapelle de la *Communion* ou des *Chevaliers*, parce que Bureau de la Rivière, premier chambellan de Charles V, de concert avec plusieurs autres chevaliers, ses compagnons d'armes, fondèrent une messe dans cette chapelle, en actions de grâces d'une victoire éclatante qu'ils avaient remportée sur les infidèles dans l'île de Chypre.

L'intérieur du chœur, l'un de plus vastes et des mieux disposés, a perdu son caractère primitif, par suite des transformations que le mauvais goût du XVIIIe siècle et un faux esprit d'ostentation ont fait subir à beaucoup de monuments. En 1772, sur les dessins de Louis, architecte d'Orléans, on revêtit les piliers et les murs du chœur de panneaux de marbre, et de pilastres, relevés par l'or et le bronze. On plaça de chaque côté, au dessus de la corniche des stalles, quatre bas-reliefs de marbre blanc entourés de bordures en marbre bleu turquin, et représentant : à droite, la Conception de la sainte Vierge, l'adoration des mages, une descente de croix, et le vœu fait par Louis XIII, en février 1638 ; à gauche, la prédiction du prophète Isaïe à Achaz, roi de Juda ; l'adoration des bergers, la présentation de Jésus-Christ au temple, et la déposition de Nestorius par le concile d'Éphèse, en 451.

Ces reliefs de grande dimension sont l'ouvrage de M. Bridan, statuaire et membre de l'ancienne académie de peinture et de sculpture. On détruisit en outre un magnifique jubé, dont la sculpture, riche de détails et d'ornements, remontait à l'origine même de la cathédrale, et qui, indépendamment de son mérite comme monument du temps, s'harmonisait mieux avec le style général de l'édifice, que les deux massifs en pierre de Tonnerre, qui ferment aujourd'hui l'entrée du chœur.

Le sanctuaire, élevé de trois marches en marbre de Languedoc, renferme le maître-autel, en forme de tombeau. Cet autel de marbre bleu turquin, enrichi d'ornements en bronze doré d'or moulu, et environné de six candélabres également en bronze doré et ciselé, a remplacé, en 1773, suivant le même goût d'innovation, un autel gothique érigé en 1520, environné de colonnes en cuivre, surmonté d'anges de la même matière, et couronné d'une figure de Vierge en argent ; monument précieux dont, comme de tant d'autres objets sacrifiés à la mode du jour, on ne saurait trop déplorer la perte, si sensible pour l'histoire de l'art au moyen-âge.

Le mur de clôture du chœur est orné extérieurement d'une riche galerie de sculptures, qui fut commencée, en 1514, sur les dessins de Jean Texier, dit *de Beauce*, continuée après sa mort par divers artistes, et terminée seulement en 1706. Ce magnifique ouvrage en pierre, dans le goût des clôtures des chœurs d'Amiens et de Paris, quoique d'un style moins uniforme, moins régulier, l'emporte de beaucoup par la variété des détails, l'étonnante délicatesse et le fini extrême du travail. Il se compose de quarante-un tableaux représentant les principaux traits de la vie de Jésus-Christ et de la Vierge.

Les plus remarquables sont :

Le massacre des Innocents, la Transfiguration, ainsi que les groupes représentant la femme adultère présentée à Jésus-Christ par les deux vieillards ; l'entrée triomphale de Jésus-Christ à Jérusalem ; les saintes femmes au tombeau de Notre Seigneur ; la mort de la sainte Vierge en présence des apôtres, etc. Cha— trait d'histoire est séparé par des pilastres décorés d'une profusion d'arabesques et d'ornements d'un excellent choix, aussi bien que les murs qui servent de base à ces bas-reliefs.

Immédiatement derrière le grand autel se trouve le groupe célèbre représentant l'*Assomption de la Vierge*, morceau capital, exécuté en marbre blanc de Carare, et composé de quatre figures principales portées sur des nuages, on admire la composition à la fois noble et simple, la grâce des attitudes et la fine précision du ciseau. L'exécution de ce beau travail appartient encore à Bridan, qui le termina en 1773.

Mais si quelque chose mérite à la cathédrale de Chartres un rang particulier, c'est le nombre, la beauté, et l'étonnante conservation de ses vitraux qui représentent une immense quantité de sujets de l'histoire sacrée, de l'ancienne et de la nouvelle loi; des saints, des patriarches, des prophètes, des apôtres, des martyrs, des pontifes, des évêques, des princes, des princesses, des chevaliers, des emblêmes de corporations de métiers qui tous contribuèrent plus ou moins à la construction ou aux embellissements de l'église.

Les trois grandes roses surtout sont dignes de remarque par l'éclat et l'exécution des peintures autant que par la délicatesse de leur structure. Celle de l'ouest représente le jugement dernier. Au centre, apparaît le Sauveur des hommes, environné des douze apôtres, placés dans douze médaillons. La grande rose du dessus du portail du nord est divisée en plusieurs croisillons dont les intervalles sont garnis de vitres coloriées. Dans le médaillon du centre, on voit la sainte Vierge debout, tenant son divin fils dans ses bras; elle est environnée des figures des douze rois de l'ancien Testament, de celles des douze petits prophètes, et des douze bannières de France distribuées dans les divers compartiments. La rose du portail méridional offre la figure de Jésus-Christ donnant la bénédiction. On trouve dans les compartiments qui l'environnent les quatre animaux, symboles mystiques des quatre évangélistes; les vingt-quatre vieillards de l'Apocalypse, des anges, et les douze bannières aux armes de Dreux.

Les fenêtres de la croisée septentrionale représentent divers seigneurs et chevaliers aux écus armoiriés, des princesses et de nobles dames en costumes du temps; les plus remarquables sont: Philippe, comte de Clermont en Beauvoisis; Jean, duc de Bretagne; Mahaut, comtesse de Boulogne et de Dammartin; et Jeanne de Boulogne, comtesse de Clermont.

Les fenêtres du chœur offrent les figures de Ferdinand III, roi de Castille; de saint Louis; de Thibault VI, dit le jeune, comte de Blois; d'Amaury IV, comte de Montfort et connétable de France en 1231; de Simon de Montfort, comte de Leicester, frère du précédent; de Pierre de Courtenay, deuxième fils de Pierre de France;

seigneur de Courtenay. dernier des enfants de Louis VI, dit *le Gros*, etc. Les métiers, les corporations, ont ici des représentations nombreuses : on y reconnaît les corroyeurs ou parcheminiers ; les laboureurs, menant la charrue ; les bouchers, entourés de bœufs et de porcs pendus à des crochets ; les tréfileurs d'or ; les changeurs et les orfèvres, dont quelques uns pèsent des vases précieux, tandis que d'autres, environnés de monceaux d'argent, le distribuent à leurs nombreux commettants. Viennent ensuite les drapiers-chaussetiers, les pelletiers, les bonnetiers et les merciers.

Enfin, sur les vitraux peints de la croisée méridionale sont représentés : Henri-Clément, seigneur d'Argenton et du Mez, maréchal de France, recevant l'oriflamme des mains de saint Denis ; Pierre de Dreux, surnommé *Mauclerc*, duc de Bretagne, et comte de Richemont ; la comtesse Alix, sa femme, et quelques autres sujets empruntés à l'histoire sacrée. Nous remarquons parmi ces derniers les colossales figures des quatre grands prophètes qui ont prédit la venue du Messie, et celles des quatre évangélistes qu'il choisit pour être les interprètes de sa morale divine. Dans ces tableaux, qui se trouvent au dessous de la grande rose méridionale, l'artiste a voulu figurer par un emblème en quelque sorte matériel, le mutuel appui que se prêtent l'ancienne et la nouvelle loi. Les quatre prophètes de l'ancien Testament, Jérémie, Isaïe, Ezéchiel et Daniel, portent sur leurs épaules les quatre évangélistes, saint Luc, saint Mathieu, saint Jean et saint Marc.

L'usage irrévocablement adopté par l'ancien chapitre de Chartres, de ne permettre aucune espèce d'inhumation dans l'intérieur de l'église, par respect pour la majesté du lieu, est cause que l'on ne trouve ici aucune tombe, aucun mausolée, dont un usage contraire a décoré la plupart des autres églises.

L'ancien trésor de l'église cathédrale de Chartres renfermait une quantité considérable de châsses, de reliques, de vases, d'émaux, d'objets d'orfévrerie, et autres monuments aussi précieux par la richesse de la matière que par la beauté ou l'ancienneté du travail. Cet immense et sacré dépôt, dû à la pieuse munificence d'une longue suite de princes, de prélats et de simples fidèles, a été dispersé par la révolution.

Un grand nombre de nos anciennes basiliques ont été élevées sur des cryptes ou lieux souterrains, presque toujours antérieurs à l'édifice actuel, et qui étaient aussi destinés à la célébration des saints mystères. De ce nombre est l'église de Chartres, dont la partie souterraine, plus vaste et plus curieuse que partout ailleurs, règne sous toute l'étendue du bas-côté de la nef et du pourtour du rond-point du chœur. On y descend par cinq escaliers différents, et on y trouve treize chapelles, toutes richement décorées, avant l'époque de 1793, de lambris de marbre, de dorures, et de peintures à fresque.

Celle consacrée à la Vierge était surtout remplie d'un nombre considérable d'*ex voto* de tous les siècles. Tout auprès de l'autel de la Vierge existait le puits des Saints-Forts. L'église souterraine contient encore plusieurs caveaux de différentes profondeurs, dont la construction remonte à une époque très éloignée. Celui qui est pratiqué sous le sanctuaire, garni d'excavations, de culs-de-basses-fosses et de portes de fer, disposées pour être murées au besoin, servait de retraite impénétrable pour cacher les trésors de l'église dans les moments de troubles. Dans un des côtés à droite, on voit encore une cuve baptismale en pierre, d'une forme élégante, qui nous paraît être au moins du xe ou du xie siècle. Enfin, il existe un dernier caveau appelé le *chenil*, dans lequel on renfermait pendant le jour les chiens chargés de la garde de la cathédrale.

Cette église souterraine, avec toutes ses dépendances, fut construite, comme on l'a dit, vers le commencement du xie siècle, par l'évêque Fulbert, lequel aurait conservé, suivant la tradition, et seulement agrandi la grotte où les druides célébraient anciennement leurs sacrifices.

Le 4 juin 1836 un incendie a dévoré la magnifique charpente de Notre-Dame de Chartres et menacé de détruire les deux flèches hardies qui en font le principal ornement. Le feu, que l'on attribue à l'imprudence de deux ouvriers plombiers occupés à la réparation de la toiture, commença dans la charpente, à la jonction d'un des bras formés par les côtés de la nef. Le tocsin sonna immédiatement; il était six heures et demie du soir. A l'instant toute la population fut sur pied. On essaya de faire agir les pompes, mais la toiture étant en plomb, tous les efforts furent inutiles. Le feu se communiqua avec une telle rapidité, qu'il fallut renoncer à occuper la galerie extérieure du haut de la nef.

Bientôt toute la charpente est embrasée, les flammes gagnent le magnifique clocher de droite et la cathédrale est menacée d'une entière destruction. On redouble d'efforts à cette vue : des ordres habilement donnés établissent un service de pompe aussi actif que bien dirigé. De six lieues à la ronde arrivent en poste les compagnies de pompiers organisées dans tous les villages de la Beauce.

On enlève de l'église tout ce qui est transportable. Les mesures sont prises pour préserver les maisons qui entourent l'édifice. Les flammes se communiquent aux bas-côtés; l'intérieur du chœur et la nef sont remplis de tisons enflammés, qui traversent par les ouvertures pratiquées dans la voûte; le plomb en fusion en découle de toutes parts. Enfin, le soir, le feu, qui avait épargné le vieux clocher, y pénètre, et répand l'alarme dans la population qui ne le croit pas solide; on a la douleur de ne pouvoir éteindre l'incendie dans cette partie de la cathédrale, et, malgré les plus incroyables efforts, on ne peut monter les pompes sur les voûtes qui soutenaient, quelques heures auparavant, la plus belle charpente connue.

L'hôpital qui est adjacent au vieux clocher est évacué. Une pluie de feu, poussée par le vent, est projetée sur une partie de la ville, qui échappe, comme par miracle, à une ruine qui paraissait certaine.

Cependant vers les trois heures du matin et après une lutte obstinée, partout on était maître du feu; la seule charpente du vieux clocher brûlait encore. Elle s'affaissa tout d'un coup sur une voûte intermédiaire, qui dut céder en partie à un choc aussi terrible; la voûte inférieure arrêta les pièces de bois qui avaient traversé. Il fut constaté que, dans chacune des tours, les étages supérieurs, revêtus et garnis de ces belles charpentes qui, par leur construction et leur hardiesse, faisaient l'admiration des connaisseurs, avaient été consumés et les cloches fondues, à l'exception de la plus grosse, du poids de trois mille six cents livres; que la charpente du grand comble avait entièrement disparu; mais le vaisseau tout entier était resté dans sa magnificence, et les admirables vitraux n'avaient point souffert. La chambre des députés vota immédiatement 400,000 fr. pour les premiers frais de reconstruction, dont les travaux furent confiés à M. Duban.

Une difficulté, insurmontable en apparence, s'est d'abord présentée à l'égard de la charpente du grand comble, pour la réparation de laquelle la France et l'Allemagne réunies ne pourraient fournir aujourd'hui les dix mille pièces de bois en cœur de châtaignier qui la composaient. Mais on s'est enfin décidé à les remplacer par des charpentes en fer.

LA CATHÉDRALE DE REIMS.

La cathédrale de Reims fut construite au commencement du xiii° siècle, par deux architectes dont les noms ne sauraient rester en oubli : Libergier, l'un d'eux, avait fait le portail, les tours, la nef et les deux bas-côtés ; le second, Robert de Coucy, fit la croix, le chœur et les chapelles qui l'entourent. La hardiesse de la conception, la noble et imposante élégance des formes, la richesse des détails, le fini précieux de l'exécution, attestent tout à la fois le génie des architectes et celui de nos pères. On admire surtout l'art avec lequel Robert de Coucy sut faire poser sur des appuis aussi délicats que le sont les deux tours, dix pyramides en pierres, dont les deux grandes sont de cinquante pieds de hauteur sur une base de seize pieds. On a beaucoup vanté aussi le rapport singulier qui existait, dit-on, entre une des douze cloches de l'église et le premier des cinq arcs-boutants méridionaux. Ce rapport, qui était un véritable phénomène, consistait en ce que, quand on sonnait la cloche, qui se trouvait la cinquième au dessus de la grosse, le premier pilier-boutant quoique à dix pieds de distance de la tour, quoique près de quarante pieds plus bas que la cloche, et sans avoir aucune apparence de rapport avec elle, se mettait en branle en même temps que la cloche, et suivait tous ses mouvements. Le même effet n'avait pas lieu lorsqu'on sonnait les autres cloches. Les physiciens et les architectes qui l'ont observé n'ont pu en rendre raison ; et on dit que lorsqu'en 1717 le czar Pierre visita cette église, il s'arrêta stupéfait quand il sentit les marches de l'escalier trembler sous ses pas.

C'est Henri de Braine, archevêque de Reims, qui a posé la première pierre de cette cathédrale ; Robert de Coucy a été trente ans à la bâtir, et les tours n'ont été entièrement achevées qu'en 1427.

Ce n'est pas seulement par son dessin noble et régulier, par ses magnifiques dehors, par la délicatesse et la perfection de ses ornements gothiques, que ce majestueux édifice mérite de fixer l'attention, il tient plus qu'aucun autre un rang dans notre histoire par les nombreux souvenirs qui s'y rattachent. C'est dans cette cathédrale, et là seulement, que depuis l'origine de notre monarchie, a eu lieu l'importante cérémonie du sacre des rois de France.

Lorsqu'au v° siècle saint Remi, évêque de Reims, convertit Clovis et le baptisa, ce prince était à cette époque le seul roi catholique qu'il y eut au monde. Tout le pays situé entre la Seine et la Loire l'appela de ses vœux; Paris lui ouvrit ses portes, et devint dès ce moment la capitale du royaume qui allait se former. Par reconnaissance et par politique, Clovis se déclara le défenseur de l'Eglise, et combattit ses ennemis. S'il faut en croire quelques historiens, c'est de cette époque que date la coutume de signaler l'élévation au trône d'un nouveau roi par une consécration religieuse; mais il ne paraît pas qu'il en soit fait mention dans les vieilles chroniques avant 752, lors du sacre de Pépin, qui reçut l'onction sainte des mains de l'archevêque Boniface, canonisé depuis. Un siècle plus tard, Charles III, dit le simple, fut sacré à Reims.

En 1050, Henri I voulut faire couronner son fils Philippe, et l'on vit Guillaume, l'archevêque de Reims, venir exposer que lui seul avait le droit de proclamer et de sacrer le roi, puisqu'il occupait la place de saint Remi, qui avait baptisé et sacré Clovis. La même protestation eut lieu en 1100, lorsque Louis VI voulut se faire sacrer à Orléans; et depuis cette époque le droit de la cathédrale de Reims ne fut plus contesté. Louis VII, qui vint ensuite, fit dresser le cérémonial du sacre, et ordonna de le transcrire sur les registres de la chambre des comptes pour qu'il fût suivi par les rois ses successeurs, ce qui a eu lieu jusqu'à Louis XVI.

On se servait, et on s'est constamment servi pour le sacre de nos rois, d'une huile sainte et sacrée qu'une tradition assure avoir été apportée du ciel à saint Remi lorsqu'il convertit Clovis à la religion chrétienne; et cette tradition, qu'aucun historien n'a voulu contester, a donné à ce fait une notoriété universelle. C'est cette huile sacrée qu'on nommait la *Sainte-Ampoule.*

On en trouve la description suivante dans un auteur du siècle dernier : « L'ampoule de Reims, dit-il, est une petite fiole de cristal dont le col paraît transparent et blanchâtre parce qu'il est vide; le reste est peu transparent et rouge brun. Le diamètre du bas de cette fiole est d'environ un pouce, ou un peu plus, et la hauteur de la fiole, le col compris, est d'environ deux pouces. La matière qu'elle contient n'est plus une liqueur, c'est une espèce de cotignac desséché et condensé sur les parois du vase; on en râcle, dans le besoin, quelque parcelle avec une petite aiguille ou spatule d'or, et cette parcelle communique une couleur rougeâtre au chrême, dans lequel on la délaie au sacre des rois. »

S'il s'est présenté des incrédules pour révoquer en doute la vérité du miracle de saint Remi, et l'origine céleste de l'huile sainte, il s'est présenté aussi des voix éloquentes et pieuses pour tâcher d'en prouver l'authenticité. Les esprits ne manqueront donc pas d'arguments pour se fixer.

Quoi qu'il en soit, la sainte-ampoule fut l'objet de la vénération générale pendant quatorze siècles ! Elle ne sortit jamais de Reims, si ce n'est une seule fois, pour être portée près du lit de Louis XI mourant, qui espérait que l'approche des reliques sacrées ou des choses saintes pourrait prolonger une existence qu'il ne voyait s'éteindre qu'avec tous les tourments du désespoir.

En 93 ! un commissaire de la convention se présenta à Reims, fit ouvrir de vive force le tombeau de saint Remi, où était gardée la sainte-ampoule, *et la brisa lui-même sur la place publique.* Un homme d'état a depuis rapporté « qu'un ecclésiastique et un magistrat de cette ville qui, dans cette circonstance, n'osèrent point alors, enlever ce précieux vase, avaient eu le soin d'en retirer une partie du baume qu'il contenait. Partagé entre cet ecclésiastique et ce magistrat, le baume a été gardé religieusement. En 1819, les parcelles en ont été réunies dans le tombeau de saint Remi, sous la garde du curé de Saint-Remi de Reims ; et des preuves authentiques consacrées dans un procès-verbal, lequel a été déposé au greffe du tribunal de Reims, ne laissent aucun doute sur la fidèle conservation de ce monument du sacre de Clovis. »

Les historiens s'accordent à reconnaître qu'à aucune époque de notre monarchie les cérémonies du sacre ne furent plus scrupuleusement exécutées qu'à celui de Louis XIV. On y conserva tout ce qui était prescrit par les moindres traditions.

Après la messe, l'offrande et la communion, le roi fut reconduit au palais en grande pompe pour assister à un grand festin auquel s'assirent les grands dignitaires et les principaux seigneurs qui avaient assisté à la cérémonie.

Le surlendemain, Louis XIV, après avoir entendu la messe à l'abbaye de Saint-Remi, entra dans le parc, où se trouvaient rassemblés environ deux mille six cents malades qu'il toucha l'un après l'autre de sa main droite, du front au menton et d'une joue à l'autre, avec un signe de croix, en disant ces paroles consacrées : *Dieu te guérisse, le Roi te touche.*

Ces fêtes et ces cérémonies se terminèrent par une amnistie générale aux criminels de toute condition qui étaient venus se constituer prisonniers à Reims, et on en compta plus de six mille.

LA CATHÉDRALE DE STRASBOURG.

Avant la conquête romaine, le lieu où s'élève aujourd'hui la cathédrale de Strasbourg était couvert par un bois sacré, destiné à ces mystères religieux pour lesquels les peuples des Gaules et de la Germanie recherchaient les profondeurs solennelles des forêts. Les Romains chassèrent les dieux gaulois de leur asile, le bois sacré fut arraché et brûlé, et un temple dédié à Hercule remplaça les pierres énormes des cercles druidiques. Hercule devait être, à son tour, renversé de son autel, et le même lieu voit célébrer les cérémonies d'un troisième culte. Cette fois la prise de possession fut définitive. Le roi de France, Clovis, converti au christianisme, fit élever, vers l'année 504, une église en bois sur les débris du temple romain. Environ un siècle et demi après, Dagobert substitua des constructions en pierre à quelques parties de l'édifice; Pépin enfin et ensuite Charlemagne firent bâtir un chœur dont l'ensemble subsiste encore aujourd'hui. Deux incendies, allumés le premier par la main des hommes, et le second par la foudre, détruisirent, en 1002 et 1007, cette première cathédrale de Strasbourg. Les accidents, pour la plupart des monuments de cette époque, étaient des occasions de progrès et d'embellissement; ils renaissaient de leurs ruines plus vastes et plus magnifique. L'évêque Werner, de la maison d'Hapsbourg, fit jeter les fondements d'une nouvelle basilique, et l'architecte eut ordre de ne rien épargner pour qu'elle fût somptueuse. Deux siècles et demi s'écoulèrent (de 1015 à 1275) avant que le temple fût achevé, quoique pendant les seize premières années plus de cent mille personnes, mues par un sentiment religieux, eussent pris part aux travaux, suivant les chroniqueurs ; et encore n'avait-il point reçu dans ce premier plan la tour fameuse qui fait sa principale gloire. Ce ne fut qu'en 1276, sous l'épiscopat de Conrad de Lichtemberg, et d'après les dessins de Herwin de Steinbach, que les premières pierres de la tour furent posées. Herwin n'eut pas la joie de voir la réalisation de sa belle pensée ; son fils, sa fille, passèrent encore sans pouvoir achever, malgré leur zèle filial, le monument qui devait immortaliser le nom de leur père ; la tour mit plus de cent soixante années à s'élever jusqu'à sa hauteur actuelle, et ce ne fut qu'en 1436 qu'elle atteignit sa dernière limite.. C'est de ce millésime que datent les derniers travaux de quelque importance faits à la cathédrale de Strasbourg, les modernes n'ont eu heureusement à y porter la main que pour de légères réparations.

OEuvre complète des siècles où florissait le style dit gothique, la cathédrale de Strasbourg appartient, tout entière, à cette élégante et audacieuse architecture ; elle en est une des créations les plus nobles et les plus renommées. Une seule partie fait disparate dans l'ensemble régulièrement majestueux de l'édifice : c'est le vieux chœur de Pépin et de Charlemagne. On se laisse aller presque à regretter, d'abord, que les incendies du xi° siècle ne l'aient pas compris dans leurs ravages; mais, d'un autre côté, son âge et les grands souvenirs qu'il réveille rachètent la lourdeur et le mauvais goût de ses proportions. Toutes les parties du monument, découpées avec cette force et cette délicatesse, ornées avec cette abondance et cette variété qui caractérisent le ciseau gothique, mériteraient d'arrêter l'attention et d'avoir leur célébrité ; mais la tour prodigieuse accapare l'admiration et les éloges, et si, de loin, on ne voit qu'elle, de près encore on n'en peut guère détacher les regards pour les porter ailleurs.

La tour de Strasbourg est le point culminant de toutes les constructions humaines éparses dans l'univers. Le dôme de Saint-Pierre de Rome a six pieds de moins, la tour de la cathédrale de Vienne, dix, et la plus grande des Pyramides d'Egypte demeure de treize pieds au dessous de la flèche aérienne, qui porte sa tête orgueilleuse à 436 pieds au dessus du sol. Cette élévation est d'autant plus étonnante, que la tour, percée, ou plutôt, criblée à jour de la base au sommet, et partout assez creuse pour pouvoir contenir plusieurs escaliers, n'a ainsi, pour supporter sa taille colossale, que de rares pleins de maçonnerie, que des membrures proportionnellement frêles et délicates.

Faisant corps avec le reste de l'édifice jusqu'à deux cents pieds du sol, elle s'en détache hardiment en arrivant à la première plateforme, et le laissant au dessous d'elle, elle s'élance dans les airs absolument isolée et sans appui. Elle conserve, jusqu'à la moitié de ce second degré de croissance, sa forme de tour, et emporte avec elle dans l'espace quatre sveltes tourelles accolées à ses flancs; puis, elle se change, après s'être reposée un moment sur une seconde plate-forme, en une pyramide que tailladent profondément sept ou huit étages posés les uns sur les autres. Cette pyramide se resserre et s'effile d'étage en étage; elle n'est plus bientôt qu'une ligne légère qui, après avoir été croisée dans sa route par une ligne transversale pour former le symbole chrétien, va se terminer enfin par un bouton en pierre.

Gravir cette montagne d'architecture et son pic aigu, est une entreprise dont les difficultés et l'attrait manquent rarement de séduire les visiteurs. Tant qu'on a sous ses pas quelqu'un des 635 degrés qui mènent des pieds à la tête du géant, tant que l'on trouve des ponts pour franchir les précipices ouverts entre ses membres, les caravanes ne laissent guère de poltrons en arrière; mais quand on arrive à la naissance de la croix, la route s'arrête, et les curieux modérés avec elle; les forcenés seuls vont plus loin. Il faut, pour se donner la satisfaction de toucher le bouton, s'appliquer aux parois extérieures et se suspendre à des barres de fer; des aventuriers intrépides ont cependant bravé les périls de cette dernière ascension, et le cicérone de la cathédrale raconte même que ses prédécesseurs ont vu des grimpeurs assez fous pour se poser debout, en statue, sur le bouton (plate-forme octogone de 15 pouces au plus de diamètre) et pour y vider une bouteille, non pas à leur santé, ce qui eût été assez logique, mais à la prospérité de la ville et des badauds émerveillés qui les contemplaient d'en bas : la tradition ne dit pas qu'aucune de ces bravades au premier chef ait été punie.

Comme si nous eussions voulu justifier ce que nous avons dit plus haut, que la tour de Strasbourg absorbe exclusivement l'intérêt, nous n'avons encore parlé que d'elle; et nous n'avons plus que quelques lignes à consacrer à un autre chef-d'œuvre, à peine moins renommé que le clocher. C'est une horloge d'un travail admirable et d'une complication effrayante, qui marque les révolutions du temps, annuelles, mensuelles, diurnes, les mouvements des astres, les phases de la lune, etc.

Elle se compose de trois parties respectivement consacrées à la mesure du temps, au calendrier et aux mouvements astronomiques.

Avant toutes choses, il a fallu construire un moteur central qui communique le mouvement à ce vaste mécanisme. Le moteur, qui est à lui seul une horloge complète d'une grande précision, indique, sur un cadran extérieur, leurs heures et les subdivisions ainsi que les jours de la semaine; il sonne les heures et les quarts et met en mouvement diverses figures allégoriques qui seront remarquées avec intérêt. L'ancienne horloge offrait déjà de semblables figures, mais avec cette différence qu'elles se mouvaient d'une pièce et sans articulations. Une des plus curieuses est le Génie placé sur la première balustrade, et qui retourne à chaque heure le sablier qu'il tient dans ses mains.

Le chant du coq, qu'on n'avait plus entendu depuis 1789, a été reproduit, et la procession des apôtres, qui a lieu chaque jour à midi, a été ajoutée à cet ensemble de figures qui récréent la vue.

Vient ensuite le calendrier; ici l'on trouve les indications des mois, des jours et de la lettre dominicale; ainsi que le calendrier proprement dit qui fait connaître les noms des saints de tous les jours de l'année.

Le cadran sur lequel figurent ces diverses indications fait une révolution en 365 jours pour les années communes, et en 366 pour les années bissextiles, en reproduisant toutefois l'irrégularité qui a lieu trois fois de suite sur quatre pour les années séculaires.

Les fêtes mobiles, qui ne semblent réglées par aucune loi continue, sont obtenues par un mécanisme des plus ingénieux, dans lequel tous les éléments du comput ecclésiastique, le millésime, le cycle solaire, le nombre d'or (l'indication), la lettre dominicale et les épactes se combinent et produisent, pour un temps illimité, le résultat qu'on a cherché à obtenir.

C'est au 31 décembre, à l'heure de minuit, que le jour de Pâques et les autres fêtes mobiles viennent prendre, sur le calendrier la place qu'ils occupent jusqu'à la fin de l'année.

La troisième partie, qu'on peut appeler la partie transcendante de l'horloge, renferme la solution des problèmes les plus importants de l'astronomie. On y voit un planétaire construit d'après le système de Copernic, qui présente les révolutions moyennes de chacune des planètes visibles à l'œil nu. La terre, dans ce mouvement, emporte avec elle son satellite, la lune, qui accomplit sa révolution dans la durée du mois lunaire.

En outre, les différentes phases de la lune sont représentées par un globe particulier.

Une sphère indique le mouvement apparent du ciel; elle fait une révolution dans la durée du jour sidéral. Son mouvement subit l'influence presque insensible, connue sous le nom de précession des équinoxes.

Des mécanismes particuliers produisent les équations du soleil, l'anomalie, et l'ascension droite; d'autres produisent les principales équations de la lune, qui sont l'érection, l'anomalie, la variation, l'équation annuelle, la réduction et l'ascension droite. D'autres enfin sont relatifs aux équations du nœud ascendant de la lune; ainsi pour un temps indéfini, le lever et le coucher du soleil, son passage au méridien, les éclipses de soleil et de la lune sont représentés sur le cadran du temps apparent, et complètent l'horloge de la manière la plus heureuse.

LA CATHÉDRALE D'ORLÉANS.

Si les cathédrales de Reims, de Paris de Strasbourg passent pour les plus belles de France, on peut dire en toute assurance que celle d'Orléans est la plus jolie. Elle n'a peut-être pas ce caractère grandiose et majestueux qui distingue les autres, mais la délicatesse de ses ornements, le fini précieux des détails, la légèreté et l'élévation de ses tours, terminées par une espèce de couronnement de l'effet le plus pittoresque, en font un de ces édifices que l'œil ne peut se lasser de parcourir avec plaisir.

L'histoire atteste que de tous temps nos rois ont fait preuve d'une sollicitude particulière pour cette cathédrale. Ils ont sans cesse employé leur puissance et leurs trésors à seconder les efforts des évêques et le zèle des fidèles qui se réunissaient pour activer les reconstructions et les réparations; mais en dépit de tant de soins, l'église ne put jamais être entièrement achevée par ceux qui y travaillaient. Aussi ce monument présente-t-il, dans le genre gothique usité dans les XIIe et XIIIe siècles, un fait très remarquable, c'est que les architectes qui se sont succédé n'ont pas essayé de changer de système, et ont mis de côté cette vanité personnelle, pour ne songer qu'à finir dignement un monument si bien commencé.

Les anciens auteurs rapportent que la première pierre fut posée le 11 septembre 1287, par Gilles Pastay, évêque d'Orléans et successeur de Robert de Courtenay, qui avait fait d'immenses préparatifs pour la construction de cet édifice, et qui semblait y mettre toute sa gloire, lorsque la mort vint arrêter l'exécution de ses projets. En 1567, lors des guerres de religion qui affligèrent la France, des religionnaires s'introduisirent la nuit dans l'église, et minèrent les quatre piliers qui soutenaient le grand clocher élevé de 324 pieds au dessus du sol. Ce clocher qui était surmonté d'un globe et d'une croix de cuivre, qu'on assure avoir été d'un poids considérable, s'écroula dès le lendemain de l'entreprise des religionnaires, et dans sa chute enfonça et détruisit une partie du monument. Treize années après, Henri III et la reine-mère donnèrent des ordres et firent commencer les réparations qui parurent les plus indispensables.

En 1595, le pape Clément VIII ne consentit, dit-on, à relever Henri IV de l'excommunication qui avait été lancée contre lui, qu'à condition qu'il donnerait sa parole royale de rebâtir la cathédrale d'Orléans, ce qui détermina ce prince à faire commencer les travaux en 1601.

Il appartenait à notre époque d'achever ce superbe édifice, destiné à faire l'admiration des siècles. Les vieilles tours subsistaient encore en 1726 ; elles furent démolies pour faire place aux nouvelles et au beau portail qu'on voit aujourd'hui. Le plan de l'église est d'un ensemble harmonieux; quant au style des ornements d'architecture, il est riche, fleuri et élégant. On admire les portails latéraux, l'audace irrégulière et gigantesque des voûtes, et l'aspect mélancolique de l'intérieur. Le chevet est orné d'une chapelle de la Vierge, dont les lambris, le retable et le pavé sont de marbre blanc et noir.

L'église d'Orléans a été illustrée par plusieurs prélats et saints personnages de haute réputation : Eusèbe, Anselme, Théodoric, Arnoult et autres, ne furent pas moins recommandables par leur science que par leurs vertus. Un grand nombre de conciles, où furent agités les points les plus importants de la discipline ecclésiastique et séculière, ont été tenus dans cette église, et l'ont également rendue célèbre. Enfin, c'est aussi dans cette cathédrale qu'eurent lieu les cérémonies du sacre des rois Charles-le-Chauve, Eudes, Robert, Louis-le-Gros, Louis-le-Débonnaire et Louis-le-Jeune, qui y célébra en même temps ses noces avec la princesse Constance.

LA CATHÉDRALE D'AMIENS.

Saint Firmin, le premier des quatre-vingt-cinq évêques que compte la ville d'Amiens, ayant été mis à mort dans une des caves de la citadelle (25 septembre 303), le sénateur romain Faustinien, qui s'était secrètement converti au christianisme avec toute sa famille, rassembla les dépouilles éparses du martyr et les ensevelit hors des murailles, dans sa maison de campagne, au lieu appelé alors Abladène, et aujourd'hui Saint-Acheul. Cette place ainsi consacrée reçut la première basilique de la contrée, suivant la coutume des chrétiens primitifs, qui aimaient à donner à leurs temples la tombe de quelque saint personnage pour pierre fondamentale. Cependant le point précis où était déposé le corps de saint Firmin demeura longtemps ignoré ; et ne fut positivement retrouvé qu'en 613, sous l'épiscopat de saint Salve. Des circonstances miraculeuses accompagnèrent la découverte de ces reliques. L'odeur la plus suave, disent les chroniques, se répandit dans les airs dès que le sépulcre fut ouvert ; elle fit éclore la verdure et les fleurs sous les frimas (c'était le 13 janvier), et rendit la santé aux malades qui la respirèrent. Provoquée par cet événement merveilleux, dont le bruit se répandit bientôt dans toute la province, la ferveur religieuse des fidèles se manifesta par des offrandes si abondantes qu'elles suffirent aux frais de construction d'une nouvelle église épiscopale que saint Salve fit élever dans l'intérieur de la ville, pour recevoir les reliques de saint Firmin, sous l'invocation duquel elle fut placée.

Simple d'architecture, et faite de bois, cette seconde cathédrale était, au moment de sa fondation, en harmonie avec la modeste condition d'Amiens ; mais six cents ans après, il n'y avait plus de rapport entre la ville accrue en importance, en richesse, et le temple stationnaire, demeuré le même ; aussi les Amiénois, blessés dans leur vanité civique, ne considérèrent peut-être pas comme une calamité la ruine totale du vieil édifice, que la foudre consuma en 1218. On décida que la troisième cathédrale, dont la construction était devenue nécessaire, serait plus digne de la grandeur de la cité, de la renommée de son patron, et de la sainteté de quelques nouvelles reliques qu'on y voulait déposer, telles que le chef authentique de saint Jean-Baptiste. Il fut donc fait, pour subvenir aux dépenses considérables que devaient entraîner ces projets de magnificence, un appel général et solennel aux fidèles de toutes classes du diocèse, et non encore dégénérés de la piété de leurs pères du VIIe siècle ; ils y répondirent avec la libéralité la plus généreuse. L'évêque Evrard de Fouilloy, mis à l'aise par l'abondance de la quête, s'adressa à Robert de Luzarches, l'un des architectes les plus célèbres de l'ère gothique ; l'artiste, dont le génie était laissé en pleine liberté, traça le plan du noble monument que nous plaçons sous les yeux de nos lecteurs, et qui est une des plus grandes illustrations de la France du moyen-âge. Cette belle œuvre appartient tout entière à Robert de Luzarches, quoiqu'il en ait vu à peine poser les premières pierres : ses successeurs, Thomas et Regnault de Cormont, ne firent à peu près qu'exécuter sa pensée. Commencé en 1220, l'édifice ne fut terminé qu'en 1288, sous l'épiscopat de Guillaume de Mâcon. Plusieurs fois dans ce long intervalle les fonds en réserve avaient été épuisés et il avait fallu solliciter de nouvelles offrandes ; mais les Picards n'avaient point refusé d'ouvrir leur bourse à leurs évêques. Il n'est pas sans intérêt d'opposer cette vieille générosité des diocésains d'Amiens au refroidissement de leur zèle actuel. Le chapitre de la cathédrale ayant décidé, à une époque assez rapprochée de nous, qu'une quête serait faite pour payer des travaux de réparation, à peine put-il, malgré ses instances et ses efforts, recueillir quelques milliers de francs.

L'édifice, qui présente une longueur totale de 450 pieds sur une largeur de 98 dans œuvre, est assis sur un côteau, au lieu même où s'élevait la seconde cathédrale. Deux tours, différentes entre elles de hauteur et d'ornements, et contrastant avec le reste du monument par leur style plus moderne, encadrent une riche façade, de laquelle se détachent trois portiques en avant-corps. Chacun de ces portiques est décoré de nombreuses statues et de vastes bas-reliefs où sont retracées diverses scènes. Celui du milieu, appelé la porte du Sauveur, offre ce tableau consacré que l'on retrouve dans les sculptures de la façade de presque toutes les églises gothiques, le jugement dernier. Le sujet est traité dans toute sa progression et avec les plus minutieux développements : figurés d'abord aux pieds du Juge souverain, les bienheureux et les réprouvés sont ensuite représentés dans la condition que leur a faite l'arrêt suprême ; et les joies du paradis et les douleurs de l'enfer sont détaillées aux spectateurs. Ces pages de l'Ancien et du Nouveau-Testament, ainsi écrites sur la pierre, sur les vitraux, sur les boiseries des églises, ne sont plus aujourd'hui pour nous que des objets d'art, et nous n'attribuons guère à l'artiste d'autre pensée que le désir d'orner son œuvre ; mais au moyen-âge, avant l'invention de l'imprimerie, ces représentations avaient un but plus sérieux ; elles remplaçaient les livres si excessivement rares, elles étaient le catéchisme du peuple, dont elles frappaient vivement l'imagination et qu'elles agitaient d'émotions religieuses.

Les vertus et les vices sous des formes allégoriques, les vierges sages et les vierges folles, les visions de l'Apocalypse et d'autres scènes empruntées à l'Ecriture, complètent la décoration du portique du Sauveur. Appelé porte de la Mère de Dieu, le portique placé à la droite offre tous les traits de l'histoire humaine et divine de Marie, et en outre les principaux événements de la Genèse. Toute la légende de saint Firmin est retracée dans les bas-reliefs du portail de gauche, auquel il a donné son nom. Les intervalles de pierre restés libres entre ces sculptures sont occupés par les statues des grands hommes de la chrétienté et des saints les plus considérés en Picardie. Ainsi la façade de la cathédrale d'Amiens mettait à la fois sous les regards des fidèles les faits fondamentaux du christianisme et les traits les plus saillants de l'histoire sacrée du pays. Outre ces morceaux de sculpture, ce portail offre encore une multitude de détails de pur ornement, tels que colonnettes, clochetons, tourelles, arcades, galeries, dessins de fantaisie, et figures sans caractère. Les plus remarquables de ces décorations, que nous appellerons profanes par opposition, sont les statues colossales de vingt-deux rois de France, de Childéric II à Philippe-Auguste. Ces statues sont placées dans des niches élégantes que forment entre elles les colonnes d'une galerie à jour qui règne sur toute la largeur de la façade. Presque contemporaine de la cathédrale d'Amiens, Notre-Dame de Paris possédait aussi une collection non moins précieuse d'effigies royales ; mais les révolutionnaires de 1793 n'épargnaient pas même les rois de pierre dans la capitale. Moins aveugles dans leur emportement, les Amiénois n'attentèrent point aux ornements de leur église ; de rares et légères mutilations furent les seules concessions faites à l'esprit du temps. Ces dégradations furent moindres même que les petites destructions de détail par lesquelles la dernière crise politique a mis sa date sur la cathédrale d'Amiens. Lorsque après la révolution de 1830 un second anathème eut été porté contre les lis, non seulement les fleurs proscrites disparurent du vieux monument, dont elles étaient un des traits historiques, mais les trèfles, si multipliés dans les sculptures gothiques, perdirent aussi les deux branches latérales qui leur donnaient un air de famille avec l'emblème condamné. Les amis des arts, indépendamment de toute opinion politique, doivent désirer que le temps vienne enfin où les vainqueurs ne se donneront plus ces puériles satisfactions, et où les monuments nationaux ne seront plus mêlés aux luttes des partis.

Si le côté septentrional de la cathédrale, peu favorisé par les travaux qu'il a fallu faire pour remédier aux accidents du sol, et encombré d'ailleurs de constructions étrangères, n'a que des beautés de détail et relativement inférieures, le côté méridional mérite à peine moins d'attention que la façade principale. Là encore les sculptures et les bas-reliefs offrent de précieux documents sur les croyances et sur les coutumes anciennes. Un saint Christophe colossal, portant le Christ sur ses épaules, et préposé, pour ainsi dire, à la garde d'une porte, constate la dévotion particulière que le peuple avait alors dans le pouvoir de ce saint contre la peste, tandis que trois enfants dans un baquet, représentés auprès de saint Nicolas, rappellent que ce saint est devenu le patron des écoliers, pour avoir rendu la vie à des enfants qu'un hôtelier avait tués et salés dans une cuve, se proposant de les vendre comme viande de boucherie. Parmi ces sujets sacrés, une scène d'une autre nature, retracée sur la muraille et relative à la construction de l'édifice, forme un petit tableau de mœurs plein d'intérêt. On y voit une femme et un homme en costume de paysans : auprès d'eux est un sac contenant une plante (la guède) avec laquelle on teignait en bleu avant la découverte de l'indigo ; au-dessus on lit une inscription en caractères gothiques, ainsi conçue : *Les bonnes gens des villes d'entour Amiens, qui vandent voides, ont fait cheste chapelle de leurs omones.* Ce souvenir reconnaissant, accordé aux donateurs de toute classe qui avaient souscrit (en termes actuels) pour la cathédrale, se trouve encore reproduit sur diverses parties du monument. Dans les bas-reliefs de la façade et sur les débris des vitraux richement peints, on voit les noms, les armes, les devises des individus et les attributs des corporations d'ouvriers et d'artisans qui avaient contribué de leurs deniers. Cette mention honorable faite au front d'un monument religieux, et quelquefois même une tombe dans l'enceinte consacrée, c'étaient là des appâts auxquels la piété et aussi la vanité individuelle et collective, devaient difficilement résister. Aussi jamais la population d'un diocèse ne prit une part plus générale à l'érection de l'église métropolitaine : toutes les fenêtres, dont les ingénieuses peintures sont parsemées et rapiécés aujourd'hui de carreaux en verre blanc, furent des offrandes particulières.

La flèche, qui s'élève à une hauteur de quatre cents pieds, est encore une des parties extérieures de la cathédrale d'Amiens sur lesquelles se porte principalement l'admiration des curieux. La foudre ayant frappé et détruit, en 1527, le premier clocher, dont Robert de Luzarches avait tracé le dessin, et dont les anciennes chroniques donnent une pompeuse description, l'évêque Halluin ouvrit un concours pour sa reconstruction, et divers architectes produisirent des plans. Un simple charpentier, Louis Cordon, l'emporta, et s'associa pour l'exécution des travaux un autre charpentier, non moins obscur que lui-même. Fait en bois de chêne et de châtaignier, et revêtu d'une lame de plomb, sur laquelle sont frappées des fleurs de lis. ce clocher est disposé avec un tel art, dans la charpente, qu'il cède et plie comme les arbres sous les efforts des vents, et qu'il reprend sa position naturelle quand la bise a passé. L'aiguille elle-même, et la base sur laquelle elle pose, ont été travaillées avec goût et ornées avec recherche; et pour ajouter encore à l'opulence des décorations, des dorures furent appliquées aux parties hautes. Dans une cavité ménagée au pied de la croix, on enferma quelques reliques qui devaient, selon l'opinion populaire, servir de préservatif contre la foudre. Au milieu d'une sorte de salle pratiquée dans une tourelle à la base du clocher, est une table ronde sur laquelle déjeûna Henri IV, le jour même de la reprise d'Amiens, pendant que sous ses yeux l'armée espagnole faisait sa retraite à l'horizon. Louis XIV et la duchesse de Berry ont aussi laissé leur souvenir et leur nom dans cette salle aérienne. L'ensemble extérieur de ce monument est de si noble et de si gracieuse apparence, que lorsque le duc de Bourgogne, Charles le Téméraire, vint assiéger Amiens en 1470, il ordonna à ses artilleurs de faire en sorte que la cathédrale, dont l'aspect l'avait frappé, n'eût point à souffrir du bombardement.

Quelque préparé que l'on soit par le spectacle de l'extérieur du temple, on ne peut cependant se défendre d'un mouvement de surprise, lorsqu'on a franchi les portes. L'intérieur de cette basilique, dit un des historiens de la cathédrale d'Amiens, par ses dimensions colossales, par l'élévation et le jet hardi de ses voûtes, la délicatesse de ses arcades et de ses fenêtres, la régularité et l'heureux accord de ses proportions, et surtout par l'unité qui règne dans son ensemble, inspire je ne sais quel sentiment d'admiration qui pénètre l'âme d'un respect religieux. La hardiesse avec laquelle s'élèvent les grosses colonnes des deux faces latérales de la nef, du chœur et de la croisée, lui donne un caractère d'élégance et de grandiose qui flatte les regards, en même temps qu'il étonne l'esprit séduit par de longues files de colonnes à travers lesquelles l'œil cherche à se rendre compte de la pensée de l'architecte, dans la disposition générale de son plan. La basilique d'Amiens, suivant un autre admirateur non moins éclairé, est aux autres temples gothiques ce que Saint-Pierre de Rome est aux temples modernes du premier ordre. L'audace de cette construction intérieure frappe plus encore lorsqu'on songe qu'elle s'allie à une solidité extraordinaire. A l'extérieur, des réparations fréquentes ont été nécessaires; à l'intérieur, tout est du même âge, tout date du xiiie siècle : une seule des colonnes a fléchi sous la masse énorme qu'elle supporte depuis environ six siècles. Tout fut en émoi dans la ville, lorsqu'on apprit, en 1497, qu'un des piliers de la cathédrale menaçait ruine ; une procession générale fut ordonnée pour appeler la bénédiction du ciel sur la réparation qu'on allait entreprendre ; tous les ouvriers qui devaient être employés y assistèrent et reçurent la communion des mains de l'évêque; ce ne fut qu'après l'accomplissement de ces pieuses cérémonies que les travaux commencèrent. L'application d'une couche de peinture blanche sur des voûtes que décoraient jadis des dorures et de brillantes couleurs est, outre la construction du pilier, la seule part que les siècles modernes aient prise dans ce chef-d'œuvre du moyen-âge.

Les objets accessoires d'utilité et d'ornement qui meublent ce vaisseau majestueux répondent par leur multiplicité et leur magnificence à la grandeur de l'édifice. Vingt-quatre chapelles distribuées le long des bas-côtés, dans la croisée et sur le pourtour du chœur, donnent chacune à remarquer quelque belle pièce de sculpture, quelque relique respectée. Le chœur est dans toutes ses parties un morceau du plus grand prix. Les boiseries de la chaire, que soutiennent les trois Vertus théologales, et que surmonte un ange montrant le ciel de la main droite, et de la gauche le livre des Évangiles sont d'un travail assez parfait pour ne pas trop souffrir du voisinage du chœur. Des monuments funèbres semés avec profusion, des épitaphes inscrites de toutes parts multiplient encore les causes d'intérêt et de curiosité, et réveillent à chaque pas l'attention.

Renommée entre tous les monuments religieux de la France, située d'ailleurs dans une ville de première importance, la cathédrale d'Amiens a vu s'accomplir sous ses voûtes des événements mémorables, des cérémonies pompeuses. Saint Louis, appelé à arbitrer entre le roi d'Angleterre, Henri III et ses barons, y prononça (1263) son jugement; Philippe de Valois y reçut le serment de vassalité d'Édouard III (1329), le futur vainqueur de Crécy et de Poitiers; Charles VI y épousa la fatale Isabeau de Bavière (1385); Henri II de France et Édouard IV d'Angleterre y signèrent une paix solennelle (1530). La plupart des rois de France, de Louis XI à Charles X, sont aussi venus rendre hommage à la beauté du monument et faire acte de piété dans cette basilique.

SAINT-TROPHYME D'ARLES.

L'église d'Arles, si l'on ajoute foi aux annales arlésiennes, serait la plus ancienne des églises de la Gaule ; elle aurait eu pour fondateur un disciple même de saint Pierre et saint Paul, saint Trophyme, qui aurait fait retentir pour la première fois le nom du Christ sur les rives de la Méditerranée. Cette version s'appuie sur des paroles de saint Zosime, qui occupait le trône pontifical au commencement du v° siècle : « Trophyme, dit-il, envoyé à Arles par le saint siége, fut comme la source des ruisseaux qui coulèrent par toute la France et y répandirent la foi. » Malgré cette autorité, l'antériorité absolue de l'église d'Arles a été contestée ; mais si on peut disputer à saint Trophyme la gloire d'avoir établi le premier le christianisme dans les Gaules, il est hors de doute qu'il fut le premier apôtre d'Arles, et qu'il y renversa les autels des faux dieux. Arles avait une dévotion particulière dans la déesse Diane, à laquelle trois jeunes gens étaient immolés tous les ans en grande pompe. Saint Trophyme s'éleva contre ce sacrifice barbare : convertis par son éloquence, les Arlésiens abattirent la statue de Diane, et l'enfouirent au pied même de son autel qu'ils renversèrent. Cette statue, du plus beau dessin, fut retrouvée en 1650 et envoyée à Versailles : de plus, on voit encore à l'une des portes d'Arles un massif de pierre dure que l'on considère comme la base de l'autel sur lequel se faisaient les sacrifices.

Les notions écrites manquent sur la vie et sur les œuvres pieuses de saint Trophyme ; les monuments seuls constatent sa mission. Non loin de la ville d'Arles, et sur une élégante colline, était situé un cimetière que les Romains nommaient les *Champs-Elysées*, ainsi que l'atteste aujourd'hui encore la désignation corrompue d'*Eliscamp*. C'était l'asile commun des chrétiens et des païens ; une croix gravée sur la pierre tumulaire indiquait la sépulture des premiers, et la tombe des seconds se reconnaissait à ces deux lettres : D M (*Diis Manibus*, aux Dieux Mânes). De nombreux débris rappellent encore maintenant la destination funèbre de l'Eliscamp. Saint Trophyme y avait fait élever, selon la tradition, une chapelle à la sainte Vierge, lorsqu'elle était encore vivante. Quand l'apôtre fut mort, on l'inhuma dans l'Eliscamp, et son tombeau devint l'autel de la chapelle de la Vierge. Cette première chapelle a disparu, mais une autre également placée sous l'invocation de Notre-Dame-de-Grâce, lui a succédé et le monument funèbre de saint Trophyme servit encore d'autel. Ce tombeau n'était qu'une simple pierre commune, et qui ne décorait d'abord aucun monument ; dans la suite, on y avait adapté en avant une plaque de marbre blanc, ornée de figures sculptées ; mais déjà le mausolée ne renfermait plus les dépouilles mortelles du saint.

Saint Virgile, évêque d'Arles, et nommé, par le pape Grégoire le Grand, vicaire du saint-siége (de 595 à 610), voulut que sa ville possédât un temple digne de sa grande célébrité religieuse ; il fit construire la cathédrale. Cherchant d'illustres patrons sous l'invocation desquels il pût la placer, il la dédia à saint Trophyme, l'apôtre tutélaire d'Arles, et à saint Etienne, en qui l'église révérait le premier martyr de la foi chrétienne. Comme les reliques de saint Etienne reposaient en Terre-Sainte, on se contenta de retracer la glorieuse foi de sa vie sur un tabernacle d'argent habilement travaillé. Quant aux restes mortels de saint Trophyme, on les enleva à la chapelle de Notre-Dame-de-Grâce, et on les transporta dans la cathédrale. Le missel du saint fut inhumé avec lui. Ces dépouilles furent renfermées plus tard dans un reliquaire d'argent doré, nommé la *Sainte-Arche*.

La cathédrale d'Arles, qui a reçu à diverses époques, et particulièrement sous l'archevêque cardinal Allemand, au commencement du xv° siècle, de grandes modifications, est un vaste monument dont le fronton élégant, les trois longues nefs, les piliers massifs, le chœur séparé de l'église, et les détails d'ornement, rappellent, par leurs formes empruntées aux architectures de l'Italie et de la Grèce, qu'Arles était voisine des deux contrées, et qu'elle comptait des Romains et des Grecs parmi ses fondateurs : c'est un lien entre les antiquités de la ville et les ouvrages des époques modernes. Le grand portail est, par l'abondance et la combinaison des sculptures qui le décorent, la partie la plus remarquable de l'édifice ; c'est aussi la plus précieuse pour la haute ancienneté. Ce portail présente d'abord un fronton dont les proportions agréables sont en parfaite harmonie avec le reste du monument. Les sculptures distribuées au dessous sont, suivant l'usage rigoureusement observé dans les décorations des façades de cathédrale, consacrées à la représentation des diverses scènes du Jugement dernier. Les groupes sont ici disposés avec art. A la partie la plus élevée, dans une sorte d'encadrement ménagé sous l'angle d'ouverture du fronton, est placé l'Éternel, le front orné d'une couronne. Une de ses mains semble ratifier un arrêt ; l'autre tient le livre des lois, dont l'observation ou la transgression fixe d'une manière si différente les destinées de l'humanité. Aux côtés de l'Eternel sont figurés les attributs symboliques des quatre évangélistes, l'ange, l'aigle, le lion et le taureau ; à ses pieds apparaissent les saints, les prophètes, les pères de l'Eglise. Assis et réunis au tribunal, ils viennent de prononcer la sentence solennelle, que Dieu semble sanctionner. A leur gauche, dans un cadre séparé, le sculpteur a représenté les damnés ; ils sont nus, debout, pressés les uns contre les autres et environnés d'une même chaîne, qui les retient à la hauteur de la ceinture ; des personnages diaboliques, placés aux extrémités de la chaîne, surveillent la troupe maudite et l'entraînent aux enfers. Ceux que le jugement du tribunal vient d'admettre au nombre des bienheureux occupent une place réservée à la droite de leurs juges. L'artiste, pour les faire contraster autant que possible, avec les damnés, les a couverts d'habillements. Les personnages qui composent ces différents groupes ont peut-être de la raideur et de la sécheresse dans leurs formes et dans leur attitude, mais les lignes sont pures et correctes ; si les détails donnent prise à la critique, l'ensemble est d'un effet satisfaisant.

Des colonnes et des pilastres supportent de chaque côté, les parties où sont groupés les damnés et les bienheureux. Des bas-reliefs remarquables remplissent les intervalles laissés libres entre les chapiteaux, qui sont travaillés avec goût et avec élégance. Des niches pratiquées entre les fûts des colonnes, renferment, d'un côté, des statues de saints et d'évêques ; de l'autre côté, l'entrecolonnement est rempli par des morceaux de sculpture, dont l'un est d'une originalité naïve et mérite une description particulière. Le sculpteur a voulu représenter l'heure suprême d'un juste. Au moment où, entouré de témoins qui le contemplent avec respect, il rend le dernier soupir, son âme, sous une forme humaine, s'échappe par sa bouche. Deux anges la reçoivent aussitôt et l'enlèvent chacun par un bras ; ils l'emportent à travers les airs et vont la remettre entre les mains d'un saint personnage qui apparaît tout au haut du tableau. On n'a pas même laissé sans décorations le pied des colonnes ; chacune d'elles semble reposer sur des têtes de lions et d'animaux chimériques ; et, toujours fidèle à une intention de contraste, l'artiste a mis au dessous des sculptures qui retracent la mort du juste, des damnés dévorés par des lions. Ces divers bas-reliefs, et d'autres ornements sans caractère précis, mais d'un travail heureux, recommandent particulièrement le portail de la cathédrale d'Arles à l'attention des amis des arts.

Ainsi que dans plusieurs autres églises, l'entrée principale de la cathédrale est divisée en deux ouvertures par une seule colonne dressée au milieu. Cette colonne, qui supporte le fragment du Jugement dernier, où siège le tribunal des saints, offre, à son chapiteau de forme singulière, un ange aux ailes entr'ouvertes, et à sa base deux figures dans l'attitude de la prière. Cette tige, parfaitement isolée de tout ce qui l'environne, et se détachant nettement, lorsqu'on la voit du dehors, du fond sombre que donne l'obscurité intérieure de l'église, est d'une apparence délicate et gracieuse qui charme tout aussitôt le regard. Quand on rapproche cet édifice des monuments que l'ère romaine a laissés dans la ville d'Arles et dont nous avons déjà parlé à nos lecteurs, on voit que si les architectes de l'antiquité étonnaient l'esprit par la force, la grandeur et la simplicité de leurs œuvres, les artistes de l'âge chrétien intéressent et captivent l'imagination par la variété et le développement des idées qu'ils ont sculptées sur la pierre.

ÉGLISE DE BROU, A BOURG.

Cette église, comme tant d'autres édifices religieux, doit sa fondation à un vœu fait dans le péril. Le duc de Savoie, Philippe II, étant un jour à la chasse, eut le malheur de tomber de cheval et de se casser un bras. Les suites de cet accident devinrent graves; Marguerite de Bourbon, craignant pour la vie de son époux, implora sa guérison du ciel, et promit, si elle l'obtenait, de faire bâtir une église et un monastère à Brou, près de Bourg, qui faisait alors partie du duché de Savoie. Brou était un lieu en grande vénération pour avoir servi de retraite à un saint évêque qui avait toujours lutté en faveur de la justice et de l'humanité contre les seigneurs tout-puissants du xe siècle. Le prince guérit, mais la duchesse mourut avant de pouvoir accomplir son vœu, et ce fut Marguerite d'Autriche, épouse de Philibert II, leur fils, qui se chargea d'exécuter la pieuse promesse.

Fille de l'empereur Maximilien et de Marie de Bourgogne, héritière de Charles-le-Téméraire, Marguerite d'Autriche tient une place distinguée entre tous les personnages qui ont brillé sur la scène politique dans le cours du xvie siècle. Fiancée dès l'âge de trois ans (1484) au dauphin de France, qui fut depuis Charles VIII, elle se vit ensuite repousser pour céder la place à Anne de Bretagne, qui apportait en dot à la monarchie la province de ce nom. C'était une première disgrâce à laquelle Marguerite fut sensible, et qui semblait inaugurer sa vie sous de fâcheux auspices. Accordée ensuite à Jean de Castille, fils unique de Ferdinand V, roi d'Aragon, elle s'embarqua pour l'Espagne au port de Flessingue, n'ayant encore que dix-sept ans. Une si furieuse tempête assaillit son vaisseau dans la Manche, que tout l'équipage désespéra de se pouvoir sauver. Au milieu de ces horreurs, la princesse, tranquille et résignée, écrivit deux vers qui expriment assez gaîment qu'ayant eu deux maris, elle n'en mourait pas moins vierge : ces deux vers portent le cachet d'une présence d'esprit et même d'une sorte d'enjouement bien rares chez une femme dans une si tendre jeunesse et en face d'un tel danger. Heureusement la tempête s'apaisa ; mais la princesse n'aborda en Espagne que pour mieux sentir les coups du sort. Elle fut veuve au bout d'une année de mariage, et de plus elle perdit un fils dont elle était accouchée depuis la mort de son époux. Remariée en 1501 au duc de Savoie, Philibert II, trois ans après elle était encore obligée de lui rendre les derniers devoirs. Elle s'occupa dès lors tout entière à exécuter le projet formé par la mère de ce prince, et de bâtir l'église de Brou, qu'une mort trop prompte l'avait lui-même empêché d'élever.

Les fondements de l'église ayant été jetés en 1511, par Marguerite, moins de 25 ans après (1536), Charles-Quint, son héritier, y mit la dernière main. Louis Wamboglem, Allemand de naissance, et André Colomban, de Dijon, paraissent en avoir été les principaux architectes. Il furent secondés par d'excellents maîtres en tous genres. Conrard Meyt, Suisse d'origine, était le chef des sculpteurs qu'on appelait imagiers ou folliagiers, car il existait alors des compagnies ou confréries d'artistes et d'ouvriers réunis pour travailler à la construction des églises, ainsi que des autres grands édifices gothiques, et ce n'est que par là qu'on peut expliquer les merveilleuses édifications de ces immenses cathédrales qui nous étonnent aujourd'hui, bien que la plupart n'aient pas été complétement achevées, et que les trésors de tous les gouvernements de l'Europe n'auraient pu payer. L'église de Brou demanda aussi des travaux infinis ; mais grâce à la sollicitude, grâce à la persévérance de Marguerite, ces travaux furent poussés avec vigueur et terminés en un espace de temps comparativement fort court.

Cette église, bâtie avec une régularité et une élégance qui font le plus bel effet, est peut-être la dernière de cette beauté qu'on ait faite dans le genre gothique. Elle est en forme de croix latine ; c'est-à-dire que la nef est plus longue que la croisée. Elle a 210 pieds de longueur, savoir : depuis la principale porte jusqu'au jubé, 112 pieds 8 pouces ; et depuis le jubé jusqu'au chevet, 97 pieds 10 pouces : Elle a de large 107 pieds à la croisée, 90 à la grande nef, en y comprenant les chapelles, et 60 de hauteur sous voûte.

La façade extérieure n'a point d'ordre particulier d'architecture ;

c'est un assemblage très riche d'ornements gothiques et d'arabesques ; elle est couronnée par trois frontons disposés en triangle, et ornés pareillement avec beaucoup d'art. Le grand portail se fait remarquer par la statue de saint Nicolas de Tolentino, sous l'invocation duquel l'église est placée ; par celles de saint Pierre et de saint Paul, à droite et à gauche ; de Jésus-Christ, de la princesse Marguerite et de son époux, de leur patron et patronne, et enfin par les génies qui les accompagnent. Les piédestaux avec leurs bases, les niches, les feuillages, les chiffres, les bouquets y sont en nombre considérable et taillés avec la plus extrême délicatesse. Au dessus du portail, sur la galerie à claire-voie qui le domine, est placée une statue colossale, fort estimée, de saint André sur sa croix. Derrière cette figure sont de grands vitraux destinés à éclairer la nef. Plus haut, on voit une grande galerie également à claire-voie, surmontée de quatre vitraux. Enfin, s'élève le fronton du milieu avec un beau et grand fleuron à son extrémité, et de chaque côté deux colonnes sur chacune desquelles est assis un lion portant les armes de Bourgogne.

L'intérieur de l'église offre le coup d'œil le plus gracieux, le plus ravissant, tant à cause de la clarté qui y règne, que par la majestueuse étendue de la nef principale, de la magnificence du chevet et des vitraux qui le terminent, de l'agréable proportion et de l'exquise légèreté de tout cet édifice : on admire surtout la manière dont la voûte se repose sur les piliers, qui ont sept pieds de diamètre. Ceux qui s'appliquent à suivre les détails de la coupe des pierres reconnaissent ici un chef-d'œuvre de l'art pour cette partie : tout y est de la plus grande exactitude ; les nervures et les arcs qui soutiennent et partagent la voûte viennent prendre leur naissance jusque dans la base des piliers, aux moulures desquels ils répondent avec la plus parfaite symétrie.

A la croisée de l'église se trouve le jubé, large de 35 pieds, haut de 24, et renfermant une multitude d'ornements, des groupes, des branches d'arbres, des bouquets, des fleurons, des guirlandes, des lacs, des chiffres travaillés à jour avec une grâce merveilleuse. Les stalles du chœur, en bois de chêne, sont ornées d'une foule de statues et de différents ouvrages aussi remarquables par leur exécution que par les symboles qu'ils expriment. Ici le bois a été façonné, évidé, découpé par le ciseau comme la pierre dans les autres parties de l'église, avec une finesse, une légèreté, un soin qui ne s'expriment que par la patience la plus grande unie au goût le plus délicat.

Du côté de l'autel, dans le chœur, se présentent trois mausolées, les plus beaux morceaux que renferme l'église de Brou : ce sont ceux de Marguerite de Bourbon, dont la piété vota la fondation de l'église ; de Philippe II, son fils, et enfin de Marguerite d'Autriche. La profusion des ornements, la beauté du travail, la richesse des matériaux, les statues en marbre, la perfection des figures, l'expression des têtes, font de ces tombeaux des chefs-d'œuvre de l'art, surtout celui du duc Philibert, dont on peut dire que l'Italie n'en a pas d'aussi beau du temps où il a été fait.

Une circonstance particulière arrête l'attention sur la statue en albâtre qui représente Marguerite d'Autriche après sa mort. Cette statue porte au pied gauche une cicatrice à laquelle les archives du monastère de Brou donnent pour cause un événement dont les historiens n'ont point parlé : elles racontent que Marguerite ayant été blessée au pied par un morceau de cristal, la gangrène s'y mit, et que l'amputation fut jugée nécessaire. La princesse se résigna avec son courage ordinaire à cette cruelle opération. Cependant, les médecins voulurent lui en épargner la douleur par une prise d'opium ; mais la dose fut si forte que la princesse s'endormit pour toujours (30 novembre 1530). Telle est la curieuse tradition de Brou, tradition qu'il ne faudrait pas rejeter par cela seulement que nul auteur contemporain ne l'a répétée, car les médecins avaient le plus grand intérêt à dissimuler un événement qui ne leur faisait pas honneur.

Cette mort, au reste, couronnerait d'une manière frappante la destinée d'une princesse qui fut loin d'être heureuse, comme on l'a vu, et qui avait choisi cette devise qu'on lit sur un tombeau et en bien d'autres endroits de son église :

Fortune, infortune, fort une ;

devise expliquée très diversement, et que nous croyons devoir traduire par ces mots : *Bonheur ; malheur, c'est tout un*, qui expriment un détachement philosophique des choses de ce monde, dont le caractère de Marguerite, son esprit éclairé et les traverses de sa vie avaient dû la pénétrer profondément.

Quant à cette église, objet de tous ses soins, de son amour, il ne nous reste plus qu'à signaler les nombreux vitraux qui, par la beauté des peintures, la vivacité des couleurs, la majesté et la correction du dessin, le choix des sujets qu'ils représentent, et les différents traits de pierres aussi légers que bien entendus qui les couronnent, comptent parmi ses plus riches, ses plus admirables ornements.

SAINT-MAURICE, CATHÉDRALE DE VIENNE.

En dépit des efforts incessants et multipliés de nos artistes modernes, qui prétendent remplacer par leurs temples carrés et à colonnades les merveilles d'architecture que nous devons aux siècles précédents, le style purement gothique fera toujours l'admiration des vrais amis de l'art chrétien. L'un des plus beaux morceaux types de ce genre est sans contredit la cathédrale de Vienne, sous-préfecture du département de l'Isère. Pour en donner au lecteur la description détaillée qu'elle mérite, nous mettrons sous ses yeux un extrait du curieux travail du célèbre et savant Chorier, qui a écrit sur les églises de France.

Voici comment il s'exprime :

« Superbe et royal édifice, qui peut entrer en une juste comparaison avec ce que la France a de plus magnifique, cette église Saint-Maurice, vraiment digne d'admiration, est l'ouvrage de la libéralité des princes et de la piété des anciens habitants de Vienne. L'art n'a point de secrets qu'il n'y ait déployés, et l'on remarque tant de symétrie en toutes ses parties qu'on ne peut se lasser de l'admirer, non plus que de la voir ; enfin elle seule est capable d'être l'ornement de la province, et lui peut tenir lieu de plusieurs merveilles. Une grande place s'étend au devant et donne sur le Rhône. L'auditoire où s'exerçait la juridiction des cloîtres était en face de l'escalier, mais il n'existe plus. On monte à la plate-forme par vingt-huit degrés, et de là, à l'église, par trois autres, mais avant d'y entrer, son frontispice mérite une attention particulière. Il est enrichi d'un nombre infini de figures taillées dans la pierre, qui est percée à jour très délicatement en plusieurs ; elles témoignent assez qu'elles sont l'ouvrage d'un sculpteur excellent. Celles qui paraissent à la principale entrée, c'est-à-dire sur le grand portail et dans trente-neuf niches, représentent l'histoire de la naissance, de la vie et de la mort de Jésus-Christ. Ce dessin n'étant point parti d'un esprit peu savant, on y voit en même temps sur chaque chose reproduite, ce que les prophètes en ont prédit, et ce que le vieux testament en a exprimé par ses figures mystérieuses. Les deux autres entrées, au milieu desquelles est celle-ci, n'ont pas les ornements moins riches ni plus négligés. Si l'on porte les yeux sur celle qui est à la main droite, on y verra avec plaisir l'ascension de Jésus-Christ, représentée ingénieusement en plusieurs figures taillées dans seize niches, comme l'est sur l'autre l'assomption de la Vierge. Quoique l'impiété du dernier siècle y ait exercé ses ravages, ce qui reste suffit pour mériter notre admiration, et pour nous faire regretter ce qui n'y paraît plus. Ces figures sont toutes de haut relief, et la plupart ne tiennent au corps de la pierre dont elles sont formées que par des liens presque imperceptibles. On voit encore vingt-quatre niches où étaient autrefois posées autant de grandes statues qui furent abattues au XVIe siècle, par le commandement du baron des Adrets ; il n'en reste plus que quelques unes, et encore n'ont-elles ni tête ni bras. Celle de saint Maurice ne fut pas mieux épargnée que les autres par ces forcenés. Deux autres tours qui servent de clochers donnent aussi beaucoup de grâce au frontispice ; elles se poussent bien avant dans l'air, étant élevées chacune sur quatre piliers qui les soutiennent, de même qu'ils s'aident à supporter la voûte de l'église ; ce qui, certainement, n'est pas l'entreprise d'un architecte peu habile. Au milieu de l'espace qui les sépare, éclatait de loin une grande statue de saint Maurice, composée de bronze doré. L'année 1567 lui fut fatale comme à toutes les autres desquelles nous avons parlé ; elle fut précipitée en bas ; mais la justice divine ne laissa pas impuni le malheureux qui commit ce sacrilége ; une volée de canon l'emporta en même temps et vengea ainsi l'injure faite à ce grand martyr. En entrant dans cette église, on est ravi de n'y voir rien que de beau et de riant ; elle est percée de tous côtés avec tant d'art et de bonheur qu'il n'y en a point de mieux éclairée dans tout le reste de la France, et peu qui le soient si bien. Sa longueur est de cent quatre pas, sa largeur est de trente-neuf ; sa hauteur est proportionnée à l'une et à l'autre. Sa voûte, autrefois azurée et semée partout d'étoiles d'or, est supportée par quarante-huit colonnes, dont vingt-quatre sont engagées dans la muraille ; elle est environnée de hautes galeries qui ont leur vue par plusieurs fenêtres sur le chœur et sur la nef. La tribune du chœur, sur laquelle est exposé le sacré signe de notre rédemption, est en partie d'une pierre fort belle, et si polie que le cristal ne l'est guère mieux. Les armes de la maison de Villars et de celle de Maugiron y témoignent que c'est par leurs bienfaits qu'elle a été relevée de ses ruines, et remise en l'état où elle paraît présentement. »

L'église Saint-Maurice, comme tant d'autres édifices, a subi divers changements ; elle fut d'abord dédiée aux Macchabées, et occupait la place où est à présent la chapelle de Maguelonne. L'archevêque Édoale consacra ce monument au grand saint Maurice, et provoqua une assemblée solennelle du chapitre et des riches habitants, où la reconstruction de l'église sur un plus vaste plan fut décidée.

« Et ce conseil a été suivi d'une si heureuse issue, s'écrie encore Chorier, qu'il ne faut pas douter que Dieu l'ait inspiré aux successeurs d'Edoalde. Thibaut, prélat de grande naissance et de grande vertu, conduisit cet ouvrage à ce point de grandeur qui le rendit dès lors un sujet d'admiration pour les peuples. Soit qu'il fût arrivé à ce riche édifice quelque ruine qui lui eût ôté ce qu'il avait de plus digne, soit qu'on voulût lui ajouter plus de richesses qu'il n'en avait, l'archevêque de Burnin surpassa par ses soins tous ceux de ses prédécesseurs ; il la rendit plus magnifique. Toutefois, la dernière main n'y fut mise que l'an 1515, sous l'archevêque Pierre Palmier ; ce bonheur était réservé à son siècle, et nous en sommes redevables à la prudence et à la libéralité de ce grand prélat. Mais si ç'a été un bonheur à ce siècle d'achever ce que neuf autres se croyaient assez heureux d'avoir commencé, ne lui est-ce pas aussi un blâme de l'avoir vu près de sa ruine? Cinquante-deux ans après que cette belle église eut reçu sa dernière perfection, elle fut sur le point de recevoir sa dernière désolation. Le baron des Adrets s'étant mis à la tête de certaines troupes rebelles se rendit maître de la ville par l'intelligence qu'il eut avec quelques uns de ses habitants ; ce fut d'après son ordre que cette église fut dépouillée de tous ses ornements, que son portail fut brisé, que sa voûte fut offensée, le couvert presque entièrement abattu, et que l'on commença même à couper les piliers, afin que leur chute entraînât avec elle ce grand vaisseau. »

L'édifice reposant sur une espèce de terrasse à laquelle on arrive par un large escalier d'une vingtaine de marches, est immense, et sa nef, vaste et hardie, est majestueuse. Vingt-quatre chapelles en forment le pourtour, et ses murs sont chargés de fresques remarquables. Plusieurs qui représentaient divers sujets bibliques ont été dégradés ; mais huit vitraux magnifiques subsistent encore dans tout leur éclat.

LA CHAPELLE DE LA SAINTE CHANDELLE D'ARRAS.

La Bretagne et la Normandie ne sont pas seules riches en traditions populaires et en croyances superstitieuses, l'Artois compte aussi par centaines ses miracles, ses prophètes, ses sylphes, ses démons familiers et génies protecteurs. L'histoire de la sainte chandelle d'Arras en est une preuve et mérite d'être rapportée dans sa candeur primitive, aussi l'empruntons-nous, sans y rien changer à la légende traditionnelle du pays.

La maladie des Ardents faisait à Arras de terribles ravages ; pas une famille n'était à l'abri de ses atteintes. Aussi, de toutes parts, les Arrageois levaient les yeux au ciel et imploraient le secours de la vierge Marie. La cathédrale et son vaste cloître étaient encombrés de cette multitude que la mort venait frapper jusque dans ce saint lieu, et les prêtres, continuellement occupés à les secourir, ne pouvaient plus suffire à tant de peines. Cependant, leurs vœux furent enfin exaucés : deux ménétriers devinrent les instruments de la bonté de Marie. L'un se nommait Itier, et habitait le Brabant ; l'autre Normant, habitait Saint-Pol. Tous deux s'étaient voué une haine implacable ; le premier ne cherchait qu'une occasion favorable pour se venger sur Normant de la mort de son frère, tué par lui dans une querelle.

Le 21 mai 1105, Itier vit en songe une femme d'éclatante beauté, qui lui commanda d'aller trouver l'évêque d'Arras, Lambert, de lui dire de visiter, dans la nuit du dimanche 27 mai, les malades qui se trouvaient autour de la cathédrale, d'y faire ensuite son oraison, et qu'alors elle lui apporterait un remède infaillible pour arrêter la maladie. Le mercredi 23, Normant eut la même vision, avec ordre d'exécuter le même message. D'abord ces deux hommes, craignant une illusion, n'osèrent ajouter foi à ce qu'ils avaient vu ; mais ils durent bientôt se rendre quand Marie leur apparaissant de nouveau, menaça de les punir s'ils n'obéissaient.

Ils se rendirent donc à Arras, chacun de son côté, le samedi 26, et Normant, le premier, alla trouver l'évêque Lambert, occupé à visiter les malades ; il le tira à l'écart, et lui raconta sa vision. L'évêque le considérant comme un imposteur ou comme un visionnaire, ne voulut pas ajouter foi à ses paroles, et continua sa visite. Peu après arriva Itier, qui raconta aussi ce qui lui avait été dit, insistant sur la double apparition, et protestant de sa sincérité. Le prélat les accusa de s'être entendus pour le tromper ; mais frappé de leur importunité, après s'être bien convaincu que ces deux hommes ne s'étaient vus l'un et l'autre depuis longtemps, qu'ils se trouvaient même ennemis irréconciliables, l'évêque commença à croire à la réalité et à la haute importance de cette vision.

Tous les trois se mirent en prière et se livrèrent au soin des malades, selon la recommandation qui leur avait été faite. Ainsi préparés par ces pieux exercices, ils passèrent la nuit du samedi au dimanche dans la cathédrale avec quelques autres personnes qui accompagnaient l'évêque. Au premier chant du coq, on vit descendre du ciel, au travers des voûtes de la basilique, la vierge Marie, vêtue comme au jour de la vision ; elle portait dans la main un cierge allumé, qu'elle donna à Itier et Normant, en présence de l'évêque et des assistants, et, après leur avoir indiqué l'usage qu'ils devaient en faire, elle disparut.

D'après ses ordres, quelques gouttes de cette cire furent versées dans l'eau bénite, et cette eau, distribuée à cent quarante-quatre malades qui se trouvaient en ce moment autour de la cathédrale, opéra leur guérison. Un seul qui osa nier l'efficacité de ce remède et le tourna en dérision, mourut dans les plus affreuses douleurs. Bientôt le nombre des guérisons augmenta, grâce à l'efficacité du breuvage merveilleux.

Le cierge fut d'abord placé sur l'autel de saint Séverin, sous la garde des deux ménétriers qui l'avaient reçu du ciel, et pour perpétuer le souvenir de cet événement, une confrérie se forma aussitôt, sous le titre de confrérie de *Notre-Dame des Ardents;* elle fut approuvée par les bulles du pape Gélase, en 1119, et de Robert en 1120. Là, se firent inscrire papes, cardinaux, archevêques, évêques, abbés, rois de France et d'Angleterre, comtes et comtesses d'Artois, ducs et duchesses de Bourgogne, princes, seigneurs, chevaliers, et une foule de citoyens nobles et bourgeois, riches et pauvres. Cette confrérie, qui subsiste encore de nos jours, a perdu son éclat primitif ; elle garde en souvenir un cartulaire manuscrit bien ancien et presque indéchiffrable, qui contient les noms d'un grand nombre de confrères depuis plusieurs siècles.

La sainte chandelle fut ensuite déposée dans l'église Saint-Aubert pendant deux ans; de là on la transféra dans la chapelle de l'hôpital Saint-Nicolas. L'an 1215, fut élevée et construite, au milieu de la petite place, une célèbre pyramide, par *l'ordre, les soins, la libéralité et munificence* des comtes d'Artois. C'est dans cette pyramide si belle, chef-d'œuvre d'architecture gothique, et qui, jusqu'à sa démolition, en 1791, a toujours fait l'admiration des étrangers, qu'a été déposé le cierge merveilleux. Vers l'an

1320, la comtesse de Bourgogne et d'Artois, Mahaut, fit présent d'une riche châsse en argent émaillé, dans laquelle fut renfermée la sainte chandelle; et, en 1420, Jean Sasquépée fit couvrir cette châsse d'une riche custode de cuivre chargée de sculptures. Le même Sasquépée, mayeur d'Arras, conseiller des ducs de Bourgogne et seigneur de Baudrimont, fit ajouter, en 1422, à cette pyramide, une belle chapelle gothique dans laquelle il fonda une messe quotidienne à perpétuité. Cette chapelle, ruinée par une bombe, pendant le siége d'Arras, en 1640, fut rebâtie, en 1656, telle qu'on la voyait en 1789.

Cette histoire, que tous les habitants de l'Artois vous raconteront encore avec des marques de la plus grande ferveur, était gravée dans l'église Notre-Dame, et fut publiée en 1753 par Aluise, évêque d'Arras, et les papes Innocent VIII, Clément VIII, Paul V et Innocent X accordèrent de grandes indulgences aux fidèles qui entreprenaient le pieux pélerinage et allaient adorer la précieuse relique.

Aujourd'hui que la maladie des Ardents ne décime plus les Arrageois, les esprits forts osent tourner en ridicule la croyance de leurs pères; mais les bonnes gens du pays font mentalement des vœux pour le renouvellement du miracle.

ÉGLISE DE SAINT-VULFRAN.

Abbeville est après Amiens la seconde ville de la Picardie. A peu de distance se trouve le Crécy, célèbre dans l'histoire par la défaite de l'armée française que Philippe de Valois conduisit, en 1346, à la poursuite d'Edouard III d'Angleterre, retranché sur les hauteurs qui bornent ce village. La journée de Crécy prend place entre Azincourt, Poitiers, Blenheim et Waterloo.

Abbeville est située à quatre lieues de la mer, dont le reflux fait remonter les eaux jusque dans son enceinte. Le mouvement de son industrie est favorisé par ces avantages. Son église principale est celle de Saint-Vulfran. Le portail de cet édifice est orné de deux hautes tours carrées qui sont d'un fort bel effet. Le roi de France, en sa qualité de comte de Ponthieu, nommait jadis à tous les cannonicats du chapitre de cette église paroissiale.

SAINT-GATIEN A TOURS.

« Tours, dit un spirituel auteur, Tours, chef-lieu du département d'Indre-et-Loire, ville maussade et mal bâtie, est infestée de fièvres et d'Anglais.

» Située dans une plaine magnifique entre la Loire et le Cher, entourée de champs fertiles et de jardins délicieux, Tours attire dans ses murs un grand nombre d'étrangers. La douceur de son climat, l'agrément de son site, le bas prix, l'abondance et la qualité des productions de la terre contribuent beaucoup à y entretenir l'affluence des visiteurs ; mais les mœurs douces et aimables des habitants sont aussi pour quelque chose dans cet accroissement de population. »

Et puis cette ville n'est-elle pas célèbre à plus d'un titre ! n'est-ce pas dans ses murs qu'en 1470 ! s'ouvrirent les états-généraux, et n'a-t-elle pas donné naissance à Destouches, l'auteur comique ; au savant et célèbre horloger Leroy, qui vivait au XVII siècle, et de nos jours à celui *qui n'a jamais flatté que le malheur,* au chantre du peuple, à l'apôtre de la liberté, à Béranger enfin?.. Or la ville de Tours peut à bon droit être fière, car cette gloire-là les vaut toutes.

M. Tyriés, le savant géographe, qui a aussi pris naissance dans cette charmante cité, s'exprime ainsi au sujet de l'état actuel et des antiquités de cette ville.

Quand la grande route, venant de Paris et de Chartres, traversait le faubourg Saint-Symphorien, elle suivait sur la Loire un vieux pont qui n'était pas l'œuvre des Romains, mais d'Eudes, dit le Champenois, comte de Touraine, qui le fit bâtir en 1030 et 1034 ; il était étroit, sinueux et mal pavé. Les arches en étaient d'inégale largeur ; de distance en distance, des angles ou des demi-lunes s'ouvraient pour faciliter le passage de deux voitures qui se rencontraient. Il y avait à peu près au milieu, c'est-à-dire à l'endroit où un îlot dit de Saint-Jacques le coupait en deux, de misérables maisons bien vieilles, bien délabrées où se vendaient aux voituriers et aux paysans des grains, de la poterie, des étoffes communes, et aussi l'almanach de Liège, *la civilité puérile et honnête,* et quelques recueils de prières imprimés sur papier gris. L'aspect de ces constructions irrégulière amassées sur le pont était triste et repoussant. Et cependant à moins qu'on ne traverse la Loire dans une *toue*, il n'y avait pas d'autre route pour arriver au chemin de Château-Renault, de Vendôme ou sur la chaussée de Blois et d'Anjou.

De ces constructions si solides, formées d'une agrégation de petites pierres liées avec du ciment rouge et dont les pilotis sont devenus noirs comme l'ébène, on ne voit plus surgir que trois arceaux, espèces de squelettes décharnés, qui se soutiennent encore, *mole sua*, contre les glaces et les grosses eaux, non loin de ces quatorze belles arches, si larges, si uniformes qui composent le nouveau pont. L'avenue qui en est le prolongement avec l'avenue de Grammont ou la route d'Espagne d'un côté, et de l'autre, la tranchée qui conduit dans le Maine ou dans le Vendômois, forment une magnifique enfilade et un vaste coup d'œil. Celui qui ne suit que cette ligne prend une idée peut-être trop favorable de la ville de Tours, dont toutes les rues, bien que convenablement bâties, n'ont par cette élégance et cette régularité.

L'ancien hôtel-de-ville que Charles VII et Louis XII ont visité plus d'une fois, qui vit nos pères proclamer Henri IV et délibérer avec anxiété pendant les troubles de la ligue et de la fronde, a disparu peu de temps avant que tant d'institutions bonnes ou mauvaises et tant d'édifices précieux pour les arts et l'histoire fussent renversés par la révolution de 1789. — Ce monument qui n'était plus en harmonie avec les mœurs actuelles et qui se trouvait placé dans une rue resserrée, ne devait pas subsister plus longtemps. Le lieu des séances de l'administration municipale ainsi que le palais-de-justice a été récemment transféré sur une belle place demi circulaire, en face du pont nouvellement construit, dans une situation charmante, sur la rive de la Loire et vis-à-vis les côteaux si riants qui la bordent. —Maintenant parlons un peu de Saint-Gatien. Cette église dont la date de la fondation est incertaine mais qui existait déjà au temps du roi Henri Ier, qui disait, en parlant des tours, qu'on devrait leur faire des étuis, est construite avec goût et élégance; sa nef est large et spacieuse et quelques beaux tableaux en décorent le pourtour ; elle possédait jadis des vitraux assez remarquables qui furent mutilés lors de la révolution qui mutila tant d'autres choses, les arcs-boutants qui soutenaient cet édifice ont été démolis, ce qui lui donne une allure maigre et mal assise ; de plus, les abords en sont peu spacieux et il est à regretter que l'on ait cru utile de mutiler et dégrader, sous le prétexte de les réparer, les figures qui ornaient les portiques ; quoi qu'il en soit, et telle qu'elle est, l'église Saint-Gatien est encore un des plus précieux restes de l'architecture purement gothique.

CATHÉDRALE DE RODEZ.

Rodez, dit un voyageur, au récit duquel nous empruntons quelques fragments, rappelle Genève ; pour ses rues montueuses, car, comme elle, elle est bâtie sur une colline ; Saint-Malo, pour le désordre de ses constructions et le peu d'espace laissé à l'air et à la lumière, et Dole, pour ses porches venant encore assombrir les boutiques humides et malsaines ; ce qui fait qu'elle réunit à elle seule toutes les difformités reprochées à chacune des autres. Ses maisons, la plupart en bois, indiquent la pauvreté des habitants en même temps que la stagnation de l'industrie et l'absence des beaux-arts. — Nous allions donc nous en éloigner le cœur triste, quand l'orgue aux longs accords, vibrant dans l'église, vint doucement s'harmoniser avec les pensées qui nous agitaient et, conduit par cette attraction mystérieuse, nous fûmes contempler le temple saint.

La cathédrale de Rodez, que les savants du pays disent être du style gothique, nous a paru appartenir à plusieurs époques. Jusqu'à la grande rosace du milieu de la façade, l'appareil est de style roman, sur lequel on a enté des galeries et de petits clochetons gothiques pour terminer ensuite par une construction grecque. La grande tour de gauche est complètement gothique et très remarquable ; celle de droite ne lui ressemble en aucune façon ; et les fenêtres ogivales, percées par le bas, ont été faites après coup ; ce qui semble confirmer nos premières assertions et détruire la tradition que cette église aurait été élevée par les soins et aux frais d'un seul homme, Mgr François Destaing, l'un des évêques de Rodez. Orgueilleux de ce monument, les habitants y ont placé une inscription qui le dit aussi élevé que la plus haute pyramide d'Egypte ! C'est un mensonge de soixante-six mètres !

CATHÉDRALE D'AUTUN.

Les villes, comme les hommes, ont leurs vicissitudes, leurs phases de splendeur et de décadence, et telle cité, qui dans son ambition aspirait à surpasser ses rivales en gloire ou en magnificence, voit diminuer successivement son importance, et se trouve, en notre siècle de progrès, moins avancée qu'à l'époque de sa fondation.

Autun est de ce nombre. Si l'on en croit les antiquaires, cette ville aurait été, avant l'invasion romaine dans les Gaules, la capitale du pays des *Eduens*. Sous l'empire de ses nouveaux maîtres, cette ville prit le nom d'*Augustodunum*, et gagna du moins quelque chose à la perte de sa nationalité; les Romains l'embellirent de beaux monuments, d'habitations commodes, de constructions utiles, et aujourd'hui même ses habitants trouvent une espèce de consolation de leur décadence dans les ruines curieuses qui attestent son ancienne splendeur.

Déjà remarquable par un magnifique clocher gothique, la cathédrale d'Autun possède encore de beaux détails architecturaux appartenant au style ogival, mais qui font un contraste choquant, pour les artistes, avec les nouvelles constructions élevées à côté. Il en est de même, au reste, de tous les monuments d'avant la renaissance qui sont arrivés jusqu'à nous. Rien n'est stable, Dieu seul est éternel : les réparations ont donc dû être fréquentes, et à chaque siècle, parfois même à chaque génération, elles ont dû avoir un caractère particulier. Mais pourquoi s'en plaindre? Si l'art s'est parfois égaré, il ne s'est jamais perdu, et l'étude de ses diverses phases, de ses hésitations, de ses élans sublimes, de ses erreurs même, que nous permet de faire la diversité des styles sur un même point, n'est-elle pas une compensation suffisante au défaut d'ensemble?

Mais, il faut bien l'avouer, l'art architectural, depuis la renaissance, n'a fait que péricliter, il s'est abâtardi (qu'on nous pardonne le mot). On ne sait plus, de nos jours, qu'entasser des pierres les unes sur les autres : finesse, élégance, légèreté, formes vaporeuses de nos vieilles cathédrales, rien de tout cela ne se retrouve dans l'architecture moderne, si lourde et si raide, si anguleuse.

De quel droit donc nous plaindrions-nous des artistes architectes du seizième et du dix-septième siècle, nous qui leur sommes si inférieurs? Ils ont restauré, selon leur génie, et nous restaurons, nous créons sans génie ; ils cherchaient le beau idéal, et nous n'avons même plus le sentiment du beau ! Là où manque le sentiment religieux, l'art s'éteint : vérité déplorable qui explique le néant de notre époque où les hommes s'agitent et ne produisent point.

Mais revenons à la cathédrale d'Autun, et disons qu'elle doit à un tableau de M. Ingres, représentant le martyre de saint Symphorien, dont on a décoré ses murs, d'être visitée depuis quelques temps par un plus grand nombre de voyageurs étrangers.

CATHÉDRALE D'AUXERRE.

Auxerre n'a rien de bien remarquable sous le rapport des maisons particulières, ni même sous celui des monuments. De ses trois églises, celle qui est dédiée à saint Étienne, et qui a rang de cathédrale, est la plus digne de curiosité. Son portail est orné, comme tant d'autres églises gothiques, d'une multitude de figures et de sujets sacrés. L'intérieur du temple en impose par sa sombre majesté, et les vitraux, que le temps a épargnés, brillent des plus vives couleurs lorsque les rayons du soleil viennent en faire ressortir la richesse et l'éclat. Il y a dans cette église un trésor plus intéressant que l'église elle-même pour les amis de la bonne littérature et de l'antiquité : c'est un magnifique tombeau sur lequel repose une statue de marbre, aussi remarquable par la souplesse des vêtements que par la belle expression de la figure. Cette image est celle du bonhomme Amyot, qui nous a laissé des traductions si naïves des *Vies des grands hommes de Plutarque* et des œuvres de plusieurs autres écrivains grecs.

Amyot avait été fait évêque d'Auxerre sous le roi Charles IX, dont il était en même temps le grand-aumônier. C'était, comme on le sait, une récompense des soins qu'il avait donnés à l'éducation de ce prince et à celle de son frère, qui régna plus tard sous le nom de Henri III. Amyot vivait depuis quelques années à Auxerre, partageant ses heures entre ses études chéries et les saintes fonctions de son ministère, lorsqu'il y mourut en 1593. Sorti d'une pauvre famille de Melun, il avait dû à ses connaissances une fortune aussi rapide et aussi brillante. Il avait commencé par être précepteur d'un lecteur du roi François Ier, puis professeur de l'Université, député au concile de Trente, et enfin, comme nous l'avons dit, précepteur des Enfants de France.

D'autres monuments s'élèvent dans la cathédrale d'Auxerre et rappellent la mémoire de plusieurs autres prélats; mais pas un d'entre eux n'inspire autant d'intérêt que le tombeau de notre vieil auteur.

ÉGLISE D'ÉVRON.

La ville d'Evron, du département de la Mayenne, est fort ancienne; elle doit son origine à une abbaye de Bénédictins, fondée dans le viie siècle, par le comte du Mans, Hardouin; quelques antiquaires ont écrit que la petite paroisse d'Evron fut bâtie en même temps. Ce ne sont là que des probabilités qui ne sont confirmées par aucun document authentique.

Son église appartient, par le style mélangé de son architecture, à deux époques distinctes: le moyen-âge et l'ère moderne.

Dans la *vieille église*, on reconnaît facilement le caractère des monuments religieux, à la fin du xe et au commencement du xie siècle. L'architecture est lourde et le corps principal de la nef n'est pas voûté, parce que les architectes de cette époque construisaient difficilement des voûtes d'une grande portée. Le lambris actuel date de 1666, et les fenêtres ogives, situées sous le grand comble du côté du midi, ont été établies à la même époque, pour donner plus de jour à cette partie de l'église.

La *nouvelle église* est, sans contredit, l'une des plus intéressantes du diocèse du Mans, sous le rapport de l'art. Le chœur surtout est d'une rare beauté. Des statues, posées sur les chapiteaux des colonnes, et surmontées de petits dais, décorent richement l'hémicycle. Cet ensemble est d'autant plus remarquable que ces statues heureusement conservées, ont l'avantage de n'avoir été souillées par aucune peinture.

Des galeries à deux étages, ornées de balustrades en pierre, permettent de faire le tour du monument, au milieu duquel s'élève avec hardiesse une belle flèche en bois. La tour fait partie de la vieille église; elle est carrée et d'une architecture simple et massive.

ÉGLISE NOTRE-DAME, DE DIJON.

La ville de Dijon, chef-lieu du département de la Côte-d'Or, est située dans une position admirable; ses environs sont délicieux, et il n'est peut-être pas en France de plus agréables promenades que celles de l'Arquebuse, près de la porte de Paris ; le Cours, près de la porte St-Pierre, et plus loin, le Parc, planté par Lenotre, pour la distraction du prince de Condé, alors en exil.

Parmi ses églises, St-Bénigne, St-Michel, Ste-Opportune, sont dignes de fixer l'attention des artistes, mais aucune d'elles ne pourrait soutenir la comparaison avec l'église Notre-Dame.

Faute de données certaines sur la date de l'édification de ce monument remarquable, on l'attribue à St-Louis, et le genre d'architecture qui y règne est bien de nature à accréditer cette opinion ; elle rappelle d'ailleurs sous plusieurs rapports l'église de Nantes qui fut construite par ce prince. Les portes sont ornées de colonnes fort rapprochées les unes des autres et sur lesquelles on voyait autrefois des statues qui ont été détruites. Les espaces au dessus des arches, aussi occupés par des statues, et quelques ornements dans le goût romain ou arabe, prouvent qu'on fit quelquefois usage du style romain dans les premiers monuments d'architecture gothique. Au dessus du portique s'élèvent, l'une sur l'autre, deux rangées d'arches, supportées par des colonnes. Le plan de l'édifice est une croix latine. Une des circonstances les plus singulières de son architecture, est le peu d'épaisseur de ses murailles ; celle des tourelles qui s'élèvent à huit pieds au dessus du toit n'a pas six pouces.

—L'horloge de cette église est curieuse ; elle fut enlevée de Courtrai lors du sac de cette ville par Philippe-le-Hardi, duc de Bourgogne, en 1384. « Le duc de Bourgogne, dit Savillard, s'empara
« d'une horloge qui sonnait les heures, et la plus belle qui eût en-
« core été vue ; il la fit placer sur des charrettes avec ses cloches, et
« la fit transporter à Dijon où elle sonne les heures le jour et la
« nuit. » Cette horloge, ornée de deux figures mouvantes qui frappent les heures, et que les Dijonnais nomment Jacquemard et sa femme, offre un des premiers modèles de mécanisme régulier dont l'histoire ait parlé.

Dijon, à part ses curieux monuments, est riche aussi en hommes illustres qui y prirent naissance. L'un des plus considérables fut Bossuet, surnommé l'aigle de Meaux, pour avoir exercé avec une haute distinction l'épiscopat dans cette ville. On y montre encore une allée d'ifs sous lesquels il composa la plupart de ses nobles ouvrages.

L'ÉGLISE DE SAINT-NIZIER, A LYON.

Des hauteurs de Lyon, on découvre le sommet du Mont-Blanc, et sur la gauche, les glaciers de la Savoie, qui se dressent à l'horizon, mais l'œil abandonne bientôt cette perspective lointaine et nébuleuse, pour s'arrêter sur le magnifique spectacle qui se déroule aux pieds de l'observateur ; il y a plaisir à suivre le cours de ces fleuves majestueux qui viennent, à droite et à gauche, étreindre Lyon la Superbe, et qui, après l'avoir baignée de leurs eaux, après avoir jeté dans ses murs leur abondant tribut de productions diverses, se réunissent au sortir de la ville, et fuient dans une vallée sans bornes, tout droit vers le soleil du midi.

Les quais immenses qui bordent la Saône et le Rhône, les nombreux monuments, dont on domine le faîte, l'hôpital dont le dôme s'élève avec majesté, et ces bateaux à vapeur qui s'éloignent avec la vitesse de l'oiseau, et cette population qui se presse dans ces rues pavées des cailloux roulés du Rhône, et ces maisons si élevées qu'elles semblent se joindre par le sommet pour intercepter les rayons du soleil ; tout cela forme un des panoramas les plus riches et les plus animés que l'on puisse concevoir.

La partie la plus éloignée des hauteurs qui bordent les faubourgs de la rive droite de la Saône, a été à diverses époques le théâtre de luttes sanglantes et déplorables ; car Lyon semble destinée aux guerres civiles. C'est près de l'archevêché, presque en face du pont qui mène à Bellecour, qu'a commencé en 1831 la guerre des mutuellistes ; c'est là que la résistance a été si longue, si opiniâtre ; c'est là aussi qu'a commencé le système de destruction des habitations dont un jour plus tard, la ville elle-même devait être victime. L'église de Saint-Nizier a aussi été témoin de scènes désastreuses : quelques insurgés s'y étaient enfermés ; cet asile de paix a vu le trépas sanglant de ces victimes de nos dissensions politiques.

Cette église, bâtie au quatorzième siècle, se ressent de l'indécision artistique de cette époque ; son architecture offre un mélange de différents styles : le gothique ne s'y trouve plus dans toute sa gracieuse naïveté ; il y est çà et là tempéré par la noble sévérité des lignes grecques. Néanmoins l'ensemble de l'édifice est imposant, et sa situation sur un des points les plus élevés de la ville contribue encore à lui donner un air de grandeur et de majesté, qui en font un des monuments les plus remarquables de la seconde ville de France.

ÉGLISE DE NOTRE-DAME-DU-FORT, A ÉTAMPES.

La petite ville d'Etampes est riche, relativement à son exiguité, en monuments curieux ; on y admire la vieille et illustre abbaye de Morigny (à une demi-lieue nord de la ville), le fort de Brunehauld et la fameuse tour *Guinette*, de forme quadrilobée, reste précieux de l'architecture militaire du xiie siècle, et qui domine la ville à l'est. Il est encore dans cette ville une chose que le touriste le plus indifférent ne peut se dispenser de connaître, c'est, vers St-Bazile, un manoir féodal admirablement conservé, bien qu'il date du xve siècle, et fut habité par la célèbre Diane de Poitiers.

Ces excursions accomplies, le voyageur rentrant en ville, s'arrête devant la paroisse-mère de la ville, dont nous allons esquisser le tableau.

L'église de Notre-Dame-du-Fort est un type bizantin parfait ; tout y est confusion, à l'extérieur comme à l'intérieur ; rien d'arrêté, de concis, de complet ; mais cà et là des jets d'une vive lumière s'élançant comme du cahos, et un ensemble majestueux qui donne une juste idée du talent des architectes du xiie et du xiiie siècle. Deux travées constituent la nef ; les piliers sont cylindriques et couronnés de chapiteaux fort historiés, dans le goût de l'école grecque du Bas-Empire. Cette indécision dont nous parlions tout-à-l'heure, se rencontre encore dans l'arc en tiers point. Une analyse détaillée du temple nous mènerait beaucoup trop loin. Bornons-nous donc à dire qu'il est fermé par quatre apsides plates pour les collatéraux, et par une cinquième apside, également plate, pour le sanctuaire de la nef. Un accident bien curieux, c'est qu'une prodigieuse déviation à gauche se fait remarquer dans l'axe des bas-côtés, tandis que la nef elle-même ne subit aucune flexion. Mais ce n'est là qu'un accident comme celui auquel est due la tour penchée de Pise. Comme accessoires, il faut observer la porte du xve siècle qui donne accès au sépulcre, où se trouvent une peinture oubliée, du plus grand prix, un bénitier du xie siècle, formé d'un chapiteau de colonne de granit ; des restes de vieilles verrières peintes, dans un état presque complet de mutilation, un œil-de-bœuf écaillé, vers la chapelle du sépulcre. Les grands piliers de la nef courent d'un seul jet aux amortissements de la maîtresse-voûte ; ils sont engagés, et d'un motif fort intéressant.

Tout l'édifice à l'extérieur est emprisonné dans un mur d'enceinte crénelé, faisant corps avec la basilique. Il est difficile de croire que ce mur soit contemporain des portions byzantines du temple. Cette soudure-là, bien que greffée sur la masse, semble dater du xvie siècle, et de nos dernières guerres de religion.

La flèche qui couronne le grand frontail d'orientation, est fière et noble; elle se compose d'un cône contourné de tourillons aigus; c'est de l'école byzantine, dans le genre de Saint-Denis et de Saint-Germain d'Auxerre. Le portail latéral, dirigé vers le midi, est l'œuvre de la transition; ce morceau est d'une fabrique très curieuse, et mérite la plus sérieuse attention.

M. Joseph Bard (de la Côte-d'Or) qui a écrit sur la ville d'Etampes et ses antiquités, de fort belles et savantes pages, donne les détails suivants sur l'édifice qui nous occupe.

« C'est dans la vénérable église de Notre-Dame-du-Fort, fondée par le roi Robert, que sont conservés les restes précieux des saints martyrs Can, Cantien et Cantienne. On pense que ces reliques furent offertes par le pape Benoît VII au roi Robert, lors de son voyage à Rome, et que ce prince s'empressa de confier le pieux dépôt à la sainte maison qu'il avait élevée en l'honneur de la glorieuse vierge Marie, à Étampes. La ville reconnut, de ce moment, ces martyrs pour ses patrons, et elle n'a pas cessé de les honorer d'un culte particulier.

« Can, Cantien et Cantienne, patriciens romains, étaient issus de l'illustre famille d'Anicius, d'où naquirent plusieurs consuls ou empereurs, et qui donna le jour au célèbre Boïce. Elevés dans la foi chrétienne, ils se livraient avec ardeur à toutes les pratiques touchantes et sublimes qui la vivifient : mais arriva la cruelle persécution de Dioclétien et de Maximilien, et ces jeunes seigneurs, après avoir vendu leurs biens qui étaient immenses, après en avoir mis le prix dans la main des pauvres, quittèrent en toute hâte leur patrie, et vinrent planter leur tente à Aquilée. En vain, ils voulurent envelopper leur vie dans une profonde obscurité; leur nom, le bruit de leurs vertus, déchirèrent le voile. Dénoncés comme chrétiens, forcés de comparaître devant le préfet Dulcidius, les nobles jeunes gens furent jetés dans une noire prison, après avoir vivement irrité le sanguinaire ministre d'un sanguinaire empereur, par la hardiesse de leurs réponses et l'inflexibilité de leur dévoûment au christianisme. Parvenus à briser leurs fers, ils s'évadèrent; ils étaient déjà arrivés, dans leur fuite, à trois mille pas de la ville, lorsque l'un des coursiers qui traînaient leur char, s'étant abattu, ils tombèrent captifs entre les mains des farouches soldats envoyés à leur poursuite. Alors une idole leur fut présentée, c'était une statuette représentant Jupiter, et on leur promit la vie s'ils l'adoraient; mais les généreux seigneurs la repoussant avec horreur, persistèrent dans leur refus d'apostasie. Les soldats tirèrent leurs glaives et la sentence de l'empereur fut exécutée. Sur le terrain, témoin du supplice de ces trois martyrs, tout près de la mer, se trouve maintenant, dit-on, un petit village nommé San Cantiano.»

Tels sont les héros de la foi dont la ville d'Etampes possède les reliques. Ces restes, avant la révolution de 1792, reposaient dans une magnique châsse d'or et d'argent, enrichie de pierres précieuses. Cette châsse n'existe plus; mais les reliques des glorieux protecteurs de la cité n'en parcourent pas moins, aujourd'hui encore, les rues et les places deux fois l'année, recueillies dans un vaisseau moins somptueux. Ces deux processions nommées *processions des Corps Saints*, sont de véritables fêtes triomphales qui se célèbrent le mardi de Pâques et le mardi de la Pentecôte. Alors la foule est immense, fervente, recueillie encore comme dans le moyen-âge; alors accourent, pour se ranger dans le saint cortége, les populations des villes voisines, des villages et des hameaux environnants. Il semble que toute la piété des habitants d'Étampes se soit résumée dans ces fêtes bisannuelles des Corps Saints, si chères aux mères, aux petits enfants, et où la religion ne manque jamais de recevoir un éclatant hommage et de déployer avec splendeur ses pompes sacrées.

CATHÉDRALE D'ANGOULÊME.

Ancienne capitale de la petite province de l'Angoumois, et aujourd'hui chef-lieu du département de la Charente, Angoulême est une des villes de France le plus heureusement situées. Disposée en amphithéâtre, elle couvre les flancs et le sommet d'un plateau qui s'élève à plus de deux cents pieds au dessus du niveau de la Charente; le cours sinueux de ce fleuve et celui de la petite rivière l'Anguienne, qui serpente entre des prairies et des côteaux, offrent, pour qui les contemple du haut des remparts de la ville, un paysage d'une suavité et d'une richesse remarquables.

Intéressante par l'industrie et l'activité commerciale de ses habitants, Angoulême mérite encore à d'autres titres de fixer l'attention. La terrasse que l'on a construite à la place des anciens remparts est une promenade que pourraient envier les villes les plus fières de leur beauté; le pont sur la Charente est un monument remarquable, et la cathédrale, se recommande à la curiosité des amis des arts.

Cette église épiscopale, placée sous l'invocation de saint Pierre, est en grande partie d'une construction moderne, et ne remonte qu'au règne de Louis XIII, époque où furent assez généralement réparées les dégradations commises sur les monuments pendant les guerres de religion. Cependant quelques fragments de l'ancienne église ont échappé à la fureur dévastatrice des protestants, et au zèle réparateur des architectes du xvii° siècle ; la façade est le plus précieux et le mieux conservé de ces débris. Cette façade, qui date du xi° siècle, est dessinée sur un plan original, qui ne rappelle en rien les formes consacrées de la plupart des autres églises, et particulièrement des cathédrales. Trois portiques, deux tours que lie l'une à l'autre une galerie, tel est ordinairement l'ensemble que présentent les églises à leur principale face. La façade de la cathédrale d'Angoulême, au contraire, ne forme pour ainsi dire qu'une seule masse, découpée carrément, et qui, les ornements mis à part, pourrait appartenir à tout autre monument aussi bien qu'à un édifice religieux. Les inévitables tours ont été omises, et cependant, comme pour les rappeler et en réparation de ce qu'on les supprimait, on a placé au point que leur tête eût occupé, aux deux extrémités de la façade, deux sortes de rotondes, de belvédères, qui, par leurs proportions minimes, représentent assez exactement à l'œil ces guérites de pierre qu'on voyait au sommet des murailles et des forteresses du moyen-âge. Le principal ornement de cette façade singulière consiste en plusieurs rangs de colonnes, disposées les unes au dessus des autres depuis le bas jusqu'au toit. Accouplées deux à deux, elles forment de distance en distance des niches à voûte arrondie et minutieusement décorée, dans lesquelles sont placés des massifs de sculptures sans caractère précis, ou des figures de saints personnages. Une seule porte, d'une grande simplicité et qu'encadrent les colonnes, est percée au centre ; au dessus d'elle est ménagée une croisée longue, par une nouvelle exception à la règle d'après laquelle les fenêtres des façades doivent être destinées en rond : la décoration capitale est placée tout en haut de l'édifice, sur le même alignement que la porte et la croisée. L'image en pied de l'Éternel y apparait sculptée dans un médaillon ovale, qui occupe le milieu d'une niche. Comme à la façade de l'église de Saint-Trophyme à Arles, les évangélistes, caractérisés seulement par leurs attributs, le lion, le taureau, l'aigle et l'ange, sont placés aux quatre coins ; les cordons qui enceignent la voûte de la niche sont décorés avec profusion de sculptures diverses, parmi lesquelles on distingue des figures d'animaux fantastiques. Tous ces détails, d'une délicatesse extrême et d'un fini parfait, achèvent de donner un haut prix à cette façade ; il faut ajouter qu'elle offre quelque analogie avec l'église de Notre-Dame-la-Grande, à Poitiers, dont les archéologues font remonter l'origine jusqu'au temps de Constantin.

LA CATHÉDRALE DE ROUEN.

La cathédrale de Rouen, le premier des monuments de la cité par son importance, avait été complétement détruite par l'incendie de l'an 1200. Malgré la gravité des événements qui, après trois siècles de séparation, replaçaient la Normandie sous la puissance immédiate des rois de France, il paraît que la nouvelle construction fut suivie avec une merveilleuse activité, puisque, dès l'année 1217, on ne s'occupait plus que des parties secondaires de cette entreprise gigantesque dont l'immensité effraie aujourd'hui la pensée. L'église actuelle est donc, dans sa masse principale, l'ouvrage des premières années du XIIIe siècle, mais avec quelques parties plus anciennes, et beaucoup d'autres qui ont été ajoutées postérieurement, ou qui ont subi des modifications considérables.

Tous les portails de la cathédrale de Rouen sont dignes d'être remarqués; mais c'est surtout sa principale façade à l'occident, due à la munificence éclairée de la famille d'Amboise, qui frappe les yeux par son étendue, sa riche décoration, l'incroyable variété des détails dont elle se compose, et l'aspect des deux belles tours qui la couronnent. Dans l'une d'elles se trouve une énorme cloche appelée Georges d'Amboise, qui a été fondue, en 1501, par un fondeur de Chartres, nommé Jean-le-Maçon ou le Machon, et dont la mort fut occasionnée par la joie d'avoir réussi, ou, plus vraisemblablement, par la fatigue. Voici le quatrain, en caractères gothiques, qui fut mis autour de la cloche :

> Je suis nommée Georges d'Amboise
> Qui bien trente-six mille poise;
> Et cil qui bien me poisera
> Quarante mille y trouvera.

A l'arrivée de Louis XVI à Rouen, le 28 juin 1786, la fameuse cloche fut fêlée; des dispositions étaient prises pour la faire refondre lorsque éclata la révolution de 1789; quelques années plus tard, cette cloche fut mise en pièces dans la charpente même, au moyen d'un bélier, et le métal fut transporté à Romilly, pour être employé à la fonte des canons. Avec quelques fragments on frappa dix à douze médailles; une d'elles est déposée au Musée d'Antiquités de Rouen. On lit sur le revers :

Monument de vanité
Détruit pour l'utilité
L'an deux de l'égalité.

L'admirable flèche de la cathédrale de Rouen, construite sur les ruines de flèches encore plus élevées, comptait environ trois siècles d'existence, lorsque la foudre se rouvrit des chemins qu'elle avait déjà parcourus. Dans la soirée du 14 septembre 1822, de fréquents éclairs sillonnaient l'horizon ; malgré la fraîcheur de l'air, le ciel, fort nébuleux, menaçait d'un prochain orage ; pendant la nuit, le tonnerre se fit entendre dans l'éloignement, et le lendemain, à cinq heures du matin, au milieu d'une détonation épouvantable et d'une lueur extraordinaire, la foudre vint frapper la pointe de la pyramide ; elle parut ensuite s'abîmer dans la partie inférieure des colonnades. Ceux mêmes qui remarquèrent la chute et la disparition du météore ne conçurent aucun soupçon de danger ; mais vingt minutes s'étaient à peine écoulées, qu'un homme, entrant à grands pas dans la cathédrale, s'écria que le feu était au clocher. L'incendie se manifestait alors vers la base de l'aiguille, et son foyer apparent produisait à peine, à l'extérieur, l'effet d'une petite lanterne ; mais le mal était déjà sans remède. La charpente se consumait dans l'intérieur avec une effrayante rapidité.

Peu d'instants après le coup de foudre, une nuée d'oiseaux de nuit, de corbeaux et de corneilles, réfugiés dans la pyramide, s'échappèrent en longues colonnes et en poussant de grands cris, par toutes les ouvertures des plombages. Cependant le tocsin avertissait de toutes parts les habitants de Rouen du danger de leur métropole ; mais les progrès de l'embrasement, l'élévation immense du foyer, l'impossibilité d'y faire promptement et sûrement parvenir des secours, tout forçait les assistants à rester, malgré leur impatience, témoins oisifs de ce lugubre événement. Sept heures sonnent ; la flèche entière se renverse vers le sud-ouest, point de son inclinaison naturelle, et s'arrachant de sa base, vient s'abattre sur une maison voisine, qu'elle perce de fond en comble avec un fracas épouvantable. L'incendie présente alors un spectacle menaçant.

A peine la partie culminante de la pyramide est-elle tombée, que, dégagées d'un obstacle qui réprimait l'action de l'air, les flammes se déploient avec fureur ; les arcades se détachent, les galeries se déchirent. Entre huit et neuf heures, il ne restait plus rien au dessus de la tour de pierre qu'un vaste bûcher, au milieu duquel bouillonnaient des torrents de métal, que l'oxide des plombs en fusion colorait d'un vert livide. Ainsi fut détruite la pyramide de l'architecte Robert Becquet, chef-d'œuvre qui dominait majestueusement les édifices de la cité.

La consternation fut le sentiment général de la population, qui venait de perdre un de ses plus beaux ornements ; mais le corps principal de l'église étant resté intact, les arts pouvaient reproduire cette magnifique création de la renaissance, en la rendant même plus homogène avec l'édifice. Un architecte habile, M. Alavoine, fut désigné pour réparer les désastres ; il prit pour type principal la flèche pyramidale de la cathédrale de Salisbury, en Angleterre, et, après des études consciencieuses, cet artiste présenta deux projets, l'un conçu dans le style du moyen-âge, l'autre dans celui de la renaissance. La préférence fut accordée au premier, comme se trouvant plus en harmonie avec le caractère général du monument. La charpente en fer coulé prend naissance dans l'intérieur de la tour, et se compose de quatre étages ; ceux du corps pyramidal, au nombre de quatorze, sont évidés à jour, et réunis par des arêtes qui aboutissent à une élégante lanterne, à laquelle on parvient par un escalier en spirale, situé au centre de la flèche. La lanterne est accompagnée d'une galerie en saillie bordée d'une balustrade, et surmontée par un couronnement au dessus duquel s'élève une croix.

LA CATHÉDRALE D'ALBY.

Alby, qu'un géographe appelle la plus laide ville archiépiscopale de France, n'en possède pas moins une des plus remarquables cathédrales de l'Europe.

Les premières pierres en furent jetées en 1277, sur le terrain même qu'occupait une vieille église épiscopale, dite de la *Sainte-Croix*.

Malgré les libéralités successives des évêques, deux siècles s'écoulèrent avant que le monument fût achevé, et la consécration n'en put avoir lieu qu'en 1480. Le cardinal Jeoffroi y avait déjà fait transporter les reliques de sainte Cécile, une des vierges-martyres les plus vénérées de la primitive église d'Occident. La nouvelle basilique fut en conséquence placée sous l'invocation de la sainte, sans renoncer cependant au nom de *Sainte-Croix*, que portait la première cathédrale.

Pleine de force et de majesté dans son ensemble, l'église de Sainte-Cécile et de Sainte-Croix se développe sur plus de 300 pieds de long et 80 pieds de large, et forme une des plus vastes constructions en briques du royaume. Son portique, original avec noblesse, est renommé parmi les plus splendides, et sa tour, qui pyramide à 400 pieds au-dessus du niveau du Tarn, peut porter défi d'élégance, de grandiose et même de popularité aux clochers les plus célèbres.

Mais toutes ces pompes extérieures de la cathédrale d'Alby s'effacent devant la magnificence des décorations intérieures. De toutes parts, dès qu'on a franchi les portes, se déploient sous les regards d'immenses peintures qui, du plus haut intérêt comme objets d'art, excitent vivement la curiosité par leur composition et leur exécution. La représentation du jugement dernier, tableau obligé de toute l'église au moyen âge, étalait au fond de la nef tout ce que l'imagination si féconde des vieux artistes avait pu inventer de supplices; des explications placées au bas de chaque groupe venaient en aide aux spectateurs d'intelligence paresseuse. On a eu, à une époque moderne, la déplorable idée d'établir des orgues et une chapelle au beau milieu de ce tableau. Toutefois, telles sont ses proportions, qu'il déborde encore les travaux qu'on a jetées a la traverse.

Dans la chapelle de Sainte-Croix, une série de tableaux peints à fresque retracent tous les faits de l'histoire de l'empereur Constantin, relatifs à sa conversion au christianisme. On voit apparaître au-dessus des aigles romaines la croix miraculeuse et l'inscription prophétique : *In hoc signo vinces* (tu vaincras dans ce signe); toutes les scènes successives de la guerre de Constantin contre Maxence sont reproduites, et enfin, dans un dernier tableau, l'empereur chrétien (en dépit de l'histoire qui noie Maxence dans le Tibre) donne la mort à son rival. Un détail assez piquant se remarque dans ces naïves peintures exécutées au xve siècle. L'artiste, s'inquiétant peu des temps et des lieux, a façonné les hommes et les choses à la mode française : des règnes de Charles VII et de Louis XI. Les soldats romains sont équipés, armés et habillés comme des chevaliers français. Cet anachronisme est encore plus frappant dans des tableaux consacrés à l'impératrice Hélène, mère de Constantin : le peintre, qui veut la montrer arrivant en pèlerinage aux portes de Jérusalem, la représente vêtue en châtelaine et montée sur une haquenée, que mène par la bride un page portant un faucon sur le point. En passant par-dessus ces erreurs, on trouverait souvent a admirer tant, pour le style que pour l'exécution, dans ces tableaux.

Vingt-huit chapelles, distribuées le long de la nef et du chœur, sont toutes décorées avec la même richesse.

Si, après avoir promené les yeux autour de soi sur toutes ces murailles peintes, on les élève vers la voûte, on ne peut retenir, dit un voyageur, une première exclamation d'étonnement. Toute la voûte, sur une longueur de 270 pieds et sur une largeur de 45, n'est qu'un immense tableau divisé en compartiments par des nervures. Des sujets empruntés aux Écritures saintes, des images allégoriques choisies avec goût et discernement, d'élégants feuillages d'acanthe, et d'autres ornements parfaitement assortis et habilement combinés, sont semés avec profusion sur ce vaste ciel peint en azur. Les arabesques sont de couleur blanche, avec des filets d'or; toutes les parties saillantes, les nervures, les arêtes de la voûte, disposées de manière à former de gracieux encadrements, sont également dorées. Le génie italien renaissant pour inaugurer le siècle des Médicis est empreint sur ce magnifique ouvrage; et comme si les artistes n'eussent pas voulu qu'on pût dans l'avenir disputer à l'Italie la gloire d'avoir créé ce chef-d'œuvre, des devises italiennes attachées de toutes parts en révèlent l'origine. Les registres de la cathédrale d'Alby attribuent cette imposante composition, qui fut achevée en neuf années, de 1502 à 1511, à des élèves sortis de l'école de Raphaël.

L'intérieur de la cathédrale d'Alby possède une autre décoration que l'on admire encore, même après avoir contemplé le chef-d'œuvre que nous venons de décrire : c'est le chœur, dont le prodigieux travail porte la même date que celui de la voûte. On ne saurait décrire ce vaste assemblage de stalles, de faisceaux, de colonnettes, de boiseries découpées en dentelles si fines que l'on craindrait d'y toucher; de clochetons élégants, de niches pleines de chérubins à la face réjouie, à la bouche riante. Toute cette composition est dominée par une grande et majestueuse image de l'Éternel qui apparaît à la voûte, entouré des attributs symboliques des quatre évangélistes. Sur les portes latérales de ce chœur, dans lequel on pénètre par un somptueux jubé, sont représentées les deux figures de Constantin et de Charlemagne.

Il était impossible, comme on voit, de créer un plus digne sanctuaire à Sainte-Cécile, devenue la patronne des arts, non-seulement parce que, suivant la tradition, elle les aurait aimés et cultivés pendant sa vie, mais aussi parce que les plus grands maîtres ont tenu à honneur de reproduire ses traits. Chaque année, au jour de la fête de cette sainte, que Raphaël a faite si divine, tous les musiciens du Midi se rendent en pèlérinage à Alby, et le chœur de Sainte-Cécile est le théâtre de la plus belle solennité musicale.

ÉGLISES DE LA BELGIQUE.

SAINTE-GUDULE A BRUXELLES.

L'église de Sainte-Gudule, est une des illustrations monumentales de la capitale de la Belgique. Fondée au milieu du xi° siècle, et placée sous l'invocation de saint Michel, elle prit son nom actuel lorsque, peu d'années après, les reliques de sainte Gudule y eurent été transportées. Sous la faveur toute spéciale et constante des souverains du pays, sainte Gudule avait bientôt acquis sur les autres paroisses de la ville une sorte de suprématie, dont le temps ne l'a point dépouillée.

Quoiqu'elle soit fortement empreinte d'un cachet gothique, cette église a subi ces conditions d'agrandissement, de modification, d'altération, qui semblent soumettre les monuments, comme des choses animées et organisées, à des lois de naissance, de développement, de changement et de décadence. Peu d'édifices sont restés des modèles purs et sans alliage du génie architectural d'une époque, et les âges, en se succédant, portent la main sur ce qui les a précédés, et leur doit survivre, pour y laisser quelque souvenir d'eux, quelque révélation de leur goût, quelque trace de leur passage. Sainte-Gudule présente, dans l'aspect général de sa masse imposante, ces traits hardis, élégants, délicats et minutieux, qu'imprimaient à la pierre les artistes du siècle où elle fut bâtie ; mais l'œil exercé peut lire une date différente dans chacune de ses parties, et reconnaître qu'elle n'a pas été enfantée tout entière par une seule et même pensée. Cependant, et malgré ces irrégularités et ces disparates, malgré les tours du xvi° siècle et un escalier du xviii°, l'ensemble extérieur n'est pas sans grâce et sans majesté. L'élévation même du sol de l'église au-dessus du terrain qui l'entoure contribue à donner au monument un caractère de grandeur solennelle.

L'intérieur de Sainte-Gudule constate mieux encore les efforts successivement tentés pour embellir cette métropolitaine de Bruxelles. Peu d'églises possèdent des richesses d'ornement plus variées. Nulle part la peinture ingénieuse des vitraux n'offre un dessin plus exquis et de plus brillantes couleurs. La pompe des sépultures royales s'étale aussi sous les voûtes de Sainte-Gudule. Dans le grand chœur reposent des souverains et des gouverneurs du Brabant : l'archiduc Albert, fils de l'empereur Maximilien II, et sa femme, la fille de Philippe II, l'archiduchesse Isabelle, le pacifique Jean II, à côté de sa femme, la duchesse Marguerite, un prince électoral de Bavière, un fils de Philippe-le-Bon, et des grands de la terre qui forment encore une cour aux têtes couronnées. La sculpture n'a pas refusé à Sainte-Gudule le tribut de son génie, et l'on s'arrête avec étonnement à l'aspect d'une chaire, merveilleux produit du ciseau. « Je n'avais jamais vu, dit un voyageur, de morceau de sculpture en bois aussi singulier et aussi curieux par la hardiesse et le fini de la ciselure. A la base de la chaire on voit Adam et Eve de grandeur naturelle ; l'un, avec l'attribut de l'aigle, l'autre, avec celui du paon : ils sont chassés du paradis terrestre par un Ange flamboyant et par la Mort armée de sa faux. Au-dessus, et appuyé sur des rameaux, est un globe dont la concavité est destinée au prédicateur. Ce globe est surmonté d'un baldaquin soutenu par deux anges et placé sur la cime d'un palmier, dont le tronc est enraciné dans la base de la chaire. Enfin, par dessus tout, sont assis, sur un croissant, la Sainte-Vierge et l'enfant Jésus. Mille petits accessoires enrichissent, en outre, cette chaire extraordinaire, exécutée, en 1699, pour les jésuites, qui voulaient toujours du plus beau et du plus cher. »

La peinture a été également mise à contribution pour décorer Sainte-Gudule, dans laquelle on remarque quelques beaux modèles de l'école flamande. L'attention se porte particulièrement sur une série de dix-huit tableaux, placés dans les petites nefs et représentant les différentes scènes d'une des légendes les plus fameuses dans les annales brabançonnes. En 1369, un riche juif, de la ville d'Enghien, nommé Jonathas, cherchait l'occasion de commettre, comme une œuvre méritoire, un attentat contre quelque objet voué au culte chrétien. Il associa à ses projets un de ses coreligionnaires, qui, moyennant une forte récompense, enleva, dans une chapelle de Bruxelles, seize hosties consacrées, et les remit à Jonathas. Celui-ci, avant d'avoir pu accomplir le sacrilège qu'il méditait, tomba sous les coups d'un meurtrier resté inconnu. Sa veuve, non moins fanatisée que lui, se rendit à Bruxelles pour arrêter, avec d'autres juifs, ce qu'il convenait de faire des hosties demeurées en son pouvoir. Ils décidèrent qu'elles seraient transportées dans la synagogue et livrées à toutes les profanations pendant la nuit du jeudi au vendredi saint. Mais à peine eurent-ils porté la main sur elles, que, suivant la légende, le sang jaillit sous les coups de poignard dont ils les perçaient. Frappés de stupeur et d'effroi, ils n'osèrent poursuivre, et chargèrent une jeune fille juive, nommée Catherine, d'aller remettre ces hosties à leurs frères de Cologne, pour que l'œuvre laissée incomplète s'achevât par d'autres mains. Catherine qui avait été secrètement convertie au christianisme, rapporta les objets sacrés au curé de l'église, où ils avaient été dérobés, et lui raconta ce qui avait eu lieu dans la synagogue. Des mesures, dignes d'un siècle d'ignorance et de barbarie, furent prises aussitôt contre tous les juifs du Brabant, et la torture ayant arraché à trois d'entre eux l'aveu de leur attentat, ils furent tenaillés à tous les carrefours de Bruxelles, puis brûlés vifs, la veille de l'Ascension de l'an 1370. Tous les coreligionnaires de ces malheureux subirent une confiscation absolue de leurs biens et un bannissement à perpétuité. Le duc de Wenceslas, pour conserver la mémoire de cet événement, institua une procession, qui se fait le 13 juillet de chaque année, et dans laquelle sont portées trois des seize hosties miraculeuses. Il fonda de plus, dans la même intention, un jubilé que l'on célèbre tous les cinquante ans. Le dernier a été fêté avec une pompe solennelle en 1820.

Le panorama magnifique qui se déploie sous les regards, du haut des tours de Sainte-Gudule, est encore une des gloires de l'église, selon les cicéronées, qui recommandent aussi à la curiosité des voyageurs une masse d'édredon recouverte d'un velours fin d'Utrecht et garnie à chaque cornière d'un gland d'or. Sur ce coussin s'agenouilla le féroce duc d'Albe, lorsqu'il présida aux prières publiques dites en 1558 pour le repos de l'âme de Charles-Quint.

CATHÉDRALE D'ANVERS.

Anvers, la grande cité, qui fut, pendant un temps, l'une des plus importantes et des plus belles villes de France; Anvers, que nous autres Français ne cesserons de regretter, existe depuis si longtemps, que, faute de savoir quelque chose sur son origine, on en a inventé une toute fabuleuse. Il ne s'agit de rien moins, dans les anciennes chroniques, que de géants et de faits merveilleux. Ce qu'il y a de certain, c'est sa position admirable et ses magniques monuments, parmi lesquels on remarque surtout sa majestueuse cathédrale. Cette superbe église fut commencée à la fin du XIe siècle et achevée au commencement du XIIe; elle a été érigée en cathédrale en 1559, par le pape Paul IV, à la sollicitation de Philippe II; elle a cinq cents pieds de longueur, deux cent trente de largeur et trois cent soixante de hauteur; deux cent trente arcades voûtées sont soutenues par cent vingt-cinq colonnes; de chaque côté existe une double nef; il y a vingt-sept ans qu'on y voyait trente-deux autels en marbre d'Italie. Cent gros chandeliers d'argent massif ornaient, les jours de fête, le principal autel, élevé en 1624, sur les dessins de Rubens. On admirait dans ce temple le magnifique ostensoir en or massif, enrichi de diamants et de pierres fines, présent de François Ier, roi de France. Ces richesses ont été enlevées en 1797 par les agents de la république française. Cette église présentait alors le triste spectacle des ruines. M. Herbouville, préfet du département des Deux-Nèthes, la fit restaurer en 1810, par ordre de l'empereur. Le chœur, que Charles-Quint fit construire en 1521, et dont il posa la première pierre, a été démoli en 1798.

La tour de Notre-Dame, en pierres de taille, a quatre cent soixante-six pieds de hauteur, quelques pieds de moins que celle de Strasbourg; il faut monter six cent vingt-deux marches pour arriver à la dernière galerie. Cette tour est percée à jour en découpure, et va en diminuant d'étage en étage, avec des galeries disposées les unes au dessus des autres; sa prodigieuse élévation et la délicatesse avec laquelle elle est travaillée, fixent l'attention des voyageurs. Elle a été commencée en 1522, d'après le plan et les dessins de l'architecte Amelius, et totalement achevée en 1518. La tour qui devait être en parallèle n'a été terminée que jusqu'à la première galerie.

Pour donner une idée des proportions gigantesques de la tour Notre-Dame, il suffit de dire que le cadran de l'horloge n'a pas moins de quatre-vingt-dix pieds de circonférence, et que, dans l'intérieur, elle contient trente-trois grosses cloches et deux carillons complets.

En entrant dans l'église de Notre-Dame par la principale nef, on admire la magnifique coupole éclairée latéralement. Le plafond représente la Sainte-Vierge environnée d'une troupe d'anges qui déploient leurs ailes. On monte au chœur, et l'on y contemple le superbe autel en marbre et le tableau de Rubens représentant l'Assomption de Marie. La mère de Dieu est portée dans le sein de l'Eternel par une foule d'anges; quelques-uns voltigent autour d'elle. Le corps de la Sainte-Vierge est resplendissant de beauté et de fraîcheur; le tombeau et le linceul, que trois femmes en ont retiré, sont d'un coloris parfait.

Entre autres souvenirs qui se rattachent à cette église, nous devons mentionner celui de saint Norbert, qui vivait au commencement du XIIe siècle. Un imposteur, nommé Tanchelin, s'était érigé en prophète, et prêchait, quoiqu'il ne fût pas ordonné prêtre. Il excitait les fidèles à abandonner l'église catholique ; il prétendait que les saints sacrements étaient des inventions de l'ange des ténèbres, et que les ministres de Dieu ne méritaient aucune confiance. Ces assertions auraient peut-être paru autant de blasphèmes ; mais il ajoutait qu'il fallait refuser le paiement de la dîme, et il fit beaucoup de prosélytes. Comme il parlait fort bien, et qu'il conseillait de ne pas payer l'impôt, on accourait en foule à ses prédications. Les générosités plurent de toutes parts ; il accepta tout ce qu'on lui offrit, et mena un train tout royal ; on prétend qu'il ne marchait qu'accompagné de soldats et couvert d'habits magnifiques. Cependant des dons volontaires ne pouvaient suffire à d'aussi grandes dépenses ; mais le faux prophète employait plus d'un expédient. Celui que nous allons raconter, d'après les anciens historiens, donnera une idée de l'esprit de ressource de ce faux prophète.

Il déploya un jour un appareil inaccoutumé ; toutes ses troupes étaient sur pied, l'épée à la main, et lui-même parut dans un éclat extraordinaire. Il fit placer près de lui une statue de la Sainte-Vierge, et s'écria : Vierge Marie, je vous prends aujourd'hui pour mon épouse ! Puis il dit au peuple : Voilà que j'ai épousé la Sainte Vierge ; c'est à vous présentement à fournir aux frais des fiançailles et des noces. L'invitation était claire et précise ; celui qui la faisait était entouré de soldats dévoués : on se résigna de bonne grâce, et l'on vit les auditeurs vider leurs escarcelles, et les femmes se dépouiller de leurs bijoux.

Cependant les têtes froides raisonnaient, et les hommes sensés gémissaient de voir un si honteux fanatisme d'un côté et un aussi audacieux charlatanisme de l'autre. Ils firent bientôt un appel au clergé, et l'on vit arriver saint Norbert, qui eut le courage de braver tous les dangers et de venir faire entendre les paroles de la foi devant ce même peuple, si attentif aux discours d'un puissant imposteur. La vérité prévalut enfin : le peuple ouvrit les yeux, et Tanchelin fut réduit à se sauver en Italie. Il essaya de se représenter sur les bords du Rhin, et comme ensuite on n'en entendit plus parler, le bruit courut qu'il avait été tué.

En 1555, Philippe II, roi d'Espagne, a tenu à Anvers, dans la cathédrale, un grand chapitre de l'ordre de la Toison-d'Or ; on n'y compta pas moins de neuf souverains, dont on dit qu'on voit encore les armoiries au chœur de l'église.

ÉGLISES D'ANGLETERRE.

LA CATHÉDRALE D'YORK.

La célébrité de la ville d'York, capitale du Yorck shire (située sur l'Ouse, à cinquante et quelques lieues de Londres), est tout entière dans les souvenirs et les monuments d'un autre âge, dont un seul, la cathédrale, suffirait pour attester toute son antique splendeur. C'est là, en effet, un de ces édifices qui ne peuvent s'élever que dans les cités royales, dans les cités du premier ordre.
Commencé en 1227, pendant le règne de Henri III, et achevé, soixante-sept ans après, sous Edouard Ier le *Minster* est une des plus belles création du style gothique, qui était, à cette époque, la forme architecturale de toute l'Europe, bien que les Anglais, dans leur vanité que cette communauté importune, prétendent avoir eu dès lors une école nationale, parmi les œuvres de laquelle la cathédrale d'Yorck devait être comptée. L'édifice immense, se développant sur une longueur de cinq cent vingt-quatre pieds, et sur une largeur de plus de cent, couvre deux acres de sa masse, que ne coupent ni interrompent aucune cour, aucun cloître. Imposant, gracieux, et semblable pour des yeux de poète, à un vaisseau voguant en pleine mer, il offre dans son ensemble, suivant un voyageur, toute l'élégance et la chaste symétrie des monuments grecs. Cependant, la tour centrale, qui élève sa tête à deux cent treize pieds au dessus du sol, semble peut-être un peu lourde; mais ce défaut n'est perceptible que parce qu'on la compare aux deux tours latérales, si sveltes, si élancées, presque transparentes même, tant leurs ornements sont légers et exquis. A l'intérieur se déploie toute l'opulence qu'annonce la majesté de l'extérieur, et l'œil étonné ne sait laquelle embrasser des merveilles, sévères et délicates, entassées avec profusion dans cette magnifique enceinte. La nef s'ouvre en huit arcades que forment des piliers, à cent pieds de hauteur, en épanouissant leurs chapiteaux. Sur un mur qui la sépare du chœur, sont rangées quinze statues grossières de rois, dont le temps a rongé la figure en pierre. Le premier est Guillaume, duc de Normandie, qui conquit l'Angleterre dans la plaine d'Hastings (de 1066 à 1087), et le dernier Henri VI, dont

la naissance fut fêtée dans ses deux capitales, Paris et Londres, et qui périt assassiné au fond d'une prison (de 1422 à 1471). Lorsque, après avoir contemplé cette galerie d'images royales, on pénètre dans le chœur, en marchant vers l'autel élevé de seize marches, l'art multiplie tellement ses chefs-d'œuvre sur la pierre transformée en dentelles, que la description la plus abondante ne saurait suffire à les indiquer. Le travail de la sculpture est ici prodigieux, dit un narrateur auquel nous avons déjà emprunté quelques mots ; les fenêtres, chargées de brillantes peintures, n'excitent pas moins d'étonnement, et lorsqu'en vous montrant la plus vaste, ornée de figures de la Vierge angélique comme celles de Raphaël, le sacristain vous a dit : Voilà la merveille du monde, vous vous surprenez à être de son avis, et vous répéteriez ces paroles d'un moine, tracées en latin sur un mur : « Comme la rose est la fleur des fleurs, ce temple est l'édifice des édifices. » Nous ne pouvons que mentionner les cinq croisées de l'aile du nord, fameuses sous le nom des *trois sœurs*, les trente-deux stalles en marbre du chœur, les précieuses mosaïques qui forment le pavé, les tombeaux magnifiques sous lesquels dorment tant d'illustres personnages ; compter les dix cloches disposées dans l'une des tours, et chiffrer les soixante quintaux que pèse la plus grosse d'entre elles.

La cathédrale d'York possède de nombreuses reliques, honorées jadis comme choses saintes, et conservées, depuis la révolution religieuse opérée par Henri VIII, comme objets de curiosité ; des calices trouvés dans les tombeaux, des bagues pastorales, des crosses enrichies de figures et d'ornements. Deux coupes surtout sont dignes d'une attention particulière : la première, d'un modèle antique, donnée par un archevêque à une corporation de la ville d'York, porte cette inscription : « Quarante jours d'indulgence sont accordés à ceux qui boivent dans cette coupe, par moi Richard archevêque. La seconde, plus remarquable encore, est une coupe d'ivoire, dont un des chroniqueurs de la vieille Angleterre raconte ainsi l'histoire : Ulphus, roi de Dum, voyant que sa succession serait un sujet de discorde entre ses enfants, résolut de les mettre tous d'accord. Il se rendit à York avec la corne dans laquelle il buvait, il la remplit de vin, et fléchissant le genou devant l'autel, il donna à Dieu et au bienheureux saint Pierre ses domaines et possessions, laissant sa coupe en témoignage de ce don. » On peut encore compter maintenant parmi les reliques et les souvenirs de la cathédrale d'York, le chapitre (édifice octogone contigu à l'aile du nord), où l'on admire quarante-quatre belles stalles, de riches sculptures, d'élégants vitraux, de bizarres chapiteaux de colonnes, et les restes d'une Vierge, dont la beauté n'a point désarmé le fanatisme presbytérien des soldats de Cromwell.

L'ÉGLISE DE SEFTON, DANS LE COMTÉ DE LANCASTRE.

L'église de Sefton est située à l'embouchure du Mersey, près de Manchester, la ville la plus manufacturière après Londres. Elle est petite et de modeste apparence. Cependant c'est une des plus belles créations dont l'architecture religieuse ait doté les îles britanniques, si riches, cependant, en monuments de tous les âges et de toutes les croyances. Nulle part on ne voit des ogives plus élégantes, des dentelures plus riches, des sculptures plus hardies ou plus savantes, des boiseries plus légères et plus gracieuses. Cette église est une précieuse miniature et de l'ensemble le plus coquet.

ÉGLISE DE NEWARK. — COMTÉ DE NOTTINGHAM.

L'église de Newark offre un aspect des plus majestueux ; elle est particulièrement digne de l'admiration de l'antiquaire, à cause des différents styles d'architecture ogivale dont on a fait usage en Angleterre, à diverses époques, et que l'on remarque dans la construction de ce monument.

Cette église, dédiée à sainte Marie-Madeleine, a l'air d'une cathédrale. Elle est composée d'une nef, de deux chapelles latérales formant la croix, d'un chœur et de plusieurs chapelles souterraines ; sa tour, dont la base est d'architecture normande, de même que les piliers de la nef, est élégante ; elle est surmontée d'une flèche haute et majestueuse, très soigneusement ornée de sculptures gothiques et de statues. La grande fenêtre qui est à l'est, au dessus de la sainte table, est du style gothique anglais le plus riche, où l'on a conservé aux fenêtres des restes de belles peintures antiques sur verre. La contre-table est du célèbre peintre Hilton, qui la présenta à la ville, dont son père était natif ; ce tableau, d'une admirable exécution, représente la résurrection du Lazare ; il est admirablement exécuté.

WESTMINSTER-ABBAYE.

Westminster, l'un des plus anciens monuments de Londres, fut fondé, dit-on, par Sebert, roi des Saxons de l'Est, au commencement du vii° siècle.

L'extérieur de Westminster ne présente pas un monument uniforme, mais ses façades, celle surtout du côté de l'ouest, sont belles et majestueuses ; le magnifique portique qui conduit à la croix du nord, est surtout digne d'admiration. En entrant dans l'église par la porte de l'ouest, on est étonné de la légèreté, de la symétrie et de l'élégance qui règnent dans cet intérieur, quoique les monuments de toutes sortes, qu'on y a introduits détruisent, un peu l'harmonie de l'ensemble. L'église consiste en une nef et en deux ailes, dont le toit est soutenu par deux rangs d'arcades l'un sur l'autre, appuyés sur des faisceaux de piliers ; chaque faisceau est composé d'un gros pilier arrondi, et de quatre plus petits de la même forme qui l'entourent. Le chœur a une forme demi-octogone ; il était auparavant entouré de huit chapelles, mais il n'y en a plus que sept ; l'une d'elles ayant été destinée à servir de porche à la chapelle de Henri VII. Une porte en fer sépare le chœur des autres parties de l'église, et, à l'extrémité, se trouve un autel de marbre blanc, donné par la reine Anne. Le pavé du chœur, tout en mosaïque, est regardé comme un chef-d'œuvre. Ce pavé, exécuté en 1272, aux frais de Richard Ware, abbé de Westminster, consiste en une quantité innombrable de morceaux de jaspe, d'albâtre, de porphyre, de marbre, de lapis, rangés en dessins les plus variés et les plus curieux. C'est dans le chœur que se fait le couronnement des rois et reines d'Angleterre.

Dans les bas-côtés du sud, deux portes conduisent aux cloîtres qui subsistent encore dans leur intégrité, et qui forment quatre longues avenues, recouvertes par des arcades et entourant un grand carré. Les murs sont presque complétement recouverts de petits monuments, et le pavé n'est composé que de pierres tumulaires. Un portique de la plus grande richesse mène à la salle du chapitre, qui date de l'année 1220. En 1377, la chambre des communes y tint ses séances, du consentement de l'abbé, et ce ne fut que sous le règne de Henri VI, qu'elle transporta le lieu de ses délibérations dans la chapelle Saint-Etienne, devenue la proie des flammes. Les archives de la couronne sont déposées à Westminster; là, est conservé avec soin le fameux doomsdaybook, ou grand cadastre d'Angleterre, compilé sous Guillaume-le-Conquérant; il consiste en deux gros volumes in-4°, très lisibles et parfaitement conservés, quoique existant depuis sept cent cinquante-six années. Au nord de l'abbaye s'élevait autrefois le sanctuaire, lieu inviolable où les rois eux-mêmes sont venus chercher un asile. L'église qui en dépendait était ornée avec élégance, et tellement construite avec solidité que, lors de sa démolition, on fut sur le point de faire suspendre les travaux, tant ils offraient de difficultés et paraissaient impraticables. A l'ouest du sanctuaire était l'aumônerie, devenue célèbre pour avoir servi, en 1474, à William Caxton, qui y établit les premières presses connues en Angleterre, et y imprima son livre du jeu des échecs.

ÉGLISES DE LONDRES.

Le premier coup d'œil pour un Français, habitué au caractère grandiose et sévère des vieilles cathédrales de France, lui fait prendre les églises anglaises pour des salles de spectacle. Dans l'église de Sainte-Mary-le-Bow, particulièrement, un parterre et deux rangs de loges, ou pour mieux dire, deux grandes et belles galeries parfaitement décorées et régnant tout autour de la salle, confirment cette opinion. On rencontre peu d'artisans dans les églises de Londres, et ceux qui les fréquentent y sont rarement conduits par un esprit de dévotion. Ils sont obligés de se tenir debout, dans un espace étroit qui règne autour des murs. Un grand nombre d'entre eux se réfugient dans les chapelles des méthodistes, des anabaptistes, des frères moraves et des autres sectes si multipliées à Londres et qui les accueillent avec plaisir. Quoique toutes les distinctions humaines s'anéantissent devant la divinité, jamais on ne verra en Angleterre les rangs confondus dans les temples, comme ils le sont dans les pays catholiques. L'orgueil anglais s'offenserait de ce mélange.

LA CHAPELLE CAMBRIDGE,

DANS LE COLLÉGE ROYAL DE CE NOM.

Cambridge est située au milieu d'un pays horrible, mais les vieux arbres qui la dominent et ses vastes édifices, lui donnent un aspect pittoresque que relève encore le contraste de cette cité avec les lieux qui l'environnent.

L'université de Cambridge se compose de seize colléges, au premier rang desquels figure celui de la Trinité, dans lequel on montre avec orgueil aux voyageurs une statue en marbre de Newton, par Roubillac, sculpteur fort estimé des Anglais ; cette statue qui rappelle la manière de Van-Dyck, se fait remarquer surtout par la délicatesse du travail, par le fini des draperies qui imitent d'une manière fort heureuse le tissu ; les ombres et les jours de la soie ; c'est là du reste son principal mérite. En fait de beaux-arts, de sculpture et de peinture, comme d'architecture, nos lecteurs savent qu'il faut se défier des jugements portés par les Anglais, c'est dans le même esprit qu'ils mettent de très grand sang-froid la chapelle du collége du Roi, au premier rang parmi les monuments les plus beaux de tous les pays.

LA CATHÉDRALE DE LICHFIELD.

La ville de Lichfield est sur la route de Londres à Liverpool. Sa cathédrale fut dévastée sous Henri VIII ; on confisqua tous les objets précieux qu'elle renfermait, à l'exception de la châsse de saint Choud, qui fut sauvée par les instantes prières que l'évêque Rowland Lea adressa au roi. Ce prélat fut moins heureux dans ses efforts pour conserver l'église et le monastère de Coventry, édifices remarquables et auxquels se rattachait le souvenir de la célèbre Godiva, duchesse de Mercie ; ils furent démolis en entier.

En 1642, un corps de troupes, levé par sir Richard Dyolt, pour le roi Charles, fut la cause de trois siéges, pendant lesquels la cathédrale souffrit beaucoup. Des préparatifs de dépenses très considérables, furent faits l'année suivante pour résister à lord Brooke, qui s'avançait à la tête de cinq mille hommes pour se rendre maître de la citadelle. C'était un ennemi zélé de l'épiscopat, et il était décidé à détruire la cathédrale. Au moment d'entrer dans la ville il pria, dit-on, le ciel de le punir si sa cause était injuste. Peu de minutes après, il tomba percé de deux balles ; le coup était parti de la main d'un sourd et muet de la noble famille de Dyolt, qui, du haut de l'église, surveillait les mouvements de l'ennemi. L'arme à feu est conservée dans les archives de la famille Dyolt, et l'armure de lord Brooke se voit dans le château de Warwick. Malgré la perte de leur chef, les rebelles continuèrent le siége, et la garnison fut forcée de céder aux troupes du parlement. C'était la première cathédrale qui tombait en leur pouvoir ; ils la ravagèrent avec un vandalisme qu'animait encore le fanatisme de cette époque : les tombes furent brisées, la flèche du centre abattue, toutes les dalles enlevées. Un auteur contemporain, Dugdale, rapporte que les soldats s'amusaient à y faire chasser un chat par des chiens, trouvant un attrait de plus dans le retentissement prolongé des voûtes. Des profanations d'un genre plus grave furent aussi commises.

En 1651, le parlement, que l'histoire désigne sous la dénomination triviale de Croupion, fit enlever le plomb qui couvrait l'église et fondre les cloches.

Le service divin fut, pendant quelques années, célébré dans la maison du chapitre : et lorsque John Hacket fut nommé évêque, à la restauration, la cathédrale n'était qu'un amas de ruines. Le jour même de son arrivée à Lichfield, il fit commencer le déblaiement par ses propres chevaux ; dans le court espace de huit ans, il réussit à effacer les traces de la dévastation, et l'église put être consacrée de nouveau en 1669.

Quoique la cathédrale de Lichfield ne puisse rivaliser, ni en grandeur, ni en magnificence, avec celle d'York, elle ne le cède à aucune sous le rapport de l'élégance ; sa légère et belle architecture est un sujet d'admiration. Le bâtiment a la forme d'une croix ; on remarque surtout le portail et la façade de l'ouest dont la forme est pyramidale, et couverte de sculptures exécutées avec une rare perfection. Nous citerons parmi les monuments qui ornent l'intérieur, celui de l'évêque Hacket ; il est représenté couché ; on a gravé sur la tombe cette inscription qui lui convient si bien : « Je ne laisserai pas mes yeux se fermer avant d'avoir trouvé une place pour le temple du Seigneur. » Les artistes admirent le tombeau des deux miss Robinson, il est dû au ciseau de Chantrey. Quelques personnages célèbres reposent aussi dans cette enceinte : le docteur Johnson, dont Lichfield s'honore à juste titre, lady Worthley-Montague, à qui l'Europe a dû les bienfaits de l'inoculation, David Garrick, et plusieurs autres moins connus.

CATHÉTRALE D'EXETER.

Le premier évêque d'Exeter fut Leorfric, qui était aussi lord chancelier; il y fut envoyé par Edouard le confesseur. La cathédrale fut bâtie sur un terrain occupé auparavant par plusieurs monastères. Elle fut dédiée d'abord à saint Pierre et à saint Paul et ne conserva que le premier saint pour patron. Elle était peu spacieuse, n'avait guère que soixante-dix pieds de long. Warlewast, évêque normand, l'agrandit en 1107, il posa les fondements du chœur, et on croit pouvoir lui attribuer aussi les hautes tours du nord et du sud qui subsistent encore. L'opposition de Rivers, comte de Devon, aux droits du roi Etienne, attira sur la ville les calamités d'un siége. Plusieurs monuments furent incendiés, entre autres la cathédrale. Durant une période de cent quarante-deux ans, des sommes considérables furent consacrées aux réparations; mais ces travaux partiels ne furent d'aucune utilité, car l'évêque Quivil, qui occupa le siége en 1280, est regardé par presque tous les écrivains comme le fondateur de cette cathédrale, qui occupe un rang distingué parmi les monuments célèbres. On suppose qu'en construisant le chœur on s'est servi des anciens murs, en y insérant des croisées plus vastes. La conservation des deux tours présentait de grandes difficultés, qui furent surmontées avec une rare habileté ; le plan de Quivil était trop étendu pour qu'il pût le voir exécuter en entier; mais ses successeurs s'y conformèrent avec tant d'exactitude que cet immense édifice semble la création d'un instant et le développement d'une seule pensée ; il fut terminé par l'évêque Grandison qui occupa le siége en 1327. Ce prélat ajouta deux arches à l'ouest de la nef, et fit construire une petite chapelle qui devait lui servir de sépulture. On lui doit aussi le portail du couchant. On ne peut s'empêcher de remarquer qu'il s'écarte, malgré sa beauté, de l'imposante simplicité qui caractérise le reste de l'édifice. Les statues du premier rang représentent des rois et des reines, leurs têtes sont surmontées de dais, et le piédestal qui les supporte est soutenu par des anges. Toutes les figures du rang supérieur sont debout, excepté une seule, c'est un roi assis, la niche qui correspond à celle-là n'est pas remplie. On voit au dessus du portail, la grande fenêtre de l'ouest, qu'on admire, pour la forme et la richesse de ses ornements, mais les vitraux sont modernes.

La cathédrale d'Exeter a trois cents pieds de long et soixante-seize de large. Sa hauteur jusqu'à la voûte est de soixante-neuf pieds et celle des tours normandes de cent trente. Elle est bâtie en pierre, et les colonnes sont en marbre. La tour du nord contient une horloge très curieuse donnée par un évêque de la famille des Courtenay vers 1478. Le mécanisme et le fini des ornements sont remarquables. La terre est au centre, la lune tourne autour dans l'espace d'un mois, changeant d'aspect suivant ses phases qui sont marquées dans le cercle intérieur. Un autre globe représente le soleil qui indique les vingt-quatre heures. L'inscription relative à ces heures : *elles passent, mais elles sont comptées,* est remplie d'une mélancolique expression.

Sur le côté nord de la nef, une espèce de tribune en pierre s'avance au dessus d'une arche soutenue par une corniche; la façade, qui est divisée en douze stalles, est ornée de figures d'anges tenant des instruments de musique. L'orgue, qui est placé entre le chœur et la nef, passe pour le plus mélodieux de l'Angleterre. La cathédrale contient aussi des monuments remarquables par leur antiquité et par le mérite de l'exécution, entre autres plusieurs tombeaux d'évêques. On a découvert, en réparant les dalles du chœur en 1763, un cercueil en plomb renfermant un squelette ayant à sa droite un petit calice retenu autour du corps par une bande d'étoffe; à sa gauche, les fragments d'une crosse en bois et, parmi ces débris, un saphir d'une grande beauté enchâssé sur un anneau d'or. L'inscription n'existait plus, on croit cependant que ces restes sont ceux de Thomas Bytton, évêque d'Exeter, qui mourut en 1306.

Soixante-treize prélats ont occupé le siége d'Exeter. On remarque parmi eux George Neville, qui fut évêque en 1458, n'ayant pas encore vingt-cinq ans, et chancelier avant d'avoir atteint sa vingt-huitième année.

7

LA CATHÉDRALE DE ROCHESTER.

Cette cathédrale fut fondée par Ethelred, le Saxon, roi de Kent, peu de temps après sa conversion au christianisme. Cette église a la forme d'une double croix. On compte cent cinquante pieds depuis la porte de l'ouest jusqu'aux marches du chœur, et, depuis le chœur jusqu'à la fenêtre de l'est, cent cinquante-six pieds ; en tout, trois cent six pieds. A l'entrée, dans le chœur, est une aile sur le centre de laquelle est une tour dont l'apparence est moderne; la longueur de cette aile, depuis le nord jusqu'au sud, est de cent vingt-deux pieds. A l'extrémité supérieure du chœur est une seconde aile à l'orient, d'environ quatre-vingt-dix pieds. Entre ces deux ailes, au nord, et joignant l'église, est une vieille tour en ruine dont la hauteur ne dépasse pas celle de la cathédrale. On l'appelait autrefois la *tour des cinq cloches*; elle fut construite sous le règne de William Rufus, par le fameux Gundulph, treizième évêque, soit pour contenir les cloches, soit peut-être pour renfermer les archives. Cette tour est d'une solidité prodigieuse; les murs ont dix pieds d'épaisseur, quoiqu'elle ne forme qu'un carré de quarante pieds à l'extérieur. C'est le même Gundulph qui construisit la grande tour du château de Rochester; elle est presque entièrement conservée et offre un des plus curieux modèles de l'architecture normande. La nef et la cathédrale de la belle façade de l'ouest sont aussi l'ouvrage de cet habile architecte. Le côté nord de l'aile orientale fut élevé après un incendie qui endommagea une grande partie de la cathédrale, en 1179, et le côté sud fut ajouté dans le siècle suivant. Le chœur fut élevé sous les règnes de Jean et de Henri III, avec le produit des présents offerts à l'autel de St-William. Ce saint était un pieux et riche boulanger, natif d'Ecosse, qui avait entrepris un pélerinage à Jérusalem. Mais il fut dévalisé et assassiné par son domestique, près de Rochester. Ayant été enterré dans la cathédrale de cette ville, sa canonisation fut le résultat des miracles qui s'opérèrent à son tombeau. La façade de l'ouest est très belle ; mais elle offre différents genres d'architecture. La porte principale s'ouvre sous une arche hardie, semi-circulaire et richement ornée ; le mur, au dessus de cette arche, semble avoir été divisé en rangs de niches avec de petites arches au dessus.

En entrant par la porte de l'ouest, on descend quelques marches jusqu'à la nef dont la plus grande partie a conservé son caractère primitif. Les cinq premières colonnes de chaque côté appartiennent au massif style normand. Aucune colonne du même côté n'est semblable, mais chacune d'elles correspond exactement à celle qui lui est opposée. Au dessus de ces arches, il en existe une autre rangée de même dimension, entre lesquelles sont des arches plus petites avec des colonnes courtes et massives. Là se trouve une galerie communiquant avec l'escalier circulaire dans les angles de la façade de l'ouest. Les arches, à l'orient de la nef, sont d'une architecture moins ancienne, leurs colonnes sont plus légères et mieux ciselées ; la voûte en bois est supportée par des anges armés de boucliers.

Dix marches conduisent au chœur, sous une arche sur laquelle est placé l'orgue. Le chœur fut pavé à neuf en 1743, lorsqu'on y ajouta le trône de l'évêque et les stalles du chapitre. Au dessus des ailes orientales sont des appartements auxquels on monte par un escalier tournant construit dans la muraille. C'est dans ces appartements qu'on dépose, pendant la nuit, les vêtements sacerdotaux, les joyaux, les vases sacrés et autres trésors appartenant aux autels de Saint-William, Saint-Paulin et des autres saints, dans les différentes parties du chœur. L'église souterraine, qui s'étend sous une grande partie de l'édifice, qu'on croyait avoir été construite par les Normands, n'est probablement pas plus ancienne que la façade de l'ouest ou la tour de Gundulph. On trouve dans cette cathédrale beaucoup de monuments anciens et curieux, parmi lesquels on doit remarquer un simple tombeau de pierre contenant, dit-on, les restes de l'évêque Gundulph. Il y a encore plusieurs monuments dignes d'exciter la curiosité, entre autres celui de Richard Watts, *Esquire*, qui était greffier de Rochester et membre du parlement sous Elisabeth. Il mourut en 1579, et fonda un hospice à Rochester. Voici les termes et les conditions étranges écrites sur la façade de la maison qui est au milieu de la ville :

« Richard Watts, *Esquire*, par son testament, daté du 22 août 1579, fonda cet hospice pour six pauvres voyageurs, à la condition qu'ils ne soient ni fripons, ni *procureurs* ; ils recevront, pendant une nuit, le logement, la nourriture, et huit sols chacun, etc. »

LA CATHÉDRALE DE ROCHESTER.

Cette cathédrale fut fondée par Ethelred, le Saxon, roi de Kent, peu de temps après sa conversion au christianisme. Cette église a la forme d'une double croix. On compte cent cinquante pieds depuis la porte de l'ouest jusqu'aux marches du chœur, et, depuis le chœur jusqu'à la fenêtre de l'est, cent cinquante-six pieds; en tout, trois cent six pieds. A l'entrée, dans le chœur, est une aile sur le centre de laquelle est une tour dont l'apparence est moderne; la longueur de cette aile, depuis le nord jusqu'au sud, est de cent vingt-deux pieds. A l'extrémité supérieure du chœur est une seconde aile à l'orient, d'environ quatre-vingt-dix pieds. Entre ces deux ailes, au nord, et joignant l'église, est une vieille tour en ruine dont la hauteur ne dépasse pas celle de la cathédrale. On l'appelait autrefois la *tour des cinq cloches*; elle fut construite sous le règne de William Rufus, par le fameux Gundulph, treizième évêque, soit pour contenir les cloches, soit peut-être pour renfermer les archives. Cette tour est d'une solidité prodigieuse; les murs ont dix pieds d'épaisseur, quoiqu'elle ne forme qu'un carré de quarante pieds à l'extérieur. C'est le même Gundulph qui construisit la grande tour du château de Rochester; elle est presque entièrement conservée et offre un des plus curieux modèles de l'architecture normande. La nef et la cathédrale de la belle façade de l'ouest sont aussi l'ouvrage de cet habile architecte. Le côté nord de l'aile orientale fut élevé après un incendie qui endommagea une grande partie de la cathédrale, en 1179, et le côté sud fut ajouté dans le siècle suivant. Le chœur fut élevé sous les règnes de Jean et de Henri III, avec le produit des présents offerts à l'autel de St-William. Ce saint était un pieux et riche boulanger, natif d'Ecosse, qui avait entrepris un pélerinage à Jérusalem. Mais il fut dévalisé et assassiné par son domestique, près de Rochester. Ayant été enterré dans la cathédrale de cette ville, sa canonisation fut le résultat des miracles qui s'opérèrent à son tombeau. La façade de l'ouest est très belle; mais elle offre différents genres d'architecture. La porte principale s'ouvre sous une arche hardie, semi-circulaire et richement ornée; le mur, au dessus de cette arche, semble avoir été divisé en rangs de niches avec de petites arches au dessus.

En entrant par la porte de l'ouest, on descend quelques marches jusqu'à la nef dont la plus grande partie a conservé son caractère primitif. Les cinq premières colonnes de chaque côté appartiennent au massif style normand. Aucune colonne du même côté n'est semblable, mais chacune d'elles correspond exactement à celle qui lui est opposée. Au dessus de ces arches, il en existe une autre rangée de même dimension, entre lesquelles sont des arches plus petites avec des colonnes courtes et massives. Là se trouve une galerie communiquant avec l'escalier circulaire dans les angles de la façade de l'ouest. Les arches, à l'orient de la nef, sont d'une architecture moins ancienne, leurs colonnes sont plus légères et mieux ciselées; la voûte en bois est supportée par des anges armés de boucliers.

Dix marches conduisent au chœur, sous une arche sur laquelle est placé l'orgue. Le chœur fut pavé à neuf en 1743, lorsqu'on y ajouta le trône de l'évêque et les stalles du chapitre. Au dessus des ailes orientales sont des appartements auxquels on monte par un escalier tournant construit dans la muraille. C'est dans ces appartements qu'on dépose, pendant la nuit, les vêtements sacerdotaux, les joyaux, les vases sacrés et autres trésors appartenant aux autels de Saint-William, Saint-Paulin et des autres saints, dans les différentes parties du chœur. L'église souterraine, qui s'étend sous une grande partie de l'édifice, qu'on croyait avoir été construite par les Normands, n'est probablement pas plus ancienne que la façade de l'ouest ou la tour de Gundulph. On trouve dans cette cathédrale beaucoup de monuments anciens et curieux, parmi lesquels on doit remarquer un simple tombeau de pierre contenant, dit-on, les restes de l'évêque Gundulph. Il y a encore plusieurs monuments dignes d'exciter la curiosité, entre autres celui de Richard Watts, *Esquire*, qui était greffier de Rochester et membre du parlement sous Elisabeth. Il mourut en 1579, et fonda un hospice à Rochester. Voici les termes et les conditions étranges écrites sur la façade de la maison qui est au milieu de la ville :

« Richard Watts, *Esquire*, par son testament, daté du 22 août 1579, fonda cet hospice pour six pauvres voyageurs, à la condition qu'ils ne soient ni fripons, ni procureurs ; ils recevront, pendant une nuit, le logement, la nourriture, et huit sols chacun, etc. »

dire, un jardin en l'air ; car elle est portée sur une immense citerne, dont la voûte est soutenue par des colonnes. Cette cour a près de deux cents pieds de longueur.

Pour achever la description sommaire de la cathédrale de Cordoue, disons que son extérieur, quoique imposant, n'a pas la richesse et l'originalité de l'intérieur : au nord, la façade est chargée d'ornements en stuc d'une grande délicatesse ; à côté de la porte, embellie par de petites colonnes d'un beau jaspe imitant la turquoise, s'élève une grande tour de plus de cinquante pieds de côté, ornée de cent colonnes fort petites, mais fort belles, d'un marbre blanc mêlé de rouge, et placées soit sur les fenêtres, soit au sommet de la tour, où elles supportent des arcs festonnés élégamment.

Telle est la multitude des colonnes qui remplissent les nefs, qu'elles cachent entièrement, à un spectateur placé à quelque distance, une grande chapelle bâtie fort mal à propos au centre du temple, et qui en dépare le caractère.

Il y a, dans cette cathédrale, des chapelles aussi remarquables par leur genre oriental que par la richesse des marbres, des albâtres et des ornements qui les décorent ; on y trouve aussi de beaux tableaux de l'école espagnole.

Voici maintenant l'historique de la construction de ce temple magnifique.

Avide de la longue renommée qu'assurent les monuments plus encore que de la gloire brillante des armes, Abdérame voulut que sa ville possédât un temple qui fût pour l'Occident ce que la Mecque était pour l'Orient. Les moyens ne manquaient pas au maître d'une cité qui, à l'époque de sa splendeur, compta deux cent mille habitants dans ses murailles, douze mille villages dans sa banlieue, et dont les revenus atteignirent la somme énorme de cent vingt millions ; tout le butin résultant d'une victoire remportée par les Maures sur les Français et les Catalans auprès de Narbonne fut, d'ailleurs, consacré à cette œuvre pieuse. Les Romains avaient bâti un temple au dieu Janus, sur une hauteur voisine du Guadalquivir ; les chrétiens avaient transformé ce temple en église ; Abdérame ordonna que sa mosquée fut faite sur les ruines et avec les débris de ce temple devenu église : une dernière révolution devait changer définitivement la mosquée en église chrétienne.

Trente années suffirent à l'achèvement de cette gigantesque création de l'art humain, la mosquée ayant été commencée en 770 sous Abdérame, et terminée en 800 sous son fils Issen. L'édifice formait un carré long qui, du nord au midi, se développait sur une longueur de six cent vingt pieds, et de l'est à l'ouest sur une largeur de quatre cent quarante. Dix-sept portes, couvertes de lames de bronze, travaillées avec une délicatesse infinie, donnaient accès dans l'enceinte, où un espace de deux cent dix pieds avait été réservé pour une cour ou plutôt pour un jardin. L'immense étendue consacrée à l'intérieur même de la mosquée était occupée par dix-neuf nefs de trois cent cinquante pieds de long et de quatorze de large, courant parallèlement du nord au sud, et par dix-neuf autres, de moindres proportions, courant de l'est à l'ouest. Ces trente-huit nefs s'appuyaient sur huit cent cinquante colonnes isolées. Ces colonnes de marbre et de pierres précieuses n'avaient point été modelées par le ciseau arabe ; les souverains de Cordoue les avaient fait enlever aux monuments romains semés à profusion sur le sol espagnol : Narbonne même en avait envoyé un certain nombre. Les architectes maures s'étaient contentés, au moyen des abondants matériaux que leur fournissaient des carrières d'un jaspe rougeâtre veiné de noir et de blanc, situées non loin de Cordoue, de réparer, de rajuster ces fragments, sans altérer l'ordre romain. Sur les chapiteaux corinthiens de ces colonnes, réduites à la hauteur uniforme de neuf pieds de fût, se posaient des arcs, qui, par leur forme, leurs arabesques, leurs broderies et leurs inscriptions, appartenaient entièrement à l'architecture orientale. Les colonnes se prolongeaient ensuite en pilastre pour recevoir un second arc qui soutenait la voûte du temple à une hauteur totale de vingt-neuf pieds. Cette voûte était formée par une charpente ciselée avec un art minutieux et décorée des plus riches peintures : le bois d'alerce, dont l'odeur surpasse en suavité celle de tous les autres pins, et que nourrissaient alors les rives du Guadalquivir, avait été seul employé. Des lames de plomb disposées avec beaucoup de science recouvraient tout l'édifice.

Lorsqu'on se plaçait de manière à pouvoir suivre de l'œil les longues allées régulières que formaient les rangées de colonnes dans leur alignement, l'aspect de ces nombreuses nefs était, malgré leur peu d'élévation, des plus majestueux ; mais le spectacle paraissait tout-à-fait étrange et tel que n'en a jamais offert aucun autre monument, lorsque, d'après le point de vue sous lequel elles étaient considérées, toutes ces colonnes prises de biais semblaient jetées sans ordre et au hasard. Ces fûts, isolés, groupés en masse de tous nombres, entremêlés comme les arbres d'une forêt ; ces arcades légères s'entrecoupant en tous sens, se disposant en festons, s'entrelaçant en rameaux ; ces innombrables parties rapprochées sans former un tout, sans révéler une pensée, frappaient d'étonnement. Ces deux sensations étaient d'autant plus complètes, qu'aucun mur, aucun massif, jeté au travers des colonnes, ne venait arrêter les regards, fractionner ce bel ensemble et réduire ses vastes développements à des proportions vulgaires. L'architecte arabe avait adossé aux parois de l'édifice toutes les salles nécessaires au service de la mosquée ; de sorte que la forêt de colonnes était seulement interrompue par une ligne de séparation qui marquait l'enceinte réservée aux grands, par une tribune légère et élégante où prêchait le mufti, et par un groupe de quatre piliers, au milieu desquels se plaçait le souverain de Cordoue.

Nous voulons aussi consacrer quelques lignes à la salle fameuse dans laquelle était conservé le livre saint, le Coran. Formant un carré long de trente pieds dans sa plus grande largeur, cette salle était dessinée par deux rangs superposés de colonnes en vert antique et en marbre veiné et par des pilastres en marbre rouge et blanc dont les chapiteaux étaient dorés. Les voûtes et les murailles disparaissaient sous les ornements les plus gracieux. Un seul bloc de marbre blanc sculpté formait la coupole du sanctuaire, présentant un octogone de quinze pieds de diamètre. Imitée de la principale entrée des palais de Damas et de Bagdad, et taillée en cintre dans un encadrement carré, la porte était aussi en tables de marbre blanc, découpées avec grâce et légèreté et ornées de petites colonnes ; des couches de peinture violette, jaune et bleue, étaient disposées avec goût dans les parties creuses pour lutter contre l'ombre qu'y projetaient les parties saillantes des ornements. Aux voûtes de cette salle magnifique se voyait un trophée précieux aux yeux des Maures : c'étaient les chaînes qui avaient servi à mettre en mouvement les cloches de Saint-Jacques de Compostelle. Les Maures vainqueurs avaient forcé les chrétiens de porter ces chaînes de Saint-Jacques de Compostelle à Cordoue. Une revanche rigoureuse devait être prise de cet abus de la victoire : lorsqu'en 1236, Ferdinand II, roi de Castille et de Léon, s'empara de Cordoue, il obligea les Maures, par droit de représailles, à reporter les chaînes de Cordoue à Saint-Jacques de Compostelle.

Par une précaution, trop rarement prise en faveur des monuments modernes, Abdérame voulut que sa mosquée fût isolée et que quatre larges rues l'environnassent pour ménager la perspective.

Ce monument, un des plus vastes et des plus étonnants qui soient sortis de la main des hommes, fut affecté au culte chrétien, dès que la ville de Cordoue eût été conquise sur les Arabes (1236). Toutefois on respecta sa beauté et on ne lui fit subir que les altérations de détails absolument nécessaires pour l'approprier à sa destination nouvelle.

LA CATHÉDRALE DE SÉVILLE.

La cathédrale de Séville est une des merveilles du monde ; elle est dans le style des derniers édifices gothiques, et son extérieur n'a rien d'extraordinaire, à moins qu'on ne la contemple de loin. Du milieu de la promenade plantée sur le bord du Guadalquivir, les innombrables pyramides qui dominent les toits et terminent les pignons de cette cathédrale, ressemblent à une forêt de pins plantée sur une chaîne de collines aux cimes aiguës. C'est étonnant, c'est imposant. Mais l'intérieur de ce monument, qu'on peut appeler moderne, puisqu'il n'a été terminé qu'au xve siècle, est un prodige. L'édifice entier est dû au riche et puissant chapitre de Séville.

On y travailla pendant plusieurs règnes ; au bout de quatre-vingt-dix ans, l'Espagne et le monde eurent un édifice aussi étonnant que Saint-Pierre de Rome, plus pur de style que le dôme de Milan, plus complet que la cathédrale de Cologne.

L'intérieur de cette église est composé de cinq nefs du plus beau gothique. Celle du milieu est d'une monstrueuse élévation : on est sous une montagne creuse. Tout ce qui décore ce temple produit sur l'âme une impression de respect et de recueillement. Là tout est grand, sévère, étonnant, sublime.

Nulle part, pas même à Rome, le culte catholique n'est aussi majestueux que dans ce sanctuaire vraiment chrétien. La population s'y perd.

L'archevêque de Séville a environ huit cent mille livres de rente; ce siège fut érigé du temps des Goths. La cathédrale a quatre cent vingt pieds de longueur, sa largeur est de deux cent soixante-trois, et la hauteur de la nef principale est hors de toute proportion avec ce qu'on voit ailleurs. Quatre-vingts fenêtres, d'une prodigieuse élévation, éclairent l'édifice entier. Ces fenêtres sont en vitraux coloriés, d'un prix inestimable, puisqu'ils ont été peints par Arnold de Flandre.

On dit cinq cents messes par jour aux quatre-vingt-deux autels que contient cette église ; ce qu'on y consomme de cire, de vin, d'huile, est fabuleux. Un clergé considérable, assisté de beaucoup de personnes subalternes, est employé au service de Dieu dans cette république religieuse. On compte parmi les lévites attachés à ce temple merveilleux, onze dignitaires portant la mitre, quarante chanoines supérieurs, vingt autres chanoines d'un rang inférieur, vingt chantres et trois assistants, deux bedeaux, un maître des cérémonies, un aide, trois sous-aides, trente-six enfants de chœur et leurs recteurs, sous-recteurs, ainsi que leurs maîtres de chapelle ; dix-neuf chapelains, quatre curés, quatre confesseurs, vingt-trois musiciens et quatre surnuméraires. C'est un peuple entier qui sert Dieu dans cette enceinte. Il faut joindre à l'énumération ci-dessus une légion de prêtres séculiers, qui, chaque jour, disent la messe à quelque autel de l'église métropolitaine.

L'orgue de Séville est un des plus fameux, des plus grands et des plus sonores de l'Europe : il a des soufflets qui ressemblent à des machines à vapeur.

Outre les cinq nefs dont il a été parlé plus haut, une multitude de chapelles ont été accolées intérieurement aux murs de l'édifice. Ces retraites précieuses sont comme autant de petites églises renfermées dans l'enceinte principale. Le dimanche, au matin, elles sont remplies de groupes de femmes prosternées sur le pavé ; ces femmes répondent par leurs prières aux voix d'une phalange sacrée, d'une armée de lévites occupés à sanctifier leurs enfants spirituels.

Les églises d'Espagne ne sont jamais regardées comme des objets de curiosité, et lorsqu'on y vaque aux saints mystères, les étrangers n'y sont admis qu'en qualité de fidèles ; on les expulserait, s'ils s'annonçaient comme de simples spectateurs. Voilà ce qui fait que les voyageurs ont quelque peine à voir les monuments religieux de l'Andalousie. Dans ce pays, tout est arrangé pour les gens du pays même, on n'y fait rien pour les passants.

La chapelle des rois renferme plusieurs tombeaux remarquables, entre autres celui de Ferdinand III, dit le Saint, qui reprit Séville contre les Maures, en 1248, l'année même de la mort de saint Louis. L'Espagne et la France avaient, l'une et l'autre, à cette époque, un roi qui fut canonisé. Dans ce temple est le tombeau d'Alphonse X, surnommé le Sage, fils de saint Ferdinand. Près de là se trouve celui de Christophe Colomb, avec cette inscription :

>   A Castilla y Leon,
>   Mundo nuevo diò Colon.

A la Castille et à Léon, Colomb donna un monde nouveau.

Le fils de ce grand homme est enterré sous une des chapelles latérales de l'église. Les noms les plus glorieux de l'histoire sont gravés sur les parvis et sur le pavé de cette cathédrale, qu'on devrait surnommer le Panthéon de la chevalerie.

LA CATHÉDRALE DE TARRAGONE.

L'église cathédrale de Tarragone est la plus belle, la plus importante de la Catalogne; elle s'élève majestueusement au milieu de la ville, et sa situation ajoute encore à sa beauté. On y arrive par un escalier magnifique ; des deux côtés sont des fontaines alimentées par les eaux de l'aqueduc reconstruit. Béranger, nommé par le pape Urbain II, à l'archevêché de Tarragone, pendant que cette ville obéissait aux Maures, fut, dit-on, celui qui commença la construction de l'église métropolitaine. Si ce fait est exact, il faut en fixer l'époque à la fin du xie siècle. Orderic Vital assure qu'en 1116, lorsque saint Oldegaire, Français de nation, fut appelé à l'archevêché de Tarragone, l'enceinte de l'église était remplie de grands arbres que la négligence y avait laissés croître. Un des premiers soins d'Oldegaire fut le rétablissement de son église ; tous les suzerains, tous les personnages riches de la province, toutes les cathédrales qui dépendaient de la métropole, contribuèrent à sa restauration. Ceci résulte d'une bulle du pape Innocent II, bulle qui prouve qu'en 1138 l'édifice n'était point achevé.

Quoi qu'il en soit de l'époque de sa fondation, la cathédrale de Tarragone est aujourd'hui la première église de Catalogne pour l'étendue et la solidité. Ce monument, construit dans le style gothique, renferme dix-huit vastes chapelles, qui, sous le rapport des arts, méritent d'être remarquées. Dans le cloître, on voit une fenêtre en marbre, de forme arabe, travaillée avec la plus grande élégance ; l'inscription porte : « Au nom de Dieu ; la bénédiction de Dieu à Abdala Abderahman, prince des fidèles. Que Dieu prolonge le reste de ses jours! Lequel Abdala a fait faire, par la main de son serviteur Giafar, cet ouvrage, commencé et fini dans l'année 349 (960 de l'ère chrétienne). » La décoration du cloître de la cathédrale est plus remarquable, par sa singularité, que celle de l'église même; elle consiste en six grands arcs, dont chacun est divisé en trois arcs plus petits ; ceux-ci sont soutenus par des piliers en marbre blanc, pour lesquels on ne s'est assujetti à aucun ordre d'architecture. Tous ces chapiteaux diffèrent entre eux ; les uns sont formés de feuilles légères, d'autres contiennent des branches, des oiseaux, des figures d'hommes et d'enfants ; c'est un mélange singulier et curieux des genres gothique et arabe. Les chapiteaux tiennent du goût égyptien, et de cette architecture orientale qui fut introduite en Europe par les Arabes, ou que l'on prit chez eux à l'époque des croisades. Un de ces chapiteaux représente un sujet bizarre, l'enterrement d'un chat par une troupe de rats, résultat de l'imagination capricieuse des artistes, qui introduisaient souvent des scènes burlesques dans les productions les plus sérieuses.

ÉGLISES D'ITALIE.

SAINT-PIERRE DE ROME.

Les abords de ce superbe édifice, sans contredit l'une des merveilles du monde, sont parfaitement en harmonie avec sa grandeur, et forment un ensemble imposant et majestueux. Au milieu d'une mosaïque à larges traits et d'un travail merveilleux, s'élève un obélisque ayant à ses côtés deux charmantes fontaines dont les eaux limpides et saillantes arrosent doucement la dalle échauffée par le soleil d'Italie et rafraîchissent l'atmosphère. La place est entourée d'une magnifique colonnade du Bernin qui ne le cède en rien en majesté à l'église elle-même.

Quand on a franchi la porte du milieu, l'harmonie qui existe entre les diverses parties de l'intérieur est si parfaite que là, où tout est immense, rien au premier coup d'œil ne paraît grand ; et bien que la vue embrasse tout à la fois la nef, le sanctuaire et la voûte, on n'éprouve d'abord aucune surprise. C'est ainsi que, par un effet contraire, les objets grandissent dans un panorama. Quand on est parvenu au milieu de la nef, on se trouve près d'une balustrade de cuivre doré qui entoure la descente à une sacristie souterraine. Là on est aux pieds de saint Pierre, qu'un bronze antique représente de grandeur humaine ; saint Pierre porte le pied droit en avant ; les cinq doigts en ont été sensiblement usés par les baisers des fidèles. À cent pas du saint, sa figure paraît noire et son manteau vert foncé. Des antiquaires prétendent que cette statue fut la statue de Jupiter, avant d'être celle de saint Pierre.

Après avoir dépassé cette statue, on touche au chœur. C'est là que l'étendue du monument se révèle au spectateur. Les personnes qui entrent dans l'église ont l'air de pygmées qui se traînent lentement sur les mosaïques et dont la petitesse contraste avec la hauteur prodigieuse des voûtes chargées de dorures, ornées de rosaces et de larges feuillages artistement sculptés. Dans les côtés latéraux de l'église, on admire une multitude de colonnes, de sculptures, de mosaïques, de tableaux, de fresques, de marbres précieux, de granits, d'agates, de porphyres, de bronzes, de stucs dorés ; c'est là que sont les mausolées des papes dont plusieurs sont d'un travail prodigieux. On s'arrête aussi devant le baldaquin du grand autel élevé de cent vingt-deux pieds, que soutiennent quatre colonnes spirales, et que surmonte une croix accompagnée d'ornements. Chaque pape, à son élection, est porté sur cet autel, et à lui seul appartient le droit d'y célébrer la messe.

Si de ce point on élève les regards vers la coupole de Saint-Pierre, on aperçoit un chef-d'œuvre, auquel aucun autre ouvrage de l'art ne saurait être comparé. L'intérieur de ce dôme représente les hiérarchies célestes en mosaïque, enfin le paradis semé d'étoiles d'or.

Cette coupole a quatre cent huit pieds d'élévation ; au dehors elle est protégée par une enveloppe de plomb dont les zones sont divisées par des côtes de métal doré ; et sur le sommet brille un énorme globe de cuivre que recouvre une dorure épaisse

Lorsque l'on monte à la boule qui domine l'église, on circule d'abord dans deux rangs de galeries, placés l'un au dessus de l'autre : huit cents marches larges et commodes conduisent à la partie inférieure de la boule, mais le dernier escalier par lequel on pénètre dans son intérieur, n'est qu'une échelle de meunier qui n'offre d'appui d'aucun côté, et dont il faut gravir les degrés avec prudence, sans plonger ses regards dans les profondeurs au dessus desquelles on est comme suspendu. La boule peut contenir vingt-quatre personnes rangées debout les unes contre les autres.

En descendant de la boule, l'on manque rarement de parcourir les vastes combles de l'église, qui permettent de faire le tour du dôme supérieur et de deux autres dômes beaucoup moins élevés entre lesquels s'élève le premier.

Soufflot, en construisant le Panthéon, a certainement pris pour type, l'église Saint-Pierre de Rome, le chef-d'œuvre de l'immortel Bramante ; mais soit crainte de passer pour plagiaire, soit orgueil, il s'est trop souvent écarté de son modèle. Au reste, ceux qui n'ont pas le privilége de pouvoir visiter la merveilleuse église peuvent, en contemplant le Panthéon et en y ajoutant les détails qui précèdent se faire une idée assez exacte de la basilique de Rome.

LE PANTHÉON D'AGRIPPA.

Les anciens architectes éprouvaient une grande difficulté à construire des voûtes un peu larges en pierre, et ce ne fut qu'assez tard, vers le xiie siècle, et surtout après l'introduction de l'ogive au xiiie, qu'ils devinrent habiles dans ce genre de travail.

Pourtant ils suppléaient, autant qu'il était en eux, à l'insuffisance de leur science à cet égard par de belles coupoles, de vastes dômes charpentés qui, dans les premiers temps, reposaient sur le sol au lieu d'être élevés sur de gigantesques piliers comme ceux de nos jours.

Parmi les monuments primitifs de l'art païen, il en est un des plus remarquables et qui, malgré la concurrence redoutable de Saint-Pierre de Rome, si l'on peut s'exprimer ainsi, est généralement considéré, non pas seulement comme un chef-d'œuvre, mais comme une merveille de l'art.

Au reste, lord Byron, ce poëte non sans rivaux, mais presque sans égal, a consacré à ce monument les strophes suivantes, dans son beau poëme de *Child-Harold*.

« Simple et majestueux, sévère et sublime dans son architecture, consacré à tous les saints, et temple de tous les dieux, depuis Jupiter jusqu'au Christ; épargné et embelli par le temps, tu restes inébranlable, tandis que tout, arcs-de-triomphe, empires, chancelle ou tombe autour de toi; tandis que l'homme se trace toujours à travers les ronces un sentier vers sa tombe! Edifice glorieux! subsisteras-tu à jamais? la faux du temps et le sceptre de fer des tyrans se brisent contre toi, sanctuaire et asile des arts et de la piété, Panthéon, orgueil de Rome!

» Monument d'un âge plus glorieux et des arts les plus nobles, dégradé, mais parfait encore, une majesté religieuse qui parle à tous les cœurs respire dans ton enceinte. Tu es un modèle pour l'artiste: celui qui vient chercher à Rome le souvenir des siècles écoulés peut penser que la gloire ne répand ses rayons que par l'ouverture de ton dôme sacré; les hommes que la piété y conduit trouvent ici des autels où déposer leurs prières; et ceux que l'admiration pour le génie y attire peuvent reposer leurs yeux sur les images vénérées des grands hommes dont les bustes ornent ce temple. »

Ce temple est un vaste dôme plus grand même que celui de Saint-

Pierre, et qui repose sur le sol. Il a 132 pieds de diamètre, ainsi que de hauteur. Il n'y a pas de fenêtre dans tout l'édifice, et le jour n'y pénètre que par une ouverture circulaire au sommet de la coupole, laquelle a 26 pieds de diamètre. Les murs intérieurs sont de marbre ou incrustés de matières précieuses. Le pavé, composé de granit et de porphyre, le plus admirable des pavés du temple et le seul qui ait subsisté jusqu'à nous, suffirait seul à donner une idée de la magnificence romaine, ainsi que de la beauté et de la solidité des matériaux qu'elle employait dans ses œuvres.

Un portique aussi simple que noble, et composé d'un double rang de huit colonnes énormes, en marbre d'Egypte, d'une seule pièce, ne contribue pas peu à embellir le Panthéon. Ce portique est orné de festons, de candélabres, de patères, et autres ustensiles sacrés, d'une parfaite exécution : le toit était autrefois tout en bronze; mais en 662, Constance II, empereur de Constantinople, vint à Rome, fit détacher la plus grande partie de la couverture du Panthéon, et l'envoya, avec beaucoup d'autres ouvrages de ce métal, à Syracuse, où ce trésor passa ensuite entre les mains des Sarrasins, qui l'emportèrent à Alexandrie. Un auteur a écrit que les seuls clous en cuivre provenant du Panthéon pesaient 9,371 livres, et les plaques de bronze 45 millions de livres. Des papes s'approprièrent le reste de cette splendide toiture, dont le XVIIe siècle a encore vu des fragments servir à faire des canons pour armer le château Saint-Ange, et des colonnes destinées au baldaquin de Saint-Pierre. L'antique monument a donc moins souffert des ravages du temps que de la main des hommes, qui ont aussi arraché de sa voûte ses brillants ornements d'argent et de bronze doré. Cependant, la grande porte d'entrée en bronze et la grille qui la surmonte ont échappé à ce vandalisme; mais les niches où étaient, de chaque côté de la porte, les statues d'Agrippa et de l'empereur Auguste sont vides depuis longtemps : ces statues étaient probablement en bronze; et sans doute elles auront disparu avec le toit du portique, qui n'a plus aujourd'hui pour couverture qu'une vieille charpente jetée d'une colonne à l'autre, et revêtue de tuiles.

Quoique dépouillé de quelques accessoires, le Panthéon, d'ailleurs intact, n'en paraît que plus remarquable par sa beauté et sa majesté. L'ombre que le portique projette sur l'entrée fait ressortir la douce et pure lumière qui descend dans l'intérieur par l'ouverture pratiquée au sommet de la coupole. L'effet du clair de lune, à travers cette même ouverture, et des nuages légers qui fuient dans le ciel en passant devant l'astre argenté, forme un spectacle magnifique qu'on ne se lasse pas de contempler.

Si nous pouvions établir un parallèle entre un travail exécuté à l'enfance de l'art et un monument élevé de nos jours, nous dirions, ce que les lecteurs auront au reste remarqué aussi, que le palais de la chambre des députés ressemble beaucoup, sauf le dôme, qui est remplacé par une modeste toiture, au temple d'Agrippa, et dans cette comparaison la palme reviendrait encore aux artistes primitifs.

LE PETIT TEMPLE DE BRAMANTE, A ROME.

La différence qui existe entre le petit temple dont nous venons parler ici et la basilique de Saint-Pierre de Rome, ferait deviner le nom de son constructeur, si tout le monde ne savait pas que l'Italie est redevable de ses plus remarquables monuments à l'immortel Bramante, qui comptait parmi ses chefs-d'œuvre le cloître des Pères de la Paix, la fontaine du Transtevère et un autre que l'on admirait à la place de Saint-Pierre, et enfin, nous l'avons déjà dit, la basilique de Saint-Pierre.

Bramante (François-Lazzari) naquit en 1444 à Castel-Durante, dans l'état d'Urbin, de parents honnêtes, mais sans fortune; son père, cependant, lui fit apprendre la peinture; l'on connaît plusieurs tableaux de sa main. On lui attribue en outre des fresques dont quelques unes subsistent encore dans le Milanais; il reste aussi à la chartreuse de Pavie une chapelle que l'on dit avoir été peinte par lui. Les proportions y sont robustes, et quelquefois même semblent un peu trop massives; les visages sont peints et les têtes de vieillards, d'un haut style; le coloris, entaché d'ailleurs de quelque excès de crudité, est vif et bien détaché du fond. Une manière exactement semblable a été observée dans plusieurs tableaux du Bramante. Son chef-d'œuvre en peinture est un saint Sébastien dont il orna l'église de ce nom à Milan, et dans lequel on découvre à peine les traces du xve siècle.

Mais c'est surtout par ses travaux architectoniques que Bramante a mérité de passer à la postérité. Lorsque l'Italie eut vu renaître l'architecture, Bramante fut le premier qui lui rendit la noblesse dont elle était déchue depuis les anciens. C'était cet art qui occupait toute sa pensée; ce fut par amour pour lui qu'il abandonna sa patrie et vint en Lombardie, où il parcourut plusieurs villes, faisant, le mieux qu'il pouvait, des ouvrages de peu d'importance, jusqu'à ce qu'étant arrivé à Milan, vers 1476, il fut frappé de la majesté du dôme de cette capitale. S'étant alors lié avec les architectes de ce bel édifice, il prit la résolution de se livrer tout entier à l'architecture. Après avoir étudié les règles de la perspective et les mesures de l'antiquité, sur les meilleurs dessins qui eussent été faits de son temps, il se consacra à l'étude des beaux morceaux d'architecture dont l'Italie est remplie. C'est ainsi que Naples, Rome, Tivoli et la villa Adriana attirèrent successivement son attention.

Quoique les édifices qu'il avait déjà fait construire eussent beaucoup étendu sa réputation, quoique sa facilité à inventer et à faire exécuter fût telle, qu'on ne lui connût point de rivaux, Bramante dut s'estimer heureux de vivre sous le pape Jules II, qui avait autant de goût pour les grandes choses, que son architecte avait de mérite et d'activité pour les réaliser. Sans Jules II, peut-être, ne connaîtrions-nous pas tout le génie du Bramante. Il réussit d'abord, au gré de ce pontife, à joindre, par un édifice somptueux, le Belvédère au palais du Vatican, dont un petit vallon le séparait. A cet effet, Bramante construisit de magnifiques galeries à l'entour de ce vallon, dont il fit une esplanade superbe, et au milieu duquel les eaux du Belvédère venaient alimenter une très belle fontaine. Le pape, à qui Bramante était cher, le récompensa en lui accordant l'office de scelleur à la chancellerie, ce qui donna lieu à l'artiste d'imaginer une machine pour sceller les bulles, par le moyen d'une vis de pression.

Élevé au milieu du cloître de Saint-Pierre *in Monterio*, à Rome, le temple de Bramante doit intéresser à plus d'un titre les amis de l'art et surtout les chrétiens, car il occupe la place même où, suivant la tradition, l'apôtre bien-aimé du Christ reçut la couronne du martyre. Malgré des critiques trop acerbes, il peut à bon droit passer pour l'un des plus élégants, des plus légers et surtout plus gracieux chefs-d'œuvre de l'architecture du temps.

Sa forme est circulaire et l'on y arrive après avoir monté trois marches d'un marbre précieux; les colonnes qui l'entourent et supportent la galerie à jour qui ceint la coupole appartiennent à l'ordre grec et sont supportées par des chapiteaux moulés et du plus joli effet; le dôme est léger et hardi; il rappelle celui de Saint-Pierre, et il est percé de fenêtres tour à tour rondes et carrées. Enfin, ce temple, par sa noble simplicité et la régularité de son architecture, élève l'âme en la faisant penser aux vertus de celui en l'honneur de qui il fut édifié.

Bramante mourut en 1514; il avait toujours vécu honorablement et en homme de bien. Il faisait son amusement de la poésie et improvisait avec facilité. On a aussi de lui des ouvrages sur l'architecture, sur la structure du corps humain et sur la perspective, qui ont été retrouvés manuscrits, en 1756, dans une bibliothèque de Milan, et imprimés la même année.

LA CATHÉDRALE DE SIENNE.

Cette église est le plus beau monument de Sienne, ou, pour parler exactement, le seul qui mérite ce nom ; c'est un magnifique édifice ogival, digne en tout point de l'ancienne magnificence italienne. Dans cette œuvre capitale, rien n'a été jeté au hasard ; tout, au contraire, révèle la méditation qui prépare, le soin qui accomplit.

La cathédrale (*le Dôme*), est bâtie sur une petite élévation, et domine une place qui l'entoure de trois côtés. On y monte par des degrés de marbre qui annoncent la grandeur et la magnificence de ce bâtiment ; c'est un vaisseau vaste et majestueux, d'architecture gothique, revêtu, tant au dedans qu'au dehors, de marbres blancs et noirs symétriquement rangés par assises ; sa fondation remonte à l'an 1250. Le portail, reconstruit en 1333, a trois portes et un bel ordre de colonnes. La partie supérieure est décorée de statues, de bustes et d'autres ornements. On estime beaucoup les deux colonnes qui supportent le fronton. L'église a trois cent trente pieds de long ; son intérieur plairait davantage s'il était plus large. Les piliers, qui tiennent de l'ordre composite, ont beaucoup de légèreté. Les fenêtres, formées d'une multitude de petites colonnes qui avancent les unes sur les autres, ressemblent à des perspectives de théâtre. La voûte est azurée et parsemée d'étoiles d'or. La coupole repose sur des colonnes de marbre ; la coupole de la chapelle de la Vierge est dorée, et l'autel incrusté de lapis-lazzuli ; cet autel est encore orné de bas-reliefs dorés et de colonnes de marbre vert de mer, d'ordre composite. Les sculptures en bois qu'on voit tout autour du chœur, sont des chefs-d'œuvre de travail et de patience. Dans la chapelle de Saint-Jean, entre plusieurs belles statues, on admire celle de ce saint, en bronze, par Donatello. Le pavé de l'église est un des plus beaux ouvrages de ce genre ; il représente plusieurs histoires de l'Ancien-Testament, exécutées en marbres blancs, gris et noirs ; ce sont des tableaux de clair-obscur et en mosaïque, dessinés avec des caractères de tête non moins admirables que les chefs-d'œuvre de Raphaël.

Il est impossible de contempler ces peintures et ces sculptures, sans éprouver ce bien-être qu'inspire au cœur l'affinité mystérieuse des bonnes et belles pensées. On comprend que, pour les artistes de ces temps, la décoration des monuments religieux n'était que le complément de la prière, la traduction imagée du dogme ; tout s'y retrouve, l'expression et l'intelligence du symbole, la richesse et l'élégance de la forme, la vérité du caractère, la pureté du sentiment.

Une chose assez singulière et qu'on voit dans la cathédrale de Sienne, c'est la suite de tous les bustes des papes jusqu'à Alexandre III, placés dans une espèce de galerie qui règne tout autour de la nef. Il y a dans l'église une chaire avec des bas-reliefs admirables ; dans une chapelle, deux belles statues du Bernin, surtout la Madeleine.

Les peintures de la sacristie sont très remarquables ; on les a longtemps attribuées à Raphaël, mais il est avéré aujourd'hui qu'elles ont été exécutées par Pinturicchio, et que Raphaël s'est borné à y faire des retouches. La sacristie est appelée *libreria* (bibliothèque), parce qu'elle renferme une collection d'anciens missels ornés de miniatures ; on y remarque dans le milieu un groupe des trois grâces, ouvrage de sculpture antique d'un grand mérite.

Il est au moins singulier de retrouver, dans l'une des principales églises de la dévote Italie, les figures des plus voluptueuses divinités du paganisme ; mais à part cette petite aberration, tout est d'accord et s'harmonise dans cette superbe cathédrale, où le beau, le divin, la force, la science et la toute-puissante expression des sujets chrétiens viennent sans cesse convier l'âme à s'élever vers l'immortel créateur de tant de belles et magnifiques choses.

LA BASILIQUE DE SAINT-MARC, A VENISE.

Il est à remarquer qu'entre tous les monuments construits par les hommes, n'importe dans quel temps et pour quelle spécialité, il n'en est pas qui ait rassemblé plus de grandeur, de richesse, d'élévation et de magnificence que les églises. Les idées religieuses ont toujours exercé sur les masses une telle influence qu'elles attiraient dans leur cercle toutes les gloires comme toutes les médiocrités. C'était le centre éternel et immuable autour duquel gravitaient tous les êtres de la création. Les admirables chefs-d'œuvre du moyen-âge, temps de misère et de malheur, qui devait pourtant laisser bien peu de loisirs à l'art, sont une preuve monumentale de cette assertion, et quand, au goût de cette époque, un autre goût a succédé, la forme dans l'idée a pu varier, mais l'idée elle-même a conservé sa toute-puissance; et pour en être convaincus nous n'avons qu'à examiner la magnifique basilique de Saint-Marc.

La basilique de Saint-Marc, aujourd'hui église patriarchale et métropolitaine, est de forme grecque, et ornée avec profusion de marbres orientaux, de bas-reliefs, de sculptures, de bronzes, de dorures, de mosaïques, de cinq cents colonnes de vert-antique, dont les côtés extérieurs, la façade, les parois intérieures, les voûtes et le pavé sont incrustés, de sorte que tout ce qui est visible dans cette église, et qui n'est pas or, mosaïque, bronze ou dorure, est marbre oriental. Les ornements extérieurs sont des ouvrages grecs, byzantins ou nationaux de diverses époques qui marquent les diverses graduations des arts. L'architecture de cet édifice est greco-arabe. Il fut commencé en 976, sous le doge S. Pietro Orseolo Ier, et achevé sous Dominique Silvio, en 1071. Il a soixante-seize mètres et demi de longueur, cinquante-deux mètres de largeur et trois cent trente et demi de circonférence. La façade, dont la hauteur dépasse vingt-cinq mètres, est un mélange bizarre, mais sublime de plusieurs styles. Elle est ornée d'une quantité considérable de colonnes précieuses, tant par la qualité et la variété des marbres, que par le travail qui les distingue, et de neuf grandes mosaïques. Trois archivoltes en marbre, d'un travail exquis, se font remarquer au dessus de la porte principale; la grande fenêtre est aussi surmontée d'une archivolte du même travail. On y voit une grande quantité de bas-reliefs sacrés et profanes qui ont été sculptés à des époques différentes; mais ce qui frappe plus vivement encore la vue, ce sont les quatre chevaux de bronze qu'on remarque au dessus de la porte principale. En les voyant, on ne peut se défendre de penser au peu de stabilité des choses d'ici-bas Les Romains ayant vaincu les Parthes, transportèrent ces chevaux à Rome, pour en orner l'arc de Néron. De là, ils passèrent à Constantinople, cette ville favorite d'un empereur qui sacrifia à un caprice la force de l'empire, et les Vénitiens, après des guerres opiniâtres et des actions héroïques, s'en emparèrent comme d'un trophée mérité. Plus tard, ils furent traînés à Paris par droit de conquête; mais, en 1815, ils reprirent leur place sur la façade de Saint-Marc. Si le droit des Vénitiens à la possession de ces chevaux n'est pas plus légitime que ne l'était celui des Romains et des Français, il est du moins appuyé sur des actions glorieuses. On ne sait rien de positif sur l'origine de ces chevaux. Les uns prétendent que c'est un ouvrage romain exécuté du temps de Néron; d'autres veulent que ce soit une œuvre grecque, sortie originairement de l'île de Chio. Ils conservent encore les traces de l'ancienne dorure, et pèsent environ dix-sept cent cinquante livres grosses de Venise.

Le clocher de cette basilique a quatre-vingt-dix-neuf mètres de hauteur et treize à la base. Une foule d'architectes y ont travaillé. Commencé en 911, il était déjà parvenu, en 1111, jusqu'à l'emplacement destiné pour les cloches, qui fut élevé en 1115. Mastro Buono le reconstruisit en 1510, et l'embellit par des colonnes et des marbres grecs et orientaux. La terrasse, qui, du côté de l'est, est adossée au clocher, est riche et superbe; elle est l'ouvrage de Sansovino, auquel on doit les quatre statues de bronze qui brillent au milieu des marbres, des sculptures et d'autres ouvrages en bronze dont ce petit édifice est abondamment pourvu.

Les battants des trois portes, qui, du vestibule donnent accès dans l'église, sont en métal et ornés de marqueterie en argent; les unes ont été exécutées à Venise, les autres à Constantinople. Le péristyle de Saint-Marc a l'air d'un palais; mais l'intérieur du temple est plus magnifique encore. Les voûtes, les arcs, les coupoles sont toutes couvertes de mosaïques sur champ d'or. Le bénitier est en porphyre, et est soutenu par un autel antique de sculpture grecque. La chapelle des fonts baptismaux est aussi richement ornée; le couvercle de bronze qui est sur le bassin de marbre est un fort beau travail dû aux élèves de Sansovino. La chapelle de la Croix est soutenue par six colonnes précieuses, dont l'une est de porphyre noir et blanc, ce qui est très rare; aussi regarde-t-on cette colonne comme la plus belle de toutes celles qui embellissent Saint-Marc. On remarque encore la chapelle Saint-Zéno, dont l'autel, en bronze, est un véritable chef d'œuvre;

ainsi que le tombeau du cardinal Jean-Baptiste Zéno, également en bronze ; c'est l'ouvrage de l'architecte fondeur Alexandre Léopardi et de P. J. Campanato. Le plafond du vestibule est couvert en entier de mosaïques dont nous parlerons plus loin ; la plupart ont été exécutées par les Zuccati, Bozza et Banchini, leurs ardents rivaux, et d'après les dessins du Titien de Pordenone et d'autres grands peintres. On admire aussi la chapelle de la madone des Mascoli, dont les statues et les sculptures sont très précieuses ; elle est enrichie de quatorze belles statues et d'une croix en métal d'un grand prix ; les stalles du chœur, l'autel, situé derrière le maître-autel, les pupitres et deux petits autels qui s'élèvent auprès, sont en marbre. On y voit aussi une tribune soutenue par quatre magnifiques colonnes torses d'albâtre oriental, de huit pieds de hauteur; deux de ces colonnes sont blanches et diaphanes; on croit que ce sont les seules qu'il y ait au monde.

Façade. — Les voûtes du premier rang renferment cinq grandes mosaïques. Les deux premières, situées à la droite du spectateur, représentent : le transport du corps de saint Marc, d'Alexandrie à Venise, ouvrage exécuté sur les cartons de Pierre Vecchia, en 1560. Celle du milieu représente le jugement dernier, par Pierre Spagna, d'après le dessin d'Antoine Zanchi, et a été exécutée en 1680. Sous la voûte suivante, on remarque les magistrats vénitiens honorant le corps de saint Marc ; dessin de Sébastien Rizzi, et mis en œuvre avec la plus grande habileté par Léopold dal Pozzo, Allemand, en 1728. Les cartons de cette mosaïque existent au palais ducal. La dernière voûte est ornée par l'église de Saint-Marc, mosaïque du xvi° siècle, et d'auteurs inconnus.

Les mosaïques des voûtes du second rang sont au nombre de quatre, savoir : la première, en commençant par la gauche du spectateur, 1° la descente de croix de Notre-Seigneur Jésus-Christ ; 2° son entrée aux limbes ; 3° la Résurrection ; 4° l'Ascension. Ces quatre ouvrages sont de Louis Gaëtan, qui les exécuta d'après les cartons des Maffeo Verona, en 1617.

Vestibule. — Sur la porte du milieu, on voit saint Marc en habits pontificaux, œuvre de François et Valérien Zaccato, dessin du Titien, en 1545.

Au dessous de celle-ci, sept petites mosaïques qui datent du xi° siècle.

En face de ces dernières est une demi-lune représentant le crucifiement, le sépulcre de Jésus-Christ, par les sus-nommés Zaccato, en 1549.

Dans le haut, à droite et à gauche de la grande porte, il y a deux autres demi-lunes, dont les sujets sont : la résurrection de Lazare et l'inhumation de la Vierge, ouvrages des mêmes Zaccato. On attribue le dessin de ces trois demi-lunes à Pordenone ou à Salviati.

Les angles supérieurs représentent les quatre évangélistes ; les angles inférieurs les huit prophètes, et la frise, des anges et des docteurs. Les Zaccato sont encore les auteurs de ces ouvrages.

Intérieur de l'église. — Au dessus de la porte du milieu, Jésus-Christ, la Vierge et saint Marc, ouvrage du xie siècle. Dans l'arc, au dessus de la porte, les mosaïques, divisées en cinq compartiments, reproduisent plusieurs faits de l'apocalypse.

La grande voûte du vestibule contient : Jésus-Christ et la Vierge au milieu des nuages, saint Jean-Baptiste, des anges et des chérubins qui adorent la croix. Cet ouvrage est attribué à Bozza, et le dessin à Tintoretto ; les apôtres et les anges avec des lis à la main, par Bozza, dessins d'Aliense et de Tintoretto ; la gloire des élus, par Marini, dessin de Tintoretto ; la condamnation des méchants, par le même, dessin de Maffeo Verona.

Chapelle des fonts baptismaux. — Le baptême de Jésus-Christ, ouvrage des xie et xiie siècles ; chapelle de la Croix ; le paradis, par Louis Gaëtan, dessin de Pillotti ; le crucifiement de saint Pierre, la décollation de saint Paul, la chute de Simon Mago, par le même, dessin de Palma et de Padovanino.

Arc de la voûte à droite. — Le martyre de saint André, dessin d'Aliense ; saint Thomas en présence d'un roi, dessin du Titien ; le martyre de saint Jean, dessin de Padovanino ; le martyre de saint Jacques, dessin du Titien. Ces quatre ouvrages sont de Louis Gaëtan, et datent de 1602.

Chapelle de la Madone des Mascoli. — L'histoire de la Vierge, ouvrage très distingué, de Michel Giambono, exécuté en 1430. Cet artiste fut le premier qui abandonna la manière sèche et dure des anciens, pour adopter le style des Vivarini.

Chapelle de saint Isidore. — Elle est couverte de mosaïques représentant les actions de saint Marc. En sortant de cette chapelle pour se diriger vers le chœur, on s'arrête à peu de distance des gradins qui y conduisent pour observer les parois et les voûtes, qui présentent une foule de mosaïques fort estimées. Elle furent exécutées par divers artistes et en diverses époques. On remarque surtout, au dessus de la porte de la chapelle de saint Isidore, l'arbre généalogique de la Vierge, ouvrage admirable et précieux de Vincent Bianchini, sur les dessins de Salviati.

Maître-autel. — Riche encadrement au milieu duquel on voit une grande figure du Rédempteur assis.

La beauté de la sacristie répond à celle du reste de l'église. Enfin, tout ce que l'architecture a de plus hardi et de plus varié, tout ce que l'art du sculpteur et du statuaire a de plus riche et de plus gracieux, tout ce que la peinture a de grandiose et de poétique s'y réunit pour éveiller la surprise et l'admiration.

LA CATHÉDRALE DE MILAN.

Peu de villes, même les villes françaises, même Paris, ce foyer du luxe, ce temple de l'orgueil, peu de villes, disons-nous, peuvent être comparées à Milan, pour le luxe et l'ostentation de ses habitants, et le vieux proverbe : fier comme un hidalgo, pourrait fort bien s'appliquer au plus pauvre Milanais. Adressez-vous au premier mendiant que vous rencontrerez sur votre chemin, ce n'est pas en fléchissant le genou qu'il recevra votre aumône ; mais, ne voulant rien vous devoir, il vous proposera de vous faire visiter les monuments de la ville dont il vous fera l'historique et l'éloge avec un accent passionné qui ne pourra manquer de vous charmer, si l'amour de la patrie n'est pas pour vous un vain mot.

Conduit d'abord au Dôme, c'est le nom qu'en Italie on donne à toutes les cathédrales, vous resterez pétrifié d'admiration devant ce morceau capital dont les descriptions les plus fidèles sont encore impuissantes à rendre l'effet.

Cet édifice, le seul monument remarquable d'architecture gothique qui se trouve en Italie, est peut-être, après Saint-Pierre de Rome, le premier temple du monde, par sa grandeur et sa magnificence. Il est tout entier de marbre blanc. Une multitude innombrable d'ornements gracieux, de flèches élégantes, de sculptures, de bas-reliefs, de statues, de colonnes, décorent les façades, les voûtes, les nefs, les galeries et les combles. Cent trente-cinq aiguilles, d'une délicatesse de travail merveilleuse, surmontent l'édifice ; chacune d'elles porte vingt-sept statues. Au sommet de la flèche principale est placée une statue colossale de la Vierge, en bois doré : depuis le sol jusqu'à la tête de cette statue, l'élévation du monument est de 335 pieds.

La vue, du haut de ce dôme, énorme pyramide, espèce de montagne de marbre, est vraiment admirable ; c'est d'abord la ville dont les superbes édifices s'étendent de tous côtés ; puis, les plaines immenses de la Lombardie, qui apparaissent sous l'azur des cieux, comme un océan de verdure, et par delà ces plaines, les Alpes et les Apennins.

L'intérieur du dôme répond à la magnificence de l'extérieur. Il est difficile de n'être pas fortement ému, lorsqu'on entre sous les voûtes immenses de cette colossale basilique.

Le vaisseau figure une croix latine. La voûte est soutenue par cinquante-deux piliers gothiques, d'une hauteur et d'une grosseur prodigieuses : les chapiteaux de ces piliers, qui tous diffèrent par le dessin, sont ornés de frontons ogives, et de riches arabesques.

Des deux côtés de la porte principale s'élèvent deux colonnes de granit d'un seul bloc : on les regarde comme les plus hautes qui aient jamais été employées dans aucun monument.

Les dix-sept bas-reliefs de la partie supérieure de l'enceinte du chœur sont d'une finesse de ciseau rare : ils représentent l'histoire de la Vierge et sont dus à François Bambilla. Le même artiste a fait les statues des quatre évangélistes et des quatre pères de l'Eglise, qui ornent les deux chaires, ainsi que le modèle du grand et riche tabernacle de bronze doré du maître-autel.

On conserve dans le chœur le reliquaire du *santo-chiodo* (un des clous de la vraie croix), relique vénérée, qui, le 3 mai de chaque année, anniversaire de la terrible peste de 1576, est portée processionnellement par l'archevêque de Milan.

Quant à la décoration des autels (on sait que, sous ce rapport, le luxe des églises italiennes est vraiment merveilleux), ils sont pour la plupart garnis d'agates, de cornalines, de rubis et d'autres pierres précieuses.

Enfin tout, jusqu'aux moindres détails, concourt, dans cet admirable monument, à rehausser la majesté et la splendeur de l'ensemble. On y regrette cependant les anciens vitraux, qui représentaient les histoires de l'Ancien et du Nouveau-Testament ; ils furent brisés par la détonation des coups de canon tirés lors du couronnement de Bonaparte comme roi d'Italie.

La cathédrale de Milan, qui est encore loin d'être achevée, et qui rappelle, par la multiplicité de ses aiguilles, la nouvelle église de Cologne, fut commencée par Jean Galéas Visconti. L'empereur Napoléon, dans l'espace de sept années seulement, fit avancer la construction d'un tiers, et l'empereur d'Autriche, désirant la voir entièrement terminée sous son règne, en fait poursuivre avec activité les travaux, auxquels il consacre chaque année une somme de 500,000 fr.

LA CATHÉDRALE DE MESSINE.

Le style ogival qui avait parcouru ses diverses périodes de perfectionnement et de dégénération, touchait à son terme durant la première moitié du xvi° siècle; on allait abandonner l'arcade pour reprendre le plein cintre, abandonné lui-même pour l'ogive depuis le xii° siècle; une révolution allait s'opérer dans l'architecture, et, flottant entre les divers genres auxquels ils donneraient la préférence, les artistes prirent un terme moyen, ce qui donna naissance à un croisement de style parfois original et d'un assez bon effet, mais toujours déplorable et mal vu des vrais amis de l'art.

La cathédrale de Messine, qui rentre dans la catégorie des édifices que nous venons de citer, est néanmoins remarquable et fort curieuse, bien que d'une forme irrégulière; mais les monuments qu'elle renferme, ou qui la circonscrivent, en varient l'aspect, et indiquent, par leur style différent, le goût des siècles qui les ont vu construire. On reconnaît, dans l'élévation de la façade de l'église, la disposition habituelle des monuments sarrasins. Elle se compose en effet d'un massif divisé en zones par des bandeaux incrustés de mosaïques et de dessins de couleurs variées. Ces divisions régulières et horizontales de la muraille rappellent les bandeaux de briques, qui, dans la plupart des constructions romaines, séparent la maçonnerie réticulaire ou en réseaux. Trois portes, d'un très ancien gothique, semblent, par leur caractère particulier, avoir été rajoutées sur la première ordonnance plus simple de l'architecture. La principale porte est surchargée d'ornements et d'ogives compliquées, et accompagnées de clochetons très travaillés, placés les uns au dessus des autres, et renfermant des figures de saints et d'apôtres. Ce mélange de styles et la découverte de quelques médailles du règne de Justinien, trouvées récemment dans les fondations, avaient porté à penser que peut-être cet édifice remontait au règne de cet empereur; mais on sait positivement qu'il a été bâti par le comte Roger, et consacré en l'an 1197. La partie supérieure du portail a été détruite presque entièrement par l'affreux tremblement de terre de 1753; on l'a réparée à peu près dans le même style. La grosse tour qui flanquait le portail, et qui supportait le clocher, a été tronquée par la chute de la campanille et de la flèche qui la surmontait; elle est restée dans cet état. C'est à Messine, et presque vis-à-vis la cathédrale, que s'élève la statue équestre en bronze de don Juan d'Autriche, enfant naturel de Charles-Quint. Plusieurs autres monuments remarquables ornent la ville de Messine, qui possède aussi l'ancien château de Mattagriforne, tant de fois disputé, pris et repris par les Sarrasins, les Normands et les Siciliens, et qui, à moitié ruiné, sert aujourd'hui d'asile à de pauvres religieux dont un tremblement de terre a détruit le couvent.

LA CATHÉDRALE DE FLORENCE.

Florence est sans contredit l'une des plus belles sinon, la plus belle ville d'Italie; sa position est charmante et ses environs admirables; elle est entourée de riantes collines semées d'une foule de villas et de maisons de campagne ou de châteaux. La ville est partagée en deux parties inégales par l'Arno, qu'on traverse sur quatre ponts, dont l'un, surnommé le pont de la Sainte-Trinité, est digne, par son architecture, d'exciter l'admiration des amateurs et des artistes.

Cette ville possède plusieurs monuments remarquables, mais le plus beau fleuron de sa couronne est la cathédrale Santa-Maria del Fiore, vrai chef-d'œuvre d'architecture large et hardie.

Le décret qui confia à Arnolfo di Lapo la construction de ce magnifique temple, nous apprend que l'église portait le nom de Santa-Reparata, et qu'il fut changé en celui qu'il porte aujourd'hui, à l'époque de la fameuse conjuration des Pazzi. L'église est située sur une place dont l'étendue ajoute encore du prix à l'édifice, en permettant d'en apprécier mieux l'ensemble. Les travaux de construction durèrent plus de cent soixante ans, et après le premier architecte Arnolfo, Giotto, Taddeo Gaddi, Orgagna et Brunellesco travaillèrent successivement à ce somptueux bâtiment. Brunellesco éleva la coupole; Bacio d'Agnolo y plaça la lanterne, et André Verocchio, la croix. La largeur intérieure de l'église est de soixante-sept brasses; la longueur de deux cent cinquante-sept. La coupole, à partir du pavé de l'église jusqu'à la lanterne, exclusivement, a cent cinquante brasses de hauteur; le petit temple de la lanterne, trente-six; la boule, quatre, et la croix, huit. L'ensemble du monument embrasse une étendue de deux mille cent dix-huit brasses carrées. Les murs de cette cathédrale sont extérieurement revêtus d'incrustations de marbre; mais ce qu'il y a de plus admirable, et qui fait en quelque sorte oublier le reste, c'est la coupole, ouvrage d'autant plus extraordinaire, qu'il est double, qu'il fut élevé sans cintres, sans noyau, sans armature et avec le seul secours d'un échafaud très ingénieusement inventé par Brunellesco, qui avait imaginé cette grande machine, et qui conduisit son ouvrage à terme par des procédés pour lesquels la tradition de son art le laissait sans ressource. Comme tous les édifices religieux qui ont coûté plusieurs siècles à construire, l'église de Santa-Maria del Fiore n'a pas de style uniforme et bien tranché, car chaque artiste y a apporté sa fantaisie, chaque règne son école. Eh bien! loin de nuire à l'effet général, cette confusion des genres présente un aspect pittoresque et original qui, à lui seul, ferait admirer le monument si chacune de ses parties n'était un chef-d'œuvre.

SAINT-VITAL, DE RAVENNES.

Ravennes est une cité unique dans son genre. — La basilique de Saint-Vital fut érigée vers le milieu du vi* siècle, qui est vraiment l'ère monumentale de cette vieille capitale de plusieurs césars du bas-empire d'Occident, des exarques, des rois goths, etc. On en jeta les fondements dans le lieu même où saint Vital et autres martyrs moururent au milieu des tortures, pour la foi chrétienne. Cette illustre basilique, construite en grande partie avec les débris et les marbres de l'ancien amphithéâtre romain de la cité, fut consacrée par l'archevêque saint Maximien, en DXLVII. — L'extérieur du monument, comme de tous ceux de l'époque néo-grecque primaire, n'a rien de significatif, on peut même dire qu'il est d'une remarquable indigence. Mais le spectateur est bien dédommagé de cet aspect pauvre, quand une fois il a franchi le seuil du temple. Sous cette coupole grecque, au milieu de ces formes antiques, inconnues, il n'est plus en Europe, il est transporté en Orient; il a devant lui à la fois la basilique et le palais, le théâtre et la cour orientale, il sent toute son âme s'épanouir en d'incroyables rêves et en d'indicibles harmonies.

Le plan de l'édifice offre un octogone régulier, qui constitue deux rangs de loges ou portiques superposés soutenant une coupole circulaire. Autour de cette fabrique, règne un portique moins élevé qu'elle, et décrivant la même figure, percé de deux chapelles sphériques, vers la partie supérieure de l'église, et de deux chapelles semi-circulaires vers sa portion intérieure. Ajoutez à cet ensemble le sanctuaire placé en regard de la porte principale, aujourd'hui condamnée et autrefois précédée d'un anti-temple ; la grande chapelle qui fait face à la sacristie, et qui est une reconstruction beaucoup plus moderne que le reste ; enfin, la sacristie qui se trouve dans les mêmes conditions, et vous aurez le plan du vaisseau. La sacristie et la chapelle placée en regard d'elle, probablement remplacent des constructions byzantines analogues à celles du sanctuaire : dans cette hypothèse, la basilique, avec ces deux constructions, le chœur et l'anti-temple, présentant une légère saillie, par rapport aux lignes générales du vaisseau, aurait esquissé la croix grecque à branches, ou croisillons faiblement accusés.

L'aire de Saint-Vital peut offrir trente-deux mètres quatre-vingt-un centimètres de diamètre, d'un mur à l'autre, et seize mètres quarante-quatre centimètres, d'un pilier à celui qui lui est opposé. Le pavé laisse apercevoir les traces devenues rares de l'ancienne mosaïque à arabesques qui le composait, et qui est demeurée ensevelie par suite de l'élévation du sol de la cité. Toutes les murailles sont revêtues, à leur partie inférieure, d'immenses dalles de marbre grec veiné, au dessus desquelles régnait une frise faite de compartiments des marbres les plus rares et les plus variés, dont il ne reste que des débris. Ces murailles sont interrompues par des pilastres également revêtus de marbres. Deux d'entre eux présentent, au lieu de chapiteaux, un assortiment de marbres choisis, et l'on y observe une guirlande de feuilles, des arabesques de porphyre, de serpentin, d'albâtre et de nacre de perle. — Huit gros pilastres, revêtus de dalles de marbres grec veiné et égyptien, et quatorze colonnes de marbre grec également veiné, constituent le rang inférieur du portique qui environne le centre coupolaire de l'édifice.

ÉGLISES D'ALLEMAGNE.

LA CATHÉDRALE DE FRIBOURG EN BRISGAU.

Fribourg, capitale du Brisgau, dans le grand-duché de Bade, est assis au pied de la Forêt-Noire. Le pays qui l'entoure est pittoresque, industrieux.

La cathédrale de Fribourg est réputée la plus belle de l'Allemagne, et serait le chef-d'œuvre de l'architecture gothique si celle de Strasbourg n'existait pas. Elle est aussi ancienne que la ville même; commencée sous Conrad, duc de Zœhringen, qui régna de 1122 à 1152, elle fut terminée quinze ans après, sous Conrad Ier, comte de Fribourg, mort en 1272. Quant à ce qu'elle coûta d'argent, ce furent les citoyens et non les ducs de Zœhringen et les comtes de Fribourg, qui le payèrent; il y en eut même qui engagèrent pour cela leurs maisons. Aussi les Fribourgeois peuvent-ils hardiment dire : Notre cathédrale.

En 1146, saint Bernard vint prêcher la croisade dans cet édifice inachevé.

La tour fut terminée vers le milieu du XIIe siècle, c'est-à-dire avant que l'on commençât la cathédrale de Strasbourg; sa hauteur est de 356 pieds.

Tout l'édifice est bâti en grès rouge. Il a, comme toutes les églises, la forme d'une croix, et regarde l'orient. La partie la plus ancienne est du style byzantin et le corps de l'église du style gothique. La hauteur de la nef est de 94 pieds; elle a 175 pieds de long sur 27 de large. Les murs ont 6 pieds d'épaisseur. La partie inférieure de la tour est carrée; des colonnes de 8 pieds de diamètre et de 13 pieds de hauteur lui servent d'appui, ainsi que d'encadrement du portail qui passe pour un chef-d'œuvre; il est orné d'une superbe statue de la Vierge, placée entre ses deux battants, et d'une suite de sculptures représentant la vie de notre Seigneur; en dessus des faces latérales, sont figurés l'ascension du Christ et le couronnement de la vierge Marie, patronne de la cathédrale. Un peu plus haut que le portail, est une galerie qui fait tout le tour, et que l'on prendrait pour une dentelle. Arrivée là, la tour prend la forme d'un dodécagone, et se transforme ensuite en une pyramide octogone qui se termine en pointe. Tout cela est d'une délicatesse, d'un fini vraiment admirables.

Le chœur de cette église est d'une hauteur prodigieuse il est fermé de cinq côtés; la voûte fait l'admiration des connaisseurs. Parmi les six autels de la cathédrale, on distingue surtout le grand autel, qu'orne une suite d'excellents tableaux, production d'un peintre du xvi⁰ siècle, Jean Baldung, surnommé, en Souabe, Grien de Gmün. Ils représentent l'assomption de la Vierge, le crucifiement et les douze apôtres; tous sont du commencement du xvi⁰ siècle. On voit aussi, dans la chapelle de l'université, deux fort beaux tableaux de Jean Holbein.

LA CATHÉDRALE DE WORMS.

Worms, dans le grand-duché de Darmstad, sur la rive gauche du Rhin, est une ville riche en vestiges d'une ancienne splendeur, en souvenirs historiques et en traditions merveilleuses qui se sont peut-être entées sur des réalités. Worms fut fondée par les Vaugions. Plusieurs conciles et plusieurs diètes y ont été tenus; parmi les premiers on distingue celui de 1122, où l'empereur Henri V et le pape Calixte, fixèrent la juridiction des évêques. Les diètes les plus célèbres sont celle de 1495, qui prépara la paix générale de l'Allemagne; celle de 1517, qui confirma cette paix; celle de 1521, qui eut pour conséquence l'édit de Worms contre Luther. La ville de Worms fut une des premières à adopter la confession d'Augsbourg, elle la défendit avec opiniâtreté. Dès le xiii⁰ siècle, cette cité eut des différends continuels avec ses évêques, elle a beaucoup souffert des guerres fréquentes dont elle n'a cessé d'être le théâtre; ville impériale, elle a joué un grand rôle parmi les cités des bords du Rhin.

Sa cathédrale et le dôme qui la surmonte, sont des monuments remarquables. Leur construction est d'un style mixte, et l'on serait très embarrassé de décider à quel genre d'architecture il se rapporte plus particulièrement. C'est une profusion de détails jetés sur une masse imposante.

CATHÉDRALE DE RATISBONNE

Ratisbonne fut, depuis 1662, le siége de la diéte de l'Empire, et lorsque le grand-duché de Francfort fut créé, cette ville fut comprise, ainsi que son territoire, dans les états de la Bavière.

Parmi les plus importantes constructions de Ratisbonne, il faut mentionner le fameux pont de quinze arches sur le Danube, qui a 1,091 pieds de longueur, le beau château du prince de la Tour et Taxis, l'Hôtel-de-Ville dans lequel s'assemblait la diète germanique, et l'église cathédrale, dont la construction remonte à la première année du xve siècle. Son porche est un des plus remarquables que l'on connaisse, et bien que l'ensemble manque de régularité, quelques-unes de ses parties sont d'une pureté et d'une perfection de style qui permettent de placer cette église parmi les plus belles et les mieux conservées de la chrétienté.

EGLISE DE SAINT-CHARLES-BORROMÉE, A VIENNE.

L'église de Saint-Charles-Borromée, à Vienne, est une construction moderne. Sa coupole est fort belle, mais l'ensemble de l'édifice est sans majesté. Son portique est grec ; il est placé entre deux portes latérales de structure différente et n'appartenant à aucun style. On vante beaucoup les colonnes qui les précèdent et dans lesquelles on monte par un escalier en spirale. Mais cela ne saurait racheter la pesanteur de l'œuvre, défaut capital de tous les monuments modernes où domine la froide architecture grecque.

L'église de Saint-Charles-Borromée est vaste, mais elle n'a rien qui éveille le sentiment religieux ; elle manque de ce caractère mystique qui convient si bien aux temples catholiques. En somme pourtant, c'est un des édifices les plus remarquables de la capitale de l'Autriche, et à ce titre, il mérite la mention que nous lui accordons ici.

ÉGLISES DE RUSSIE.

L'ÉGLISE DE POKROVKA, A MOSCOU.

Les églises russes se distinguent en général par le nombre et la forme singulière des coupoles. Jusqu'à présent l'on n'est point d'accord sur l'origine de cet ornement. Le prototype de ces coupoles bulbeuses ne se retrouve ni à Sainte Sophie de Constantinople, ni dans les plus anciennes églises qui subsistent dans la Grèce, l'Asie-Mineure et l'Archipel. Quelques historiens en ont voulu chercher l'origine dans la Chine; d'autres ont supposé que c'était dans l'Asie que devait s'en trouver le modèle, et c'est peut-être à tort qu'on leur a objecté que les Tatars, conquérants et nomades, habitants des camps et non des villes, n'avaient guère été en état d'enseigner l'architecture aux peuples qu'ils subjuguaient. Il est certain qu'on voit en Perse des tombeaux surmontés de cylindres couronnés de coupoles dont la forme se rapproche de celles de la Russie. Dans l'architecture des églises de Moscou, le vase est byzantin, les coupoles ont été empruntées à l'Orient, et les ornements d'architecture forment un genre mixte, qui a été modifié dans le goût du siècle auquel appartinrent les architectes italiens ou allemands qui construisirent ces édifices. L'église de l'Assomption, bâtie à la Pokrovka, sous le règne de Boris Godounoff, est l'une des plus belles de Moscou; elle offre, dans son architecture, un mélange gothique et italien d'une grande élégance, et une légèreté difficile à obtenir dans une construction en briques. Les coupoles nombreuses et s'élevant à diverses hauteurs dessinent une pyramide d'un très bel effet. L'architecte Bajanoff, si célèbre sous le règne de l'impératrice Catherine II, faisait beaucoup de cas de cet édifice.

La rigueur du climat de la Russie ne permet pas qu'on y donne aux églises les grandes dimensions de celles de l'Occident, et c'est par le même motif qu'il en est plusieurs qui ont deux étages, dont l'un est susceptible d'être chauffé.

MONUMENTS RELIGIEUX EN TURQUIE.

MOSQUÉE DU SULTAN ACHMET.

Il n'y a pas encore un grand nombre d'années qu'il était fort difficile pour un Européen de pénétrer dans l'intérieur des mosquées de Constantinople, et il lui fallait, à cet effet, un firman spécial de la Porte, qui ne préservait pas toujours le visiteur des outrages d'une populace fanatique. Aussi ne connaissait-on bien que l'extérieur de ces temples, dont la grandeur et la beauté faisaient l'admiration des voyageurs, et qui jettent, par ces tours élevées, légères et élégantes qu'on appelle minarets, une variété agréable dans la physionomie et dans l'architecture de Constantinople. Maintenant, grâce aux réformes introduites par le sultan Mahmoud, un chrétien peut entrer dans les mosquées et en sortir sans danger. La vue de l'intérieur de ces édifices sacrés est faite pour en donner une haute idée.

La plus remarquable des quatorze mosquées impériales de Constantinople est celle qui fut bâtie dans l'ancien hippodrome, par Achmet Ier, de 1603 à 1617. Ce beau monument atteste la magnificence de son fondateur, dont il a reçu le nom, bien qu'on l'appelle aussi l'Alti-Mynarély, ou la mosquée des six minarets, tous les autres n'en ayant que quatre ou deux. Cette mosquée est séparée de l'hippodrome par un mur peu élevé, dans lequel ont été percées trois portes et soixante-douze fenêtres, qui sont garnies d'un treillage. Ce mur renferme une cour pavée en marbre et ornée d'une belle fontaine de même matière et de forme hexagone. Dans cette cour s'étend une galerie couverte de vingt-six arcades dont les coupoles, revêtues de plomb, sont soutenues par des colonnes de granit égyptien, ayant des bases en bronze et des chapiteaux turcs. La mosquée occupe un vaste carré. Son élévation est extrêmement imposante; son dôme, qui l'emporte de beaucoup en hauteur, en légèreté et en grâce sur celui de Sainte-Sophie, s'appuie sur des colonnes de proportion massive, et ses mi-

minarets, qui s'élancent avec hardiesse, à une grande distance au dessus du dôme, ont chacun trois galeries circulaires. La vue de cette magnifique mosquée, du haut de l'ancienne colonne de bronze en spirale ou de l'ancien obélisque élevé au milieu de l'hippodrome, avec l'immense coupole de Sainte-Sophie dans l'éloignement, est l'une des plus belles que Constantinople puisse offrir.

Les colonnes de la mosquée du sultan Achmet sont sculptées, tandis que les arches, les coupoles et les murs sont ornés de bas-reliefs et de mosaïques; mais ces embellissements constituent, avec quelques autres autour des nombreuses fenêtres, presque toute la décoration intérieure des mosquées, et l'on y voit à peine quelques accessoires ou meubles pour interrompre l'espace ou altérer la simplicité du plan. La religion de Mahomet, comme celle de Moïse, défendant de sculpter ou de peindre aucun être vivant, il n'y a ni statues, ni tableaux dans les mosquées. On n'y voit ni stalles, ni chaires recouvertes de dais, ni bancs, ni chaises, ni tabourets. Les trois choses principales qu'on trouve dans les mosquées turques, et qui n'ont d'ailleurs que peu d'apparence, sont les suivantes : 1° le *mihrab*, improprement appelé l'autel, par quelques voyageurs; car ne n'est qu'une espèce de niche, de 6 à 8 pieds de haut, établie dans le mur, à l'extrémité de la mosquée, pour marquer la direction de la cité sainte, de la Mecque, vers laquelle les fidèles doivent se tourner lorsqu'ils prient ; 2° le *mahfil-muezzm*, petite plate-forme peu élevée, à la gauche du *mihrab*, où les muezzins se placent pendant la célébration du service divin ; 3° le *kursy*, sorte de tribune ouverte à la droite du *mihrab*, à 6 ou 8 pieds au dessus du sol, où se place l'iman, dans les occasions rares où il lui arrive de prêcher.

Les mosquées impériales ont, en outre, un *minber* et un *mahfil* pour le sultan. Le *minber* est un petit pavillon qui, dans quelques grandes mosquées, ressemble à un pigeonnier; il est toujours à quelque distance du *mihrab*, du côté gauche, et on y arrive par un escalier étroit et raide. Suivant la lettre du livre de la loi, il ne doit jamais y avoir plus de vingt-trois marches à cet escalier. Le *minber* est réservé pour le *khatib*, ou chef de la mosquée, qui, à certains jours, récite de là une longue profession de foi, et lance l'anathème contre toutes les religions, excepté celle de Mahomet. Au temps où les Turcs étaient un peuple conquérant et convertissaient les églises qu'ils avaient enlevées aux chrétiens, en mosquées, le jour où on les ouvrait, et lorsque les cris de *Allah il allah* retentissaient pour la première fois du haut des minarets, le *khatib* montait l'escalier en s'appuyant sur un cimeterre; il le tenait à la main, comme l'instrument de la victoire, pendant qu'il récitait sa profession de foi ensuite il le brandissait en l'air, et descendait en s'appuyant sur lui, comme il avait fait pour monter.

Le *mahfil du padishah*, ou *mahfil* impérial, est une chambre ou lieu de retraite fermé sur le devant par un treillage doré, où le sultan et sa cour se tiennent pendant le temps des prières. Cette chambre, qui ne dépasse en aucune manière le mur de la mosquée, est à une hauteur considérable, et ordinairement du côté du temple opposé à la chaire du *khatib*.

Des inscriptions en grandes lettres arabes, et des tablettes où sont inscrits les noms de Allah, de Mahomet, des quatre premiers kalifes, de Hassan et de Hussein, les enfants d'Aly, se présentent çà et là sur les murailles; mais ces objets sont trop simples et trop unis pour compter comme ornements. A une certaine distance, les inscriptions ne ressortent que comme un griffonnage en couleur noire, et les tablettes, qui sont entourées de simples cadres en bois noir, occupent rarement plus de deux ou trois pieds d'espace. Quelques unes de ces tablettes ont leurs lettres en bleu et en or, et contiennent de courts passages du Koran. Des lampes, qui sont quelquefois d'argent (dans la mosquée d'Achmet, elles sont, ou du moins elles étaient d'or, et ornées de pierres précieuses), pendent à différentes parties de l'intérieur; mais elles sont trop peu nombreuses, trop éloignées les unes des autres, et beaucoup trop petites pour produire aucun effet dans une vaste enceinte. Quelquefois on a vu dans ces temples quelques petites lampes en verre coloré, telles que celles dont on se sert pour les illuminations dans plusieurs pays d'Europe. Les Turcs suspendent aussi dans leurs mosquées et dans les grands mausolées des œufs d'autruche; bizarre coutume dont nous n'avons pas trouvé l'explication.

Le pavé des mosquées est généralement recouvert de nattes égyptiennes, fermes, compactes, en un mot, d'une excellente qualité. Jusque dans ces dernières années, les Turcs portaient de légères bottes de maroquin, sans semelles, et, par dessus, de solides babouches ou des pantoufles avec semelles, qui seules recevaient la poussière des rues, et qu'ils déposaient non seulement en entrant dans la mosquée, mais même sur le seuil de tous les appartements. De cette manière, les nattes n'étaient pas exposées à se salir, et quoique, surtout dans les provinces, quelques petites mosquées fussent négligées, les principales, à Constantinople, étaient constamment tenues dans un état parfait de propreté. Les intérieurs de la mosquée du sultan Achmet, de celles de la sultane Validé, de la Solimanie, de l'Eyoub, étaient remarquables sous ce rapport. Maintenant que Mahmoud a fait prendre à une grande portion de ses sujets des bottes et des souliers comme les nôtres, qu'il n'est pas aussi aisé de retirer que les babouches turques, il sera difficile de préserver les nattes, où ils ont coutume de s'agenouiller et de se prosterner dans les cérémonies de leur culte, de toute souillure et de toute poussière.

Outre les quatorze mosquées impériales, qui sont imposantes dans leurs dimensions générales, et construites, depuis la base jusqu'au dôme, avec d'excellents et solides matériaux, principalement avec un marbre blanc légèrement veiné de gris, on compte encore à Constantinople soixante mosquées ordinaires, et formant aussi des édifices considérables, bien qu'elles diffèrent en beauté et en grandeur; et plus de deux cents mosquées inférieures et chapelles: quelques petits minarets, contigus à ces dernières, annoncent leur destination religieuse.

Sainte-Sophie est toujours regardée comme le premier temple de la capitale; mais c'est à la mosquée du sultan Achmet que le grand-seigneur se rend avec sa cour pour faire ses dévotions, à l'époque du *Baïram*, du *Courban-Baïram* et du *Melvoud*, les trois seules grandes fêtes reconnues par le code religieux des Turcs. Le *Baïram*, que l'on appelle aussi *Id-fitr*, ou la rupture du jeûne, suit le *Ramadan*, qui est le carême des Turcs, et peut être comparé aux Pâques des catholiques. Cette fête dure trois jours. Le *Courban-Baïram*, ou la fête des Sacrifices, tombe soixante-dix jours après la première, et dure quatre jours. Le *Melvoud* est une fête que Mourah III institua, en 1588, en l'honneur de la naissance du prophète; mais elle n'est célébrée que par le sultan et sa cour, elle ne dure qu'un jour, et ne semble consister que dans une visite à la mosquée du sultan Achmet.

SAINTE-SOPHIE.

Le style byzantin n'est autre chose que l'architecture grecque du Bas-Empire. Son nom dérive de celui de la ville de Byzance, située vers le Bosphore, à l'entrée du détroit qui joint la Méditerranée à la mer Noire. Au commencement du iv° siècle, Constantin transféra le siége de son empire dans cette cité; il la décora de nombreux et magnifiques monuments, de temples, de palais, et ainsi régénérée, elle s'appela Constantinople, c'est-à-dire ville de Constantin. Les artistes qui contribuèrent à embellir la nouvelle capitale, étaient en partie Grecs et en partie Romains ; il résulta de leurs travaux un mélange de fabrique qui tient des deux écoles, et cependant porte un caractère net et générique.

Le style byzantin allie la richesse à la grâce, la fermeté à la souplesse ; il est grave, *religieux* surtout. On peut dire de lui qu'il est le produit mixte de trois grandes influences : l'influence chrétienne d'abord, qui lui a enlevé ce positif qui caractérisait l'architecture antique ; l'influence grecque, qui aimait la grâce, et l'influence romaine, qui aimait la solidité. Le point de départ de ce système monumentaire est Constantinople, où s'est opérée la fusion. Les églises de Sainte-Sophie, reconstruite par Justinien, celles des Saints-Apôtres et de Saint-Procope, celle du Saint-Sépulcre, à Jérusalem, peuvent être regardées comme les modèles de cette fabrique qui a régné depuis le iv° siècle jusqu'à la fin du xii°. Il en a été de l'architecture romano-byzantine, comme de toutes celles qui n'ont pas une nationalité absolue. Chaque peuple a prétendu l'avoir trouvée, et a voulu la baptiser de son nom. Dans le midi de la France, on l'appelle *romane*, parce que dans ce pays, plus intimement pénétré par l'élément romain, elle se montra plus dure, plus pauvre en profils et en ornementation, plus rapprochée du style latin, moins ionique, moins correcte. Dans la Lombardie, on la nomme *lombarde;* dans le nord de la France, *carlovingienne;* dans les provinces rhénanes, *saxonne, teutonique ;* en Angleterre, *anglo-saxonne;* en Normandie, *normande.*

Ces diverses qualifications ont quelque chose de vrai. Chaque peuple, en adoptant l'architectonique orientale, l'appropria à sa nationalité particulière, la modifia selon ses mœurs, son climat, ses affections, ses affinités, et le byzantin de Worms ressemble mal au byzantin d'Arles. Mais au fond, qu'elle soit plus ou moins analogue à ses archétypes, cette école est identique dans son point de départ, identique dans ses caractères générateurs qui sont le plein-cintre et les formes arrondies. L'église de Saint-Vital de Ravennes (vi⁰ siècle), peut être regardée comme un des produits les plus complets et les plus primitifs de ce style, en Italie. Venise, Florence, Rome présentent un grand nombre de basiliques construites sous l'influence des idées romano-byzantines, et l'on peut dire que l'Italie, qui n'a jamais fait grand cas du type ogival, a conservé un tendre amour pour cette fabrique, tout cela par des raisons de climat, des traditions d'histoire et de mœurs, qu'il serait beaucoup trop long d'établir. Par suite des mêmes conditions, le midi de la France est infiniment plus riche en monuments de l'ère byzantine que le nord de ce royaume. Les édifices qui, dans notre pays, traduisent le mieux cette école, sont le portail de Saint-Trophyme d'Arles, Ainay et Saint-Paul de Lyon, le chœur de l'église cathédrale de Belley, les deux portails latéraux de Saint-Étienne de Bourges, Notre-Dame-la-Grande de Poitiers, la cathédrale d'Angoulême, le portail de l'église de Civray, etc. L'architecture byzantine fit comme tout ce qui est art, elle marcha. Karl-le-Grand, que nous nommons Charlemagne, la fit fleurir dans ses vastes états. Après lui, elle sembla s'appauvrir en France et en Allemagne, et se releva plus belle, plus opulente en sculpture que jamais au xi⁰ siècle et dans le xii⁰, époque transitionnelle, où elle va subir la grande transformation aiguë du xiii⁰ siècle. L'église de la *Basse-OEuvre*, à Beauvais, Saint-Georges de Rocherville, l'ancienne église abbatiale de Saint-Victor, à Marseille, présentent le système byzantin dans la plus grande analogie possible avec la méthode romaine; ce sont des édifices trapus, concrets, plus solides qu'élégants, plus graves qu'harmonieux. Notre-Dame de Beaune, et Saint-Lazare d'Autun, en Bourgogne, résument le même style. Ainsi, la fabrique byzantine présente, comme la facture ogivale, trois phases primaire, secondaire, tertiaire; mais cette progression ne peut être observée sagement que sur des édifices de même âge et de même lieu, car ce qui est vrai pour telle époque au midi, cesse d'être vrai pour la même époque dans le nord. Les architectoniques ne se sont jamais stéréotypées; elles ont posé des types, ces types ont irradié autour d'eux, fait des fils à leur image, tout cela dans un cercle donné d'influence et de relations.

Les temples de l'ère byzantine offrent divers plans : la figure basilicale ou uniligne, comme Vézelay, la croix grecque, la croix latine; ils sont sphériques, terminés en apsides polygonales ou trilobées et semi-circulaires; ils portent presque tous une ou plusieurs coupoles sur leur front. Les bas-côtés ne se prolongent jamais autour du sanctuaire. Ces églises ont toutes ou presque toutes leur façade tournée vers l'occident, et leur chevet dirigé vers l'est. Elles sont bâties de pierres et briques ; l'appareil se compose de petits moellons carrés, disposés symétriquement comme dans les édifices romains; il est interrompu, de temps en temps, par des zones ou cordons de briques. Les archivoltes, les frises sont le plus souvent en briques, également, et l'intérieur de ces temples renferme des mosaïques par incrustation, et une riche polychromie. Les arcades s'appuient sur des colonnes accouplées sans architraves, mais elles sont ornées d'archivoltes simples ou composées. Les formes arrondies et le plein-cintre règnent d'une manière absolue dans les monuments de cette ère architecturale. Il est rare que, sous le chœur de ces basiliques, il ne se trouve pas une crypte ou église souterraine. Les clochers sont polygonaux ou carrés, terminés en cône ou aplatis, quelquefois en manière de tombeau romain, comme Ainay de Lyon, et les contre-forts à peine saillants, ne présentent aucun détail de décoration. Les ornements employés sur les archivoltes, les plates-bandes, les frises, sur les corniches et le plein des murs, sont : les étoiles, les billettes, les dents de scie, les zigzags, les chevrons brisés, les losanges enchaînés, les damiers, les moulures prismatiques, les torsades, les nattes, les têtes plates, les câbles et les hachures. Les corbeaux ou modillons portent toujours un caractère remarquable ; ils sont striés, sculptés en têtes symboliques ou fantastiques, etc. Les œils-de-bœuf ébrasés, occupent la place des roses; les fenêtres sont petites, avec colonnettes engagées et archivoltes; les colonnes s'élèvent généralement trapues avec des chapiteaux chargés d'ornements pris dans le règne végétal, ou de figures apocalyptiques. Les monogrammes, les sentences bibliques abondent ; les autels sont carrés, les arcatures bouchées formées de colonnettes torses, cannelées, de pilastres dont les fûts présentent l'ornementation la plus variée, se rencontrent très fréquemment avec les fenêtres géminées et les frises écaillées. Les tympans, à l'intrados de l'arc des portes, sont occupés par des imageries divisées par cordons, représentant de grandes figures longues, maigres, d'une raideur et pourtant d'un caractère remarquable. Les rinceaux délicats, les marbres précieux ornent la plupart des églises byzantines qui, le plus souvent, sont précédées d'un avant-corps ou crypto-portique.

La première église élevée par Constantin lorsqu'il eut embrassé le christianisme, fut consacrée à la sainte sagesse.

L'église de Sainte-Sophie, bâtie presque entièrement en bois, ayant été renversée, peu de temps après sa fondation, par un tremblement de terre, l'empereur Constance la fit reconstruire plus vaste et plus riche. De nouveaux désastres l'attendaient : deux fois dévorée par les flammes en moins d'un demi-siècle, sous les empereurs Arcadius et Théodose, elle fut encore réduite en cendres sous Justinien ; mais, rétablie par cet empereur en 387, elle s'est conservée jusqu'à nous, malgré les violentes commotions qui depuis cette époque, ont souvent ébranlé Constantinople.

Justinien, qui, en dépit de la misère publique, avait le goût des constructions fastueuses, répandit l'or à profusion pour que la nouvelle Sainte-Sophie fût un chef-d'œuvre de magnificence. L'édifice, achevé en cinq années (de 532 à 537) sous la direction des architectes Artémius de Tralles et Isidore de Milet, présente extérieurement une figure carrée, sa longueur n'étant que de 270 pieds sur 240 de largeur. La façade est composée de deux portiques superposés, dont l'un donne accès dans le rez-de-chaussée, et l'autre dans les galeries supérieures. Tout l'extérieur, d'une exécution grossière, était nu et n'avait d'autre décoration que la coupole haute de 180 pieds et les quatre contre-forts qui la soutiennent : les architectes semblaient avoir réservé toute la pompe pour le dedans.

On pénètre d'abord par quatre portes de bronze doré sous un premier portique, qui, occupant toute la longueur inférieure de la façade, est large de trente-deux pieds ; puis on entre, par sept portes également de bronze, sous un second portique, et on arrive enfin par neuf autres portes de même matière dans l'enceinte du temple. L'intérieur offre, dans sa disposition générale, une croix grecque, telle à peu près qu'elle est dessinée dans l'église des Invalides. Au centre s'élève une coupole posée sur quatre arcades que soutiennent quatre pilastres isolés jusqu'à une hauteur moyenne, et larges de quarante-sept pieds. Cette coupole, qui ne représente, du sommet des arcades à son centre, qu'une élévation de plus de trente-huit pieds, tandis que son diamètre est de cent pieds, semble aplatie et écrasée ; et la voûte qui s'élève presque immédiatement sur les arcades, est d'ailleurs mal éclairée par des fenêtres étroites et basses. Au dessus d'une sorte de porche circulaire, s'ouvre une galerie large de trente pas, que forment soixante colonnes ; elles supportent une seconde galerie également formée d'un même nombre de colonnes plus petites, sur lesquelles s'appuie le comble de l'église.

Cet édifice ne doit son éclatante célébrité qu'à sa date. Le premier d'entre tous les monuments, il a offert la réunion des formes carrées et des formes sphériques, et il a été le modèle de toutes les églises dessinées postérieurement sur ce plan, mais qui sont bien supérieures à Sainte-Sophie sous tous les rapports de l'art architectural ; toutefois, sans égale quant à la richesse des matériaux mis en œuvre pour la former et pour l'orner, elle justifiait presque l'enthousiasme hyperbolique des historiens grecs qui font intervenir des puissances célestes dans sa création, et cette exclamation d'orgueil satisfait que laissa échapper Justinien en pénétrant pour la première fois dans son enceinte : « O Salomon, je t'ai vaincu ! »

De larges tables de marbre formèrent la toiture, pour laquelle on n'employa pas de bois, par précaution contre les incendies, dès lors si fréquents et si terribles à Constantinople. La coupole fut faite d'une brique blanche et spongieuse, cinq fois plus légère que la nôtre; elle était préparée à grands frais dans l'île de Rhodes. Le plomb fondu versé dans les interstices remplaça la chaux et le bitume, pour la liaison des pierres et des briques, et donna à la maçonnerie une solidité merveilleuse. Le marbre le plus rare était la matière la plus commune admise dans l'intérieur, et, dédaigné presque pour les colonnes, il ne servait guère qu'à former les figures du pavé. Appliqués en pilastres, arrondis en fûts, partout brillaient le jaspe, le porphyre, le vert de Thessalie et le granit d'Egypte. On voit encore, aux extrémités orientales et occidentales, huit colonnes de porphyre qu'une veuve romaine, du nom de Marcia, donna à Justinien; des cercles de fer y ont été ajoutés, pour qu'elles n'éclatassent pas dans les tremblements de terre. Les murailles étaient chargées d'incrustations en nacre de perle, en agathe, en cornaline, en serpentine et autres pierres précieuses; les voûtes enfin disparaissaient sous des mosaïques et des peintures faites d'or et des couleurs les plus éclatantes.

La prise de Constantinople par les musulmans (29 mai 1453) n'amena pas la ruine de Sainte-Sophie : première église des chrétiens, elle devint la première mosquée des Turcs, et Mahomet II, vainqueur, remercia le ciel aux lieux mêmes où, la veille, avait prié Constantin Dracosès, le dernier empereur chrétien. Peu de changements furent faits alors et depuis à la basilique de Justinien, pour l'approprier au nouveau culte. A l'extérieur, au lieu de détruire, on ajouta au monument quatre tourelles qui corrigèrent sa nudité. Légères et délicates, élevées, ornées de balcons circulaires et surmontées d'un dôme doré, ces tours sont d'un aspect agréable : c'est du haut de ces minarets que les muezzins (prêtres musulmans), dont la voix remplace, pour ainsi dire, le son des cloches, appellent les fidèles à la prière. L'intérieur du temple a subi quelques dégradations de détail. Les Turcs ont effacé les images ou les ont recouvertes d'une couche de chaux, et cette opération a détruit et altéré tout le travail précieux des voûtes. Des fragments de tableaux, des parties de figures, ont cependant échappé, et leurs restes mutilés inspirent le plus vif intérêt. Ainsi l'on distingue encore dans la courbure d'un demi-dôme, au dessous duquel s'élevait l'autel, une grande image de la Sainte-Vierge, placée sur un trône et tenant l'enfant Jésus sur ses genoux; à ses côtés sont deux anges enveloppés de leurs ailes, et le sommet du cintre est parsemé de têtes de saints et de séraphins.

Une autre figure du Christ, bénissant un empereur prosterné à ses pieds, se voit également au dessus d'une porte. Peut-être ces images ont-elles été épargnées plutôt que d'autres, parce que les Turcs reconnaissent au Christ et à sa mère un caractère sacré, sinon divin. Ce point de rapprochement des deux croyances est encore mieux attesté par les hommages que rendent les chrétiens et les Turcs à une pierre de porphyre, placée dans une des galeries. Les Turcs la respectent comme ayant servi à la Sainte Vierge pour laver les langes de son fils, et les chrétiens, adoptant cette tradition, enlèvent, quand ils le peuvent, quelque parcelle de cette pierre, que ces pieux larcins ont creusée et dégradée. On peut compter aussi, parmi les vestiges du culte chrétien, des urnes de marbre placées, comme nos bénitiers, à l'entrée de l'église, et dans lesquelles les Grecs puisaient de l'eau pour se laver les yeux, pratique allégorique qui rappelait qu'il fallait se purifier avant d'approcher du Seigneur; au dessus se lit encore en lettres dorées un vers grec dont le sens est : *Nettoie tes péchés et non ta seule vue.* Les Turcs, dit un voyageur, ont conservé ces urnes parce qu'ils y vont boire lorsqu'ils se sont un peu échauffés dans leurs prières, par leurs inclinations et leurs génuflexions fréquentes et par les invocations continuelles qu'ils font au nom de Dieu ou de quelqu'un de ses attributs. Les musulmans n'ont pas seulement fait disparaître les objets consacrés aux rites chrétiens, ils les ont aussi remplacés. Auprès du lieu qu'occupait l'autel, a été pratiquée une niche (*mirab* ou *marab*), tournée vers la mosquée de la Mecque et vers le tombeau du prophète à Médine ; le Koran y est déposé, et devant lui sont deux chandeliers et deux cierges. De l'une des murailles se détache la bannière sainte, chargée d'inscriptions et versets, qui est le signe de la consécration de toute mosquée, et qui, avant d'être employée, doit préalablement avoir été exposée sous le portique de la mosquée de la Mecque. Enfin, de beaux tapis de Turquie couvrent le pavé de Sainte-Sophie, et c'est le seul ornement superflu dont les Turcs ont décoré leur conquête.

Cependant Sainte-Sophie est une paroisse impériale, comme l'indique une tribune ménagée dans l'épaisseur de la muraille et destinée au Grand-Seigneur, qui y arrive par un escalier.

En avant du long et large portique de la façade, sous lequel les femmes turques viennent quelquefois faire leurs dévotions, sont rangées plusieurs petites chapelles, terminées en dôme, qui servent de sépulture aux jeunes princes de la famille impériale. Là, repose, au milieu de ses cent vingt enfants, Mourat, fils du sultan Soliman. Outre des tombes privilégiées, Sainte-Sophie possède encore, comme toutes les autres mosquées, des hôpitaux, des fontaines et des bains qui dépendent d'elle.

MONUMENTS RELIGIEUX DE L'ASIE.

LA MOSQUÉE EL-HARAM, A JÉRUSALEM.

Trois religions révèrent Jérusalem comme ville sainte. Berceau du christianisme et du judaïsme, les mahométans la regardent aussi comme le second sanctuaire de leur foi, car elle est non seulement consacrée par quelques souvenirs de Mahomet; mais elle renferme encore dans ses murs le temple musulman le plus vénéré après celui de la Mecque, la fameuse mosquée d'Omar, dite la *Maison-de-Dieu* (El-Haram), par excellence. Lorsque le second khalife ou successeur de Mahomet, Omar Ier, prit possession (638) de Jérusalem, abandonnée à son destin par l'empereur Héraclius, il demanda au patriarche des chrétiens, auxquels il laissait leur église du Saint-Sépulcre, de lui indiquer le lieu le plus digne de recevoir une mosquée. Le patriarche lui désigna, à la partie orientale de la ville, sur les vallées de Siloé et de Josaphat, le sommet de la montagne qu'Hérode avait jadis aplanie pour y construire le second temple de Salomon, dont Titus, fils de Vespasien, avait été le destructeur. Aucune autre place ne pouvait être plus illustre et plus glorieuse : les ruines du temple de Salomon furent donc enlevées, et la vaste esplanade qu'elles occupaient fut décorée d'édifices, de jardins consacrés au culte mahométan, et désignés sous le nom collectif d'*El-Haram*, ou Maison-de-Dieu.

Comme des murailles, garnies de tours, environnent la Maison-de-Dieu, les musulmans s'y réfugièrent, lorsqu'en 1099 les croisés s'emparèrent de Jérusalem; mais ceux-ci pénétrèrent dans l'asile des infidèles, et en firent un épouvantable carnage. Toutefois le temple, dont toutes les richesses avaient été pillées, fut épargné et converti en église chrétienne.

Quatre-vingt-huit ans après la prise de Jérusalem par les francs (1187), les musulmans y rentrèrent et rendirent aussitôt la Maison-de-Dieu au culte de Mahomet. Quand la croix d'or dressée au sommet de la mosquée, fut renversée, les cris de triomphe des musulmans et les cris de douleur des chrétiens éclatèrent avec tant de force, suivant un auteur arabe, qu'il semblait que le monde allait s'abimer. Avant que le croissant fût rétabli sur le temple d'Omar, ce temple subit, par ordre de Saladin, une purification qui s'accomplit avec une grandeur et une magnificence tout orientales. Les pavés, les lambris furent lavés avec de l'eau de rose ; tous les parfums de l'Yémen furent épuisés, cinq cents chameaux suffirent à peine pour les apporter à travers le désert. Le conquérant lui-même et tous les membres de sa famille s'employèrent à l'œuvre pieuse. Ainsi remise avec une exactitude minutieuse dans l'état où elle était au moment de la conquête chrétienne, la mosquée n'a point eu depuis lors à passer de nouvelles révolutions.

L'enceinte consacrée, longue d'environ six cents pas (du nord au midi), et large d'environ trois cents (de l'est à l'ouest), est formée, des côtés de l'est et du midi, par les murs mêmes de la ville ; des maisons turques la bordent à l'occident ; au nord, les ruines du palais d'Hérode en marquent les limites. Cet espace renferme plusieurs mosquées, des cloîtres, des galeries, des arcades, des demeures réservées pour les prêtres et pour les dévots personnages ; des jardins, des fontaines. Douze portiques, isolés, placés à d'inégales distances et de formes irrégulières, ouvrent sur le parvis : ils sont composés de quelques arcades, sous lesquelles brûlent des lampes ; quelques-uns sont ornés d'un second rang d'arcades posées sur les premières. Ces fragments d'architecture, mêlés à des cyprès, à des oliviers, à des palmiers, offrent, vus de loin, un aspect étrange, mais gracieux. Les deux principales mosquées contenues dans l'enceinte d'El-Haram, sont celles d'El-Sakhra et d'El-Aksa. La mosquée d'El-Sakhra est placée au centre d'un second parvis élevé de quelques pieds au dessus du niveau du premier, et long de quatre cent cinquante pieds sur trois cent quarante de large : quatre escaliers de marbre de huit degrés mènent à cette esplanade intérieure, pavée de marbre blanc.

L'édifice (de cent soixante pieds de diamètre) est de forme octogone. Du milieu d'une sorte de terrasse qui le recouvre, s'élève une tour ou une lanterne également taillée à huit pans, percée d'une fenêtre sur chacune de ses faces, soutenue par quatre piliers et douze colonnes ; cette tour est couronnée d'un dôme, s'arrondissant en pointe : enfin, une flèche élégante, que surmonte un croissant, termine le monument à une hauteur de cent vingt pieds. Tout l'édifice ressemble, dit avec justesse M. de Châteaubriand, qu'il est difficile de ne pas citer à propos de Jérusalem, à une tente d'Arabes élevée au milieu du désert. Les murs de cette construction, de physionomie originale, sont extérieurement revêtus comme les pagodes chinoises, de petites briques carrées, peintes de diverses couleurs, et sur lesquelles se détachent les versets du Koran, écrits en lettres d'or. Les fenêtres de la tour sont garnies de vitraux, taillés en rond et richement coloriés ; des plaques de cuivre doré recouvraient autrefois le dôme; on y a substitué une couverture de plomb. Il est difficile d'exprimer la magnificence pompeuse de cette mosquée (que quelques auteurs jugent d'une date plus moderne que le reste de la *Maison-de-Dieu*), lorsque le soleil éclatant de la Palestine l'inonde de sa lumière.

Un rocher consacré par l'adoration commune des juifs, des chrétiens et des musulmans, est la pierre fondamentale et le trésor le plus précieux du temple d'El-Sakhra, qui en a pris son nom (*El-Sakhra* signifie *la Roche*). Une empreinte qu'on aperçoit dans ce rocher, d'environ trente-trois pieds de diamètre, y avait été laissée, suivant les juifs, par le patriarche Jacob; par Jésus-Christ, selon les chrétiens, et, d'après les musulmans, par Mahomet pendant la nuit où la merveilleuse jument El-Borak le transporta de la Mecque à Jérusalem. Cette pierre doit une seconde fois servir de marche-pied au prophète. Au jour du jugement, il se mettra à cheval sur la vallée de Josaphat, où se pèsent les actions des hommes dans des balances invisibles. Le prophète sera revêtu d'une robe de peaux de jeunes chameaux; les âmes des justes viendront s'y attacher comme des essaims d'abeilles, et lorsque Mahomet pourra juger, au poids de ses vêtements, que tous les vrais croyants seront venus se grouper sous ses ailes, il prendra son vol et les emportera avec lui dans les cieux. Aussi, fait-il garder, en attendant, la pierre sainte par soixante-dix mille anges qu'une nouvelle troupe vient relever tous les jours.

La mosquée d'El-Aksa (c'est-à-dire *la Reculée*, parce qu'elle est plus éloignée de l'Arabie que la Mosquée de la Mecque), qu'on nomme plus particulièrement le temple d'Omar, est d'un autre goût et d'un autre dessin que la mosquée El-Sakhra. Distribuée en sept nefs, dont la centrale, longue de cent soixante pieds et large de trente-deux, supporte une coupole, El-Aksa qui semble n'avoir subi que peu de changements depuis le temps d'Omar, est située au lieu précis qu'occupait le temple de Salomon, tandis qu'El-Sakhra s'élève sur l'emplacement d'une chapelle accessoire.

La Maison-de-Dieu est, d'après le témoignage unanime des voyageurs, le plus beau monument que possède Jérusalem. M. de Châteaubriand y retrouve la noblesse et l'élégance des constructions arabes de l'Espagne, de l'Alhambra de Grenade. Malheureusement les observations ne peuvent être faites que de loin et seulement sur l'ensemble, sur l'extérieur des temples. Le fanatisme jaloux et inquiet des musulmans ne permet pas même d'approcher du parvis d'El-Haram, de sorte qu'on ne possède que des notions vagues sur ce que renferme l'enceinte sacrée; les masses seules ont pu être saisies, et encore les curieux doivent-ils se cacher pour n'être pas surpris pendant leur contemplation. La mort ou la conversion immédiate au mahométisme, telle est l'alternative rigoureuse dans laquelle est mis tout chrétien découvert dans le parvis. L'explication que donnent les musulmans pour justifier leur sévère vigilance est assez plaisante. Le lieu est tellement saint, disent-ils, que toute prière qui y est faite doit être nécessairement exaucée de Dieu; il est, par conséquent, d'un haut intérêt d'en écarter les chrétiens, qui ne manqueraient pas de demander la ruine des mahométans, comme, par exemple, leur expulsion de Jérusalem. On est donc réduit aux conjectures sur les merveilles intérieures d'El-Aksa et d'El-Sakhra; mais si on juge d'après la splendeur de l'extérieur et sur la foi des rumeurs populaires, la décoration des mosquées d'El-Haram doit réaliser tout ce que peut concevoir l'imagination la plus riche.

L'ÉGLISE DU SAINT-SÉPULCRE, A JÉRUSALEM.

L'église du Saint-Sépulcre se compose de trois églises : celle du Saint-Sépulcre, celle du Calvaire, et celle de l'invention de la Sainte-Croix.

L'église proprement dite du Saint-Sépulcre est bâtie dans la vallée du mont Calvaire, et sur le terrain où l'on sait que Jésus-Christ fut enseveli. Cette église forme une croix; la chapelle même du saint-sépulcre n'est en effet que la grande nef de l'édifice; elle est circulaire comme le Panthéon à Rome, et ne reçoit le jour que par son dôme, au dessous duquel se trouve le saint-sépulcre. Seize colonnes de marbre ornent le pourtour de cette rotonde; elles soutiennent, en décrivant dix-sept arcades, une galerie supérieure, également composée de seize colonnes et de dix-sept arcades, plus petites que les colonnes et les arcades qui les portent. Des niches, correspondantes aux arcades, s'élèvent au dessus de la frise de la dernière galerie; et le dôme prend naissance sur l'arc de ces niches. Celles-ci étaient autrefois décorées de mosaïques, représentant les douze apôtres, sainte Hélène, l'empereur Constantin, et trois autres personnages inconnus.

Le chœur de l'église du Saint-Sépulcre est à l'orient de la nef du tombeau; il est double comme les anciennes basiliques, c'est-à-dire qu'il a d'abord une enceinte avec des stalles pour les prêtres, ensuite un sanctuaire reculé, et élevé de deux degrés au dessus du premier. Autour de ce double sanctuaire règnent les ailes du chœur, et dans ces ailes sont placées des chapelles desservies par des prêtres de huit nations différentes : les Latins, les Grecs, les Abyssins, les Cophtes, les Arméniens, les Nestoriens, qui viennent de Chaldée ou de Syrie, les Géorgiens, qui habitent entre la mer Majeure et la mer Caspienne, et les Maronites, qui habitent le mont Liban, et reconnaissent le pape comme les Latins.

C'est aussi dans l'aile droite, derrière le chœur, que s'ouvrent les deux escaliers qui conduisent, l'un à l'église du Calvaire, l'autre à l'église de l'invention de la Sainte-Croix. Le premier monte à la cime du Calvaire, le second descend sous le Calvaire même : en effet, la croix fut élevée sur le sommet du Golgotha, et retrouvée sous ce mont.

L'architecture de l'église est évidemment du siècle de Constantin ; l'ordre corinthien domine partout. Les piliers sont lourds ou maigres ; et leur diamètre est presque toujours sans proportion avec leur hauteur. Quelques colonnes accouplées, qui portent la frise du chœur, sont toutefois d'un assez bon style. L'église étant haute et développée, les corniches se profilent à l'œil avec assez de grandeur ; mais comme, depuis environ soixante ans, on a surbaissé l'arcade qui sépare le chœur de la nef, le rayon horizontal est brisé, et l'on ne jouit plus de l'ensemble de la voûte.

L'église n'a point de péristyle : on entre par deux portes latérales ; il n'y en a plus qu'une d'ouverte. Ainsi le monument ne paraît pas avoir eu d'ornements extérieurs ; il est masqué d'ailleurs par les masures et les couvents grecs qui sont accolés aux murailles.

Le petit monument de marbre qui couvre le Saint-Sépulcre a la forme d'un catafalque, orné d'arceaux demi-gothiques engagés dans les côtés-pleins de ce catafalque : il s'élève élégamment sous le dôme qui l'éclaire ; mais il est gâté par une chapelle massive que les Arméniens ont eu la permission de bâtir à l'une de ses extrémités. L'intérieur du catafalque offre un tableau de marbre blanc fort simple, appuyé d'un côté au mur du monument, et servant d'autel aux religieux catholiques : c'est le tombeau de Jésus-Christ.

L'origine de l'église du Saint-Sépulcre est d'une haute antiquité. L'auteur de l'*Epitome* des guerres sacrées prétend que, quarante-six ans après la destruction de Jérusalem par Vespasien et Titus, les chrétiens obtinrent d'Adrien la permission de bâtir, ou plutôt de rebâtir un temple sur le tombeau de leur Dieu, et d'enfermer dans la nouvelle cité les autres lieux vénérés des chrétiens. Il ajoute que ce temple fut agrandi et réparé par Hélène, mère de Constantin.

A cette description de M. de Châteaubriand nous croyons devoir en joindre une plus détaillée et fort exacte. Elle est due à un pèlerin du commencement du xviie siècle. « Le saint sépulcre, dit-il, est situé au milieu du grand dôme. C'est comme un petit cabinet qui a été creusé et pratiqué dans une roche vive, à la pointe du ciseau. La porte qui regarde l'orient n'a que quatre pieds de haut, et deux et un quart de large, de sorte qu'il faut grandement se baisser pour y entrer. Le dedans du Sépulcre est presque carré ; il a six pieds moins un pouce de long, et six pieds moins deux pouces de large ; et depuis le bas jusqu'à la voûte, huit pieds un pouce. Il y a une table solide de la même pierre qui fut laissée en creusant le reste : elle a deux pieds quatre pouces et demi de haut, et contient la moitié du sépulcre, car elle a six pieds moins un pouce de long, et deux pieds deux tiers et demi de large. Ce fut sur cette table que le corps de notre Seigneur fut mis, ayant la tête à l'occident et les pieds à l'orient : mais à cause de la superstitieuse dévotion des Orientaux, qui croient qu'ayant laissé leurs cheveux sur cette pierre Dieu ne les abandonnerait jamais, et aussi parce que les pèlerins en rompaient des morceaux, l'on a été contraint de la couvrir de marbre blanc, sur lequel on célèbre aujourd'hui la messe ; il y a continuellement quarante-quatre lampes qui brûlent dans ce saint lieu, et afin d'en faire exhaler la fumée, l'on a fait trois trous dans la voûte. Le dehors du saint sépulcre est aussi revêtu de tables de marbre et de plusieurs colonnes avec un dôme au dessus. »

Cette église fut ravagée par Cosroës II, roi de Perse, environ trois siècles après qu'elle eut été bâtie par Constantin ; Héraclius reconquit la vraie croix, et Modeste, évêque de Jérusalem, rétablit l'église du Saint-Sépulcre. Quelque temps après, le calife Omar s'empara de Jérusalem ; mais il laissa aux chrétiens le libre exercice de leur culte.

Les croisés s'étant emparés de Jérusalem, le 15 juillet 1099, arrachèrent le tombeau de Jésus-Christ des mains des infidèles. Il demeura 88 ans sous la puissance des successeurs de Godefroy de Bouillon. Lorsque Jérusalem retomba sous le joug musulman, les Syriens rachetèrent à prix d'or l'église du Saint-Sépulcre, et des moines vinrent défendre avec leurs prières des lieux inutilement confiés aux armes des rois.

Le saint sépulcre et la plupart des lieux saints sont servis par des religieux cordeliers, qui y sont envoyés de trois ans en trois ans. Les Turcs souffrent qu'ils remplissent leurs pieux devoirs ; mais de temps à autre ils cherchent tous les prétextes possibles pour les mettre à contribution. Ils se sont emparés des portes de l'église, et veillent eux-mêmes à ce qu'aucun pèlerin ne puisse y entrer sans avoir payé préalablement une taxe de neuf sequins. Une fois dans le temple, il n'en faut pas sortir sous peine de payer un nouveau droit ; aussi voit-on de pauvres pèlerins y rester enfermés des mois entiers, et recevoir des vivres à travers une petite fenêtre destinée à cet usage et traversée d'un barreau de fer. Indépendamment des cordeliers, il y a sans cesse dans l'église des religieux de sept nations différentes : Grecs, Abyssins, Cophtes, Arméniens, Nestoriens, Géorgiens et Maronites, chacun ayant à sa garde une station particulière, et célébrant la messe suivant le rit de sa nation.

On ignore aussi au juste l'origine de l'église du Saint-Sépulcre, qui est d'une haute antiquité. Il y a peu d'années, elle a été la proie des flammes. Cette antique église n'offre plus que des décombres ; les lévites chrétiens n'ont plus d'asile, mais les cantiques n'ont pas cessé, ils se font entendre sur les débris du temple, et les lieux saints sont toujours un objet sacré pour les fidèles.

L'ÉGLISE DE SAINT-JEAN DE LA RÉSURRECTION,

AUPRÈS DE SAINT-JEAN-D'ACRE, EN SYRIE.

Cette église, dont on voit encore les restes, fut bâtie au xie siècle par les croisés. Quelques arcades encore debout règnent autour de l'emplacement occupé primitivement par le chœur et la nef. Une aventure assez extraordinaire décida du nom qui lui fut donné St-Jean de la Résurrection. Voici le fait :

A la fin du mois d'août 1189, le jour de la Saint-Augustin, un petit corps de croisés, commandé par Guy de Lusignan, vint mettre le siége devant Saint-Jean d'Acre, alors encore appelé Ptolémaïs. La petite armée dressa ses tentes sur la colline de Turon, et trois jours après, sans se donner le temps de préparer les machines de guerre, elle donna un premier assaut. Mais la ville était forte d'une garnison brave et bien approvisionnée, qui ne céda pas de sitôt à l'ardeur guerrière des défenseurs de la croix. Le grand Saladin, par son arrivée subite, vint même jeter dans le camp des croisés une terreur panique, et sa présence eût sans doute suffi pour disperser les soldats chrétiens, s'ils n'avaient été, quelques jours auparavant, renforcés d'un corps d'Anglais, de Danois, d'Allemands, ayant à leur tête l'archevêque de Cantorbéry. Or, il y avait dans ces légions venues du nord de l'Europe, un jeune seigneur allemand nommé Ludwolf de Raschwingen, déjà connu dans la Thuringe par sa vaillance, et surtout par sa supériorité dans les combats singuliers ; il était grand, bien fait, une épaisse chevelure blonde bouclée flottait sur ses épaules ; et son heaume avait pour cimier une tête de loup. Presque toujours couvert de son armure du fer le plus noir, la visière rabattue, la lance garnie à sa poignée de l'image de la Vierge, on le voyait souvent battre la campagne, et chercher quelque mécréant contre lequel il pût déployer son courage et son adresse. L'occasion se présenta bientôt. Le 4 octobre, les deux armées, croisée et sarrasine, se mirent en présence.

Le centre de l'armée chrétienne était commandé par le cousin de Ludwolf, le landgrave de Thuringe; aussi Raschwingen était-il à ses côtés, impatient de commencer l'attaque. A peine l'action fut-elle engagée, qu'emporté par sa fougue naturelle, Raschwingen apercevant un Sarrasin qui était sorti de ses rangs, se mit à le poursuivre, c'était un mahométan qui se distinguait par une taille gigantesque et un air de férocité remarquable; il portait sur la tête une bande d'étoffe rouge, et brandissait d'une main une énorme massue garnie de pointes de fer. Quand il s'aperçut qu'il était l'objet des attaques particulières d'un croisé, il lança à son adversaire, sur lequel il se précipita avec la rapidité de l'éclair, un violent coup de son arme redoutable. Il ne fit que bosseler l'excellente cuirasse de notre chevalier allemand qui, rejetant son cheval en arrière, de manière à prendre un nouvel élan, « Màmme, s'écria-t-il (ce vieux mot germain veut dire lâche, couard), as-tu donc la témérité de venir te présenter en face d'un noble de race tudesque, qui sert Dieu et sa dame? que ton sang coule en l'honneur de saint Denis dont nous allons célébrer la fête? » Il fit alors voler en éclats la lance que le Sarrasin tenait en arrêt d'une main, tandis que de l'autre il imprimait à sa massue un mouvement rapide de rotation. Alors s'engagea une lutte terrible qui dura plusieurs heures, à trois reprises différentes. Convaincu que la victoire resterait aux siens, Ludwolf ne se défendait plus que pour attendre le moment où, entouré de cadavres, le mécréant serait obligé de périr ou d'être fait prisonnier. Dans la chaleur de l'action, l'Allemand ne s'était point aperçu qu'après avoir été au moment de triompher, les croisés étaient culbutés et se retiraient en désordre. Aussi, quel ne fut point son étonnement de sentir vingt lances se presser contre sa poitrine, mal défendue par une armure en partie brisée. L'amour de la vie l'emportant alors dans son cœur, il lança à terre son épée ensanglantée, et cria grâce. Son adversaire, couvert de blessures, voulait lui asséner sur la tête un coup de sa massue, les autres Sarrasins s'y opposèrent, et on conduisit le malheureux Ludwolf dans l'église voisine de Saint-Jean. Il fut alors, disent les chroniqueurs, saisi d'un profond sommeil qui dura près d'un jour, sommeil qui n'était autre qu'un évanouissement, et quand il revint à lui, il se trouva dans une des galeries latérales de l'église, nu et dépouillé de tout, à l'exception d'un scapulaire qu'il portait au cou, et d'une bague qu'il conservait au doigt, comme gage de sa fidélité pour la belle Catherine de Wolfenbuttel. Cependant, à la suite d'un second engagement, et pendant la léthargie du chevalier, l'église était tombée au pouvoir des chrétiens, il y avait alors plusieurs soldats Francs, qui, à la vue d'un homme pâle, nu, l'air hagard, sortant de la partie basse de l'église, le prirent pour un fantôme, et redoutant plus les morts que les vivants, se mirent à fuir. Ludwolf les suivit cependant, et revint au camp où il eut grand'peine à se faire reconnaître. Sa délivrance fut attribuée au scapulaire si mystérieusement resté sur sa personne ; l'église prit dès-lors le nom de Saint-Jean de la Résurrection. Ludwolf de Raschwingen, de retour en Thuringe, après la croisade, retrouva Catherine, dont l'anneau n'avait pas moins été miraculeusement conservé, et il l'épousa. On attribue pareille aventure à un Français nommé Ferrand.

LE TEMPLE D'APOLLINOPOLIS, EN ÉGYPTE.

Dans les temps barbares, c'est l'Égypte qui a été le flambeau du monde. Quand l'Italie et la Grèce, hérissées de forêts primordiales, n'étaient parcourues que par des bêtes sauvages, ou par quelques tribus vagabondes non moins féroces, les nombreuses populations de la vallée du Nil cultivaient les arts et les sciences, vivaient sous les lois dont toute l'antiquité a vanté la sagesse, élevaient des temples à leurs dieux, consacraient le souvenir de leurs rois par des monuments sublimes. Longtemps avant Moïse, l'Egypte jouissait de toute son importance politique, et avait atteint l'apogée de sa civilisation. Ce fait est suffisamment garanti par la Bible. A cette époque « la sagesse des Egyptiens » était déjà passée en proverbe, et le législateur des Hébreux, qui en avait été imbu dès son enfance, en profita pour donner des lois à la postérité d'Abraham et de Jacob. On sait aussi combien les Grecs furent redevables aux arts et aux sciences dont l'Egypte a été le berceau. Grâce aux soins tout particuliers que la terre exigeait dans ce pays, les Egyptiens, s'ils n'ont pas inventé l'agriculture, l'ont tellement perfectionnée, que leur gloire n'est pas moins grande, comme l'a fait observer Bossuet, que s'ils en avaient été les véritables inventeurs. Sous une température toujours uniforme, sous un ciel constamment pur et sans nuages, ils devaient être et ont été les premiers à étudier le cours des astres et à régler l'année. Les Egyptiens sont donc les pères de l'astronomie. De cette étude à la science des nombres il n'y a qu'un pas : ils l'eurent bientôt franchi; et c'est à eux, par conséquent, qu'on doit encore l'invention de l'arithmétique. Hérodote leur attribue également celle de la médecine. Ce n'est pas tout : pour reconnaître leurs champs couverts tous les ans par les eaux du Nil, ils ont été obligés de recourir à l'arpentage, qui leur apprit ensuite la géométrie. La nécessité d'étendre aussi loin que possible les eaux fécondantes du Nil les poussa à creuser une infinité de canaux d'une longueur et d'une largeur prodigieuses. S'il s'enflait outre mesure, les lacs immenses s'ouvraient à ses flots, qui ne séjournaient dès lors sur les terres que le temps qu'il fallait pour les engraisser. Tel était l'emploi du lac Mœris, exécuté sous un roi de ce nom, et qui avait de tour environ cent vingt de nos lieues.

Ces travaux ayant assuré l'existence même des Égyptiens, ce

peuple prédestiné des sciences et des arts songea ensuite à embellir son pays et à l'orner des plus magnifiques monuments. Sur ce point encore il fut heureusement servi de la nature. Des montagnes de granit, des blocs de grès gigantesques, des carrières intarissables, en leur offrant les plus riches matériaux pour leurs édifices, devaient naturellement les porter à leur imprimer un caractère grandiose, imposant, majestueux. Et de là ces statues qui sont des colosses, ces obélisques, ces pyramides qui s'élancent à des hauteurs incomparables; ces innombrables palais de Thèbes et de Memphis, ces sphinx qui sont des montagnes, ces temples qui sont des villes; tous ces ouvrages enfin dont ce n'est pas assez de dire avec Delille, que :

> Leur masse indestructible a fatigué le temps;

mais qui ont bravé les ravages de la guerre, cent fois plus redoutables, plus destructeurs que le temps lui-même.

Environnée de toutes parts de hordes nomades, l'Egypte eut en effet beaucoup à souffrir de leurs incursions. Avant Moïse, elle avait été conquise par des tribus de pasteurs sorties du nord de l'Asie. Plus tard, elle passa sous le joug des Ethiopiens; les Perses la soumirent à leur tour; Alexandre-le-Grand, qui sembla y vouloir fixer le siége de son empire, en fondant la ville qui porte encore son nom, l'assujettit aux Grecs. Cinquante ans avant Jésus-Christ elle fut réduite en province romaine. L'Egypte appartenait à l'empire d'Orient, lorsqu'en l'an 640 de l'ère chrétienne elle lui fut arrachée par un lieutenant de Mahomet. Les Turcomans, qui l'enlevèrent en 711 aux kalifes, en furent chassés en 1250 par les Mamelouks. L'empereur des Ottomans, Sélim Ier, s'en empara en 1517, et y établit un gouvernement aristocratique composé de vingt-quatre beys pris dans le corps des Mamelouks, à la tête desquels fut mis un pacha nommé par la Porte. Ces beys se rendirent peu à peu les véritables maîtres du pays, et l'Egypte, en proie aux dissensions intestines, fut insultée, pillée et ravagée par ceux-là mêmes qui devaient la défendre.

C'est dans cet abîme de dégradation et de malheurs que les Français la trouvèrent en 1798; et toutefois malgré tant de vicissitudes, tant de désastres accumulés pendant quatre mille ans, ils restèrent stupéfaits d'admiration à la vue des monuments encore debout, et des ruines magnifiques éparses çà et là sur les deux rives du Nil. Ils furent fiers d'être contemplés par quarante siècles du haut des pyramides en combattant dans ces plaines célèbres. A mesure qu'ils avancèrent dans la Haute-Egypte, ils purent se convaincre chaque jour de toute la puissance des anciens habitants de cette contrée. Au détour d'une montagne, les débris de Thèbes se dressèrent tout à coup devant nos soldats, et l'effet de ce sublime spectacle fut tel, que l'armée battit des mains, s'arrêta spontanément et présenta les armes aux vénérables restes de la ville aux cent portes, chantée par Homère.

Forcé de choisir entre toutes ces ruines celle qui peut le mieux donner une idée de la grandeur des monuments de la vieille Egypte, nous avons donné la préférence au temple d'Apollinopolis ou d'Etfou, suivant son nom moderne. La ville à laquelle il appartenait était dans une position superbe, dominant le fleuve et toute la vallée de l'Egypte, et son temple magnifique pyramidait encore sur le tout, comme une citadelle qui aurait pu commander le pays. C'était, au dire des savants français qui accompagnaient l'expédition, le plus beau temple de l'Egypte et le plus grand après ceux de Thèbes. Par sa noblesse et sa richesse, il surpassait tout ce qu'ils avaient encore vu, et il leur fit une impression gigantesque comme ses proportions. C'est une longue suite de portes pyramidales, de cours décorées de galeries, de portiques, de nefs couvertes, construites, non pas avec des briques, mais avec des rochers tout entiers. La conservation de cet édifice offrait un contraste pittoresque avec les misérables huttes que les fellahs avaient adossées contre ses murs, ou bâties dans ses cours et sur ses combles. Elevé dans un temps où les arts et les sciences avaient acquis toute leur splendeur, toutes les parties en sont également belles, le travail des hiéroglyphes également soigné, les figures plus variées, l'architecture plus perfectionnée que dans les temples de Thèbes. Notre gravure en représente la vue intérieure, prise de dessous le portique entre les deux colonnes de gauche. Cette vue ne laisse rien à désirer pour comprendre la magnificence du monument, la recherche de son exécution, la beauté, la variété des chapiteaux et des colonnes, enfin l'étendue et la majesté de ses dimensions. Les atterrissements progressifs, ouvrage d'une longue suite d'années, l'envahissent de toutes parts, et tendent à l'ensevelir sous d'ignobles amas d'ordures et de décombres. Dans le fond, on aperçoit les ruines de l'ancienne ville : recouvertes de sable, elles forment maintenant des monticules qui dominent le temple à l'ouest.

Voilà tout ensemble l'Egypte des Pharaons et l'Egypte actuelle. D'un coup d'œil vous pouvez juger ici de la gloire, de la puissance de l'une, de la misère et de l'abaissement de l'autre; en un instant vous pouvez mesurer quelle distance les siècles ont parcourue, entre la construction du temple d'Apollinopolis, et celles des huttes de quelques grossiers fellahs.

LE TEMPLE DE LAMA, DANS L'ASTRAKAN.

« Ce temple, situé dans une steppe, est, dit un voyageur à qui nous empruntons la description, une espèce de palais à longs portiques, à colonnes, à clochetons chinois, à cent étages, à mille festons, avec des croissants et des boules d'or ; c'est une pagode de la Chine ou de l'Indoustan ; c'est un palais de porcelaine qu'il faut prendre garde de briser. Il s'élève au milieu d'une cité mobile de Kalmoucks. Chemin faisant, dit le voyageur, le prince qui nous conduisait commença par me donner quelques détails sur la fameuse pagode et sur les cérémonies religieuses qui s'y pratiquent en l'honneur du grand Lama. Il m'apprit d'abord que ce temple n'avait pas plus de douze ans d'existence, et que son frère en était l'architecte. Son frère, disait-il, avait puisé toute sa science dans les livres chinois, et, d'après les usages des Kalmouks, il était parvenu à se former un style à lui, un style pour sa nation, qui, jusqu'à ce jour, n'avait eu d'autres lieux pour sa prière et ses adorations qu'une simple tente, ornée d'images saintes, et ce temple avait été la première patrie de son peuple. Tous les Kalmouks partaient encore pour les steppes lointaines pendant l'été, ils avaient encore leurs lieux saints sous la tente ; mais ils revenaient toujours pendant l'hiver se grouper autour du palais de leur dieu et de leur prince. Une seule chose avait pu compenser leur amour de liberté, l'amour de leur dieu !!! Et tout en causant ainsi, nous étions arrivés devant la façade du temple. Nous admirâmes son architecture aérienne. Nous montâmes, à la grande galerie qui règne dans toute la longueur de l'édifice, et de là nos regards embrassèrent avec étonnement la campagne qui nous environnait....... Mais deux Kalmouks se dirigeaient vers la porte du temple ; l'un était habillé d'une grande robe rouge sans plis ; l'autre, d'une robe jaune de la même forme ; tous deux avec un bonnet à fond jaune et bordé d'une espèce de ruban rouge en drap ; la tête rasée, les pieds nus. Voilà les deux papouffs, me dit le prince, ils viennent nous ouvrir le saint lieu, descendons. Et quand nous fûmes en bas, on avait jeté pour nous un tapis sur le vestibule, et le cigare d'encens avait été allumé et commençait à répandre, de l'autel, son parfum oriental. L'intérieur du temple frappa nos yeux par son caractère et sa bizarrerie. Il est formé, comme nos églises, d'une nef et de deux bas-côtés, séparés par des cintres surbaissés, et laissant au dessus un espace élevé. Il est entièrement peint en bleu, si ce n'est le dessous de chacune de ses arcades, qui imitent autant d'arcs-en-ciel. Des images saintes, ressemblant parfaitement à des stores chinois, et entourées chacune d'une écharpe de soie de couleur différente, tapissent les murailles et principalement celle de la nef. Au fond de la nef, est le sanctuaire, fermé par des arcades dorées, à colonnes et à jour, et au fond de ce sanctuaire, le dieu Lama, espèce de poupée dorée, coiffée d'un bonnet d'or massif et revêtu d'une longue robe de gaze d'or, et grandissant en éventail. Derrière lui, une image d'un autre puissant dieu, et au dessous, une table au milieu de laquelle est une sorte de calice à quatre branches. Cette table est aussi couverte de petites tasses d'or et d'argent remplies de grains ou de marguerites desséchées, offrandes des fidèles. Puis enfin, devant le sanctuaire, sur une planche ajoutée à sa base, d'autres dons, d'autres offrandes et le vase d'argent contenant l'eau bénite, surmonté d'un balai en plumes de paon. Cette planche se retrouve aussi à chacun des bas-côtés, au fond desquels est encore une image et toujours des offrandes. Il faut remarquer plusieurs verres d'eau et quelques chimères en bois peint. Ce sanctuaire rappelle quelque peu les sanctuaires russes. J'aurais bien voulu assister à une cérémonie, et voir tous les papouffs, assis en ligne sur leurs genoux, criant dans de grandes trompes et frappant ensemble des cymbales ; mais dans ce moment tout le grand service est dans la steppe, et il ne reste plus ici, de deux cents papoulls desservant le temple, que les deux qui nous conduisent. »

Cette pagode est surtout remarquable par la grâce de ses formes sveltes et par ses dentelures d'une incroyable légèreté.

LE TEMPLE DE SCHOE-MADOU, A PÉGU.

Pégu, ancienne capitale du royaume de ce nom, était une grande et magnifique ville, lorsque le conquérant birman Alompra s'en empara en 1757, et fit raser toutes les maisons, dispersa une partie de ses habitants, et réduisit les autres en captivité. Les temples nombreux de Pégu furent les seuls édifices qu'épargna la rage du vainqueur; mais depuis, et bien que la ville ait été rebâtie en 1790, on a négligé tous ces édifices, à l'exception du grand temple de Schoé-Madou, ou du dieu d'or, sans contredit l'une des constructions les plus hautes de l'Asie, et des plus remarquables, tant à cause du caractère de son architecture que par l'antiquité de sa fondation et la profonde vénération dont il est l'objet parmi les Péguans.

Chez les Birmans l'or est le symbole de l'excellence; ils le consacrent à leurs dieux et attribuent ses qualités à leur souverain. Tout ce qui lui appartient, de même que les temples, ont toujours l'épithète de *Schoe*, qui signifie doré ou d'or. On ne fait mention de la personne de l'empereur qu'en y joignant le nom de ce précieux métal. Quand un Birman raconte que l'empereur a été informé de quelque chose, il dit : « Cela est parvenu aux oreilles d'or. » Celui qui a eu audience de ce prince a été admis aux pieds d'or. Un noble Birman observait un jour devant un ambassadeur anglais que l'essence de rose avait un parfum agréable au nez d'or. Ainsi, l'épithète de *Schoe* n'est caractéristique du temple de Pégu que par l'association du mot *Madou*, qui paraît être une corruption de *Mahadeva* ou *deo*.

Ce temple est bâti sur une double terrasse : la première a dix pieds anglais (le pied anglais vaut onze pouces de France) d'élévation, et la seconde vingt; l'une et l'autre forment un parallélogramme. L'inférieure est longue de mille trois cent quatre-vingt-onze pieds sur l'une de ses faces, et la supérieure de six cent quatre-vingt-quatre pieds. On monte à ces terrasses par de grands escaliers de pierre dont les marches sont dégradées. Au bas de l'escalier qui conduit à la seconde terrasse sont placées deux grandes figures de lions qui semblent garder l'entrée. On voit de chaque côté les demeures des rhahaans élevées de quatre à cinq pieds au dessus du sol; chacune de ces demeures n'a qu'une seule chambre assez spacieuse, construite avec des planches et couverte en tuiles;

les poteaux qui les supportent sont tournés avec élégance. Il y a dans chaque chambre plusieurs bancs sur lesquels couchent les rhahaans.

Le temple est une pyramide bâtie de briques et de mortier, dans laquelle il n'y a ni creux ni ouverture d'aucune espèce. Elle forme à sa base un octogone et s'arrondit en s'élevant. Chaque face de l'octogone a cent soixante-deux pieds de large ; mais l'immense diamètre de la pyramide diminue rapidement ; elle s'élève à trois cent trente-un pieds au dessus de la terrasse où elle est assise, ce qui lui donne par conséquent trois cent soixante-un pieds au dessus du niveau de la terre.

A six pieds de hauteur, sur la seconde terrasse, règne un grand avancement où sont posées à une égale distance l'une de l'autre cinquante-sept colonnes pyramidales de vingt-sept pieds de haut et de quarante pieds de circonférence à leur base. Au dessus se trouve un autre avancement qui porte également cinquante-trois colonnes de la même figure et de la même grandeur que les premières.

L'édifice est couvert de moulures en forme de cercle, et, à la corniche, se voient des ornements qui, par une rencontre bizarre, ressemblent aux fleurs de lis des anciennes armes de France ; au dessus des dernières moulures, sont d'autres ornements en stuc, pareils au feuillage d'un chapiteau corinthien, et le tout est couronné par une espèce de parasol en fer appelé *tée*, que surmontent une aiguille et une girouette dorées.

Dans l'empire des Birmans, un temple n'est regardé comme sanctifié que lorsqu'il a reçu son *tée* ou couronnement, et l'inauguration du couronnement, qui a la forme d'une coupe renversée, est un acte religieux, solennel, accompagné de fêtes et de réjouissances publiques.

Le tée du temple de Schoe-Madou a cinquante-six pieds de circonférence. Il est doré et supporté par une barre de fer plantée dans la pyramide et attachée par de grosses chaînes qui y sont fixées. Un grand nombre de clochettes sont suspendues autour du tée, et quand le vent les agite, elles font entendre un tintement continuel.

Dans chaque coin de la seconde terrasse, on a construit une pagode qui n'a que soixante-sept pieds de haut, mais qui d'ailleurs est parfaitement semblable à la grande pyramide. Sur la façade de celle qui se trouve au sud-ouest, on voit quatre figures gigantesques en maçonnerie, représentant le génie du mal ; moitié hommes, moitié quadrupèdes, elles sont assises et tiennent une énorme massue sur leur épaule droite. Ces monstres sont les gardiens du temple.

Au milieu de l'un des côtés de cette même terrasse, il y a, sous un dé doré, deux statues en stuc. L'une représente un homme debout, ayant un livre devant lui et une plume à la main : on l'appelle *Thasiami*, c'est-à-dire celui qui écrit les bonnes et mauvaises actions des mortels. L'autre statue représente une femme agenouillée : c'est *Mahazumdera;* les Birmans croient qu'elle protégera le monde jusqu'à l'époque où le destin a marqué sa destruction, et qu'alors ce sera elle dont la main puissante brisera la terre et replongera l'univers dans le chaos.

Une galerie couverte règne tout le long de la seconde terrasse du côté du nord : elle est destinée à servir d'abri à ceux qui viennent de loin apporter leurs hommages à Schoé-Madou. Du même côté et tout près du temple principal, il y a trois grosses cloches fort bien travaillées et suspendues entre quatre colonnes à peu de hauteur. Plusieurs cornes de daim sont semées tout à l'entour; les habitants que la ferveur du zèle religieux attire en cet endroit prennent une des cornes pour en frapper trois fois la cloche et trois fois la terre, de manière que les coups alternent. C'est pour annoncer à Gaudma, le dieu des Birmans, l'approche d'un de ses adorateurs.

Plusieurs bancs sont établis au pied de la grande pyramide, sur lesquels les dévots placent leurs offrandes, qui consistent ordinairement en riz bouilli, en amandes de cocos frites dans l'huile, et en confitures. Les corneilles et les chiens dévorent souvent ces dons à la vue de celui qui les a présentés, sans qu'ils osent les en empêcher.

Indépendamment du temple du milieu et des quatre qui s'élèvent au coin de la seconde terrasse, on en voit beaucoup d'autres petits sur cette terrasse et sur l'autre; mais ils tombent en ruine. Cette dégradation, qui est assez générale, vient de ce que les Birmans regardent comme un acte de piété bien moins méritoire de réparer un édifice sacré que d'en bâtir un autre. Quelquefois les anciens sont entretenus par des gens qui n'ont pas le moyen ou la volonté d'en faire construire un nouveau; mais, à cet égard, la religion birmane laisse faire à chacun ce qu'il veut.

La terre, aux environs du temple de Schoé-Madou, est parsemée d'images de Gaudma. Un Birman qui achète une idole la fait d'abord bénir par les rhahaans, puis il la porte au temple le plus voisin, et la dépose, soit dans un kioum (monastère) soit en plein air : dès ce moment, il ne s'embarrasse plus de ce qu'elle devient; il pense que c'est au dieu à prendre soin de lui-même. Quelques unes de ces idoles sont faites avec du marbre. Il y en a beaucoup en bois doré, et un petit nombre en argent; mais, ordinairement, celles-ci ne sont ni placées, ni négligées comme les autres. L'argent et l'or ne s'emploient que pour faire des dieux domestiques.

Sur les deux terrasses sont plantés, dans la terre, plusieurs longs bambous, au sommet desquels flottent des drapeaux blancs et ronds. Ces drapeaux, qui appartiennent aux rhahaans, désignent la sainteté de leurs fonctions. Au dessus de chaque drapeau est une oie, symbole des nations birmane et péguane.

Lorsqu'on monte sur l'avancement qui est le plus élevé autour du temple de Schoé-Madou, on jouit d'une vue très étendue et très pittoresque.

Cette facilité que donne la haute pyramide de Schoé-Madou, placée au centre de la ville, de tout voir au dehors, avait déterminé la famille royale de Pégu à s'en servir comme d'une citadelle, pendant le siége de 1757.

D'après la tradition, la pyramide de Schoé-Madou serait bâtie depuis 2300 ans, et aurait eu pour fondateurs deux frères qui faisaient le commerce, et qui étaient nés dans le district de Tallaoumeou, distant d'une journée de marche à l'est de Martaban. Ces pieux marchands commencèrent par construire un temple, haut seulement d'une coudée birmane (22 pouces anglais), Sigéami, esprit qui préside à l'ordre des éléments et lance la foudre et les éclairs, augmenta la hauteur de deux coudées, dans l'espace d'une nuit. Les marchands l'accrurent alors d'une coudée de plus, que Sigéami doubla la nuit suivante, et ainsi de suite. Le temple parvint, de cette manière à douze coudées de haut. C'est à ce point que s'arrêtèrent les deux fondateurs; mais l'édifice fut successivement élevé de plus en plus par divers rois du Pégu, dont les noms se sont perdus avec les registres où ils étaient inscrits, registres qui contenaient aussi la liste et la description de leurs offrandes.

BORO-BOEDOR, DANS L'ILE DE JAVA.

Le culte des Javans est le boudhisme. Le temple le plus riche, consacré par Boudha est celui de Boro-Bœdor, au centre de la province montagneuse de Kedu. On croit qu'il fut bâti vers l'an 1338; sa structure est carrée, surmontée d'un dôme en forme de pyramide. Il enveloppe la sommité d'une petite colline qui s'élève perpendiculairement de la plaine, et consiste en une suite de six carrés entourés de murs ayant chacun des terrasses. Sa hauteur est de 116 pieds, sa largeur est de 526. Les côtés intérieurs et extérieurs des murs sont couverts d'une multitude de sculptures, et en diverses parties, il y a des niches qui contiennent plus de trois cents figures de Boudha. Les quatre façades principales de Boro-Bœdor, regardant les quatre points cardinaux, sont ornées de lions en pierre, animal qui pourtant n'a jamais existé à Java.

Le temple de Boro-Bœdor est un des plus curieux qui existent ; il est desservi par un grand nombre de prêtres et visité chaque année par des milliers de pèlerins. Il est un des foyers religieux de l'Indoustan.

LE TEMPLE DE TRITCHENGOUR, DANS L'INDE.

Après avoir visité Salem, chef-lieu d'un district du même nom, dans les environs duquel on trouve en grande quantité ces monuments admirables d'architecture répandus avec profusion dans la vaste péninsule de l'Inde, le voyageur ami des arts se détourne vers le sud-ouest pour aller contempler, à une distance de trois milles environ, deux temples qui font toute la célébrité de Tritchengour. L'un d'eux est bâti au sommet d'une colline élevée qu'on ne gravit pas sans peine, et que couvrent de nombreux *choultries* de la plus élégante construction. On appelle ainsi, dans l'Inde, des bâtiments disposés sur les routes pour servir d'abri aux voyageurs. Ce temple, dont la construction est d'une simplicité parfaite, sans être dépourvu d'ornements, présente une masse imposante aux yeux. Vénérable, majestueux, bravant les orages et les ans, et comme tout fier à la fois de son assiette inébranlable et de son antiquité, il domine la crête d'une côte à pic d'où l'on plane au loin sur une vaste contrée de l'aspect le plus riche et le plus pittoresque. Il offre, dans quelques parties, un style d'architecture plus moderne, qu'il est facile de distinguer, et qui forme un contraste d'un bel effet à côté des constructions primitives, encore aujourd'hui dans un état de conservation complète. La route par laquelle on y arrive est, en quelques endroits, taillée dans le roc massif et coupée par degrés. A moitié chemin et un peu à l'écart, se dessine un immense serpent de quatre-vingts pieds de long et d'une grosseur relative, ciselé sur la paroi du rocher. Malgré ces énormes proportions, ses formes sont du fini le plus achevé, et imitent fidèlement la nature. Des deux côtés de la figure se trouvent des degrés creusés dans la pierre, par lesquels les dévots viennent en foule se prosterner devant le monstre sacré, et de cette circonstance est née sans doute la grande renommée de sainteté où est parmi les Hindous le temple dont nous venons de parler.

Objet d'une moins profonde vénération, l'autre temple a un mérite qui a dû nous lui faire accorder les honneurs de notre gravure ; c'est la somptuosité et la beauté de sa construction et surtout de son entrée. Il s'élève au centre d'une grande place entourée d'une colonnade. Dans les intervalles des colonnes, les fakirs, les pélerins et d'autres passagers vagabonds, dont la multiplicité est une des misères du pays, ont pratiqué çà et là des séparations et bâti des logements assez commodes. Le portail, dont la représentation accompagne cet article, est un modèle de cette belle architecture pyramidale dont l'Hindoustan offre partout des monuments qui défient ceux de la Grèce et de Rome. L'entrée, qui mène au principal corps de bâtiment, est percée dans la partie inférieure et au centre de cette pyramide ; c'est un passage large, élevé et couvert d'un plafond horizontal que surmonte une magnifique ordonnance de cinq étages, dont la hauteur ne paraît pas être de moins de cent pieds. L'extérieur de cet édifice est enrichi de détails et d'ornements qui attestent un goût plus moderne que celui du temple de la colline. Des découpures d'une élégance exquise, des reliefs pleins de hardiesse l'embellissent depuis sa base jusqu'à son sommet, terminé par cinq flèches, que l'on peut considérer comme un symbole mystérieux et sacré de quelqu'une des principales divinités de l'Inde.

Bâti à quelques mètres de cette entrée, le temple n'est pas en harmonie avec elle pour la majesté du coup d'œil et la variété des ornements. C'est un bâtiment à toit plat, soutenu par un nombre infini de colonnes gracieuses, qui, quoique toutes du même style, n'en sont pas moins décorées chacune d'une manière différente. On a ici une nouvelle preuve de la fécondité d'invention, de l'adresse manuelle, de la science et du goût qui distinguèrent les auteurs de ces prodigieuses constructions architecturales répandues dans l'Inde en si grand nombre, et avec lesquelles aucun autre monument dans le monde entier ne peut entrer en comparaison soit pour la magnificence du dessin, soit pour le grandiose et la sublimité de l'effet.

Les dévots rigoristes de Tritchengour ne fréquentent pas autant ce second temple que l'ancien bâti sur la hauteur ; en revanche, il voit accourir en tout temps une plus grande foule de gens de toutes les classes, qui viennent y puiser de l'eau dans un puits situé sous la voûte de la pyramide d'entrée. Au dessus de ce puits se présente un taureau en stuc de proportion gigantesque. A quelques pas plus loin, une seconde figure du même animal, mais plus petite, repose sous un pavillon construit en pierre. L'un et l'autre sont d'un beau travail et moulés fort artistement, bien qu'il ne soit pas rare d'en rencontrer dans l'Inde d'une exécution supérieure. Une large ouverture est pratiquée dans la poitrine du premier de ces taureaux : on peut se faire une idée par là de la dimension du colosse. Cette ouverture conduit au puits, où l'on descend par un très bel escalier de pierre, dont le nombre des degrés doit être considérable, s'il faut en juger par la profondeur de cette cavité souterraine.

LE TEMPLE SOUTERRAIN D'ÉLORA.

Élora ou Ilour est situé à un quart de lieue des grottes sacrées, auxquelles il doit probablement son existence ; c'est l'asile des pèlerins indous qui viennent en foule visiter les temples du voisinage. Les excavations d'Elora, distribuées en plusieurs étages, couvrent l'espace d'une lieue et demie ; ce sont des temples, des chapelles, des corridors innombrables creusés à grand'peine avec le marteau et le ciseau ; le tout orné de figures en bas-reliefs, dont le nombre est absolument incalculable.

Les renseignements sur l'origine et l'antiquité des souterrains d'Elora, se bornent à deux traditions transmises, l'une par un musulman, l'autre par un brahmane. Si l'on s'en rapporte au brahmane, les excavations d'Elora datent de sept mille neuf cent cinquante ans. Le récit du musulman est beaucoup moins merveilleux, et conséquemment plus vraisemblable. « La ville d'Elora, dit-il, fut bâtie par le rajah Ilon, qui creusa aussi les temples souterrains qu'on admire encore aujourd'hui ; ce rajah florissait il y a environ neuf cents ans. » Ainsi la date de neuf à dix siècles paraît plus probable que celle de sept mille neuf cent cinquante dont parle le brahmane.

De tout temps les dévots indous ont eu la coutume d'éviter les souillures des villes, les distractions du monde, et de se retirer dans les plus profondes solitudes; leur véritable but était de se montrer à leurs disciples avec le recueillement et le mystère capables d'exalter l'imagination et d'inspirer le respect. Encourager des résolutions aussi pieuses, en faciliter l'édifiante exécution, a été l'objet du zèle des princes indous, qui ont rivalisé entre eux de magnificence dans la construction des temples et dans l'excavation des retraites souterraines. Telle paraît avoir été la double destination des cavernes sacrées d'Elora et de toutes celles qui se trouvent dispersées le long des côtes de Coromandel et de Malabar, dans une largeur d'environ 150 lieues.

Les grottes d'Elora ont une étonnante ressemblance avec les catacombes étrusques voisines de Tarquinia, en Italie, et surtout avec les hypogées de Thèbes; on serait même tenté de croire que ces tombeaux des souverains et des habitants de l'antique capitale de l'Egypte, ont servi de modèle aux architectes d'Elora; les différences qu'on peut remarquer dans les distributions intérieures, ainsi que l'absence des puits dans les grottes de l'Inde doivent être attribuées à la destination distincte de ces monuments. En Egypte, ils devaient servir d'asile aux morts; les Indous les avaient consacrés au culte des dieux et aux pieux exercices de ceux qui se dévouaient au service des temples. On ne peut guère contester aux Egyptiens l'avantage d'une prodigieuse antériorité à l'égard des Indiens dans la civilisation; il ne faudrait même pas remonter à des époques très reculées pour découvrir celle où une partie de leurs connaissances et de leurs arts a été portée dans l'Inde. Cette utile importation a dû s'effectuer par la médiation des Abyssins, dont les anciennes relations avec l'intérieur du Deccan, sont aujourd'hui bien connues; parmi les Abyssins voyageurs, on a dû trouver des artistes, ou au moins des espèces d'architectes beaucoup plus habiles sans doute que ceux de l'Inde; en outre, ces Abyssins paraissent avoir eu quelque idée vague des Grecs; car on reconnaît dans les grottes d'Elora, des lignes, des ornements, des statues même qui offrent des traces du style grec. Qui s'attendrait, par exemple, à voir des feuilles d'acanthe mal figurées et renversées autour d'un pilier indou, de manière que cette base donne l'idée d'un chapiteau corinthien? Cette circonstance ne décèle-t-elle pas d'ignorants et serviles copistes de l'intérieur des mosquées d'Egypte et des églises d'Abyssinie, lesquelles offrent pour la plupart, l'emploi le plus absurde des vestiges de l'architecture grecque avec les ornements de l'architure musulmane? Selon toute apparence, les Abyssins ont porté dans l'Inde l'idée des monuments à la fois gigantesques et barbares qu'ils avaient vus dans leur patrie et dans la Haute-Egypte; ces conceptions, pour ainsi dire supérieures aux forces de l'homme, furent accueillies avec enthousiasme par des princes jaloux de signaler leur piété envers les dieux, et de transmettre à la postérité la plus reculée le souvenir de leur puissance par des monuments capables d'en donner une idée exagérée. Les anciens brahmanes n'avaient pas moins d'aversion que les anciens derviches pour les distractions mondaines et pour la corruption des cités; ils recherchaient la simplicité, la pureté des asiles les plus solitaires, scrupules dont les uns et les autres se sont affranchis depuis longtemps. On regardait alors comme un acte méritoire d'adoucir les austérités et de favoriser les dévotes intentions des brahmanes; les souverains imaginèrent donc qu'il était de leur devoir, et surtout se firent un honneur de leur procurer des retraites empreintes de la grandeur et de la magnificence des fondateurs, et sanctifiées par les images les plus révérées du culte indou.

ABBAYES, MONASTÈRES, COUVENTS, etc.

ABBAYE DE SAINT-GERMAIN-DES-PRÉS.

L'église de Saint-Vincent et de Sainte-Croix était une des plus anciennes de Paris.

La main des déprédateurs, malgré quelques essais de réparation tentés sous Charles-le-Chauve (873), était encore empreinte de toutes parts sur ses murailles ruinées, lorsque Robert s'efforça, vers le commencement du onzième siècle, de la rétablir dans sa splendeur primitive. Mais l'entreprise du pieux roi ne fut achevée que plus d'un siècle et demi après sa mort. Le pape Alexandre III, chassé de l'Italie par l'empereur Frédéric Barberousse, et réfugié en France sous la protection de Louis VII, fit la dédicace (1163) de cette nouvelle église de Saint-Germain-des-Prés ; déjà depuis longtemps cette dénomination avait été substituée à celle de Saint-Vincent et de Sainte-Croix. Usé par le temps, l'édifice subit encore d'assez importantes modifications au milieu du dix-septième siècle, et tout récemment sous la Restauration. La forme caractéristique de chaque âge se retrouve dans chacune des parties de ce monument, et cette juxtaposition de tous les styles n'est pas sans intérêt.

Le plus curieux de ces fragments est la tour centrale, sous laquelle s'ouvre le portail. Seul vestige survivant des constructions primitives, elle représente, à l'exception de son toit moderne, l'architecture du sixième siècle, et sa triste et sombre nudité n'éveille plus guère aujourd'hui que des pensées de forteresse ou de prison. Cependant, à l'époque de la révolution française, un beau travail de sculpture ornait encore les faces intérieures du portail. On y remarquait huit figures de rois et de reines de la première race, qui, considérées par les érudits comme contemporaines de la tour elle-même, étaient de rares modèles du talent des statuaires gaulois. Quelques restes de bas-reliefs représentant la Cène ont seuls échappé.

L'église de Saint-Germain-des-Prés, grâce à l'importance de l'abbaye dont elle dépendait, était plus riche qu'aucun autre temple de la capitale en monuments funèbres. Des rois et des reines de la première race y avaient reçu la sépulture. Les plus précieuses de ces tombes, pour leur travail et pour leur date, étaient celles du roi Childebert et de la reine Frédégonde. Figuré en bas-relief sur la pierre tumulaire, Childebert tenait d'une main le modèle de la basilique qu'il avait fondée, et de l'autre le sceptre royal. Frédégonde, si fameuse par ses crimes et morte en 597, était également représentée couchée sur la pierre de son tombeau; mais un autre procédé avait été employé pour dessiner les lignes de son corps. « C'était, suivant la description qu'en a donné un vieil historien, un ouvrage composé de toutes sortes de petites pierres de marbre, de jaspe, et autres semblables, rapportées et jointes ensemble par des petits filets de cuivre doré, coulés entre deux pour marquer la différence des ornements. « Frédégonde, dit-il, est représentée au milieu avec une couronne de fleurs de lis en tête et un sceptre à la main, au haut duquel est un lis champêtre. Elle paraît vêtue d'habits royaux avec une ceinture. On ne voit aucun trait à son visage ni à ses mains dont le contour seul est tracé, et dont l'intérieur est rempli par une pierre plate et unie. » Enlevées de l'église pendant la révolution française, et déposées au Muséum des monuments français, ces pierres funéraires ont été transférées, sous la Restauration, dans les caveaux de Saint-Denis. Indépendamment de ces dépouilles royales, les restes d'un grand nombre de personnages recommandables par leur naissance, leurs dignités, une vie pieuse, leur mérite ou leurs libéralités envers l'église, avaient été inhumés sous les voûtes de Saint-Vincent et de Sainte-Croix. Saint-Germain, le cœur de Jean Casimir, roi de Pologne, des membres de la famille des Douglas d'Ecosse, plusieurs cardinaux, Mabillon, Descartes, Boileau, etc., y reposaient. Tous ces morts illustres n'ont pas été réintégrés à la Restauration ; Boileau, Descartes, Mabillon ont cependant retrouvé leur place.

L'église Saint-Germain-des-Prés possédait d'innombrables reliques et une foule d'objets sur lesquels se portait la vénération populaire. Au fond du sanctuaire s'ouvrait un puits dont les eaux étaient réputées efficaces contre toutes les maladies ; le peuple adorait encore une vieille statue païenne placée près de l'église. Le clergé lui-même combattit ces croyances aveugles, en faisant combler le puits et abattre la statue.

Église paroissiale du faubourg Saint-Germain avant que Saint-Sulpice l'eût dépossédée de ce titre, l'église Saint-Germain-des-Prés était en même temps la chapelle particulière de l'abbaye du même nom, une des plus puissantes, des plus riches, des plus célèbres de toute la France, et dont les édifices, les cours et les jardins couvraient tout le vaste espace compris entre les rues du Colombier, de Saint-Benoît, de Sainte-Marguerite et de l'Echaudé. Comblée de largesses par les rois, comptant de nombreux vassaux, investie de prérogatives féodales les plus étendues, inscrivant deux rois de France, Robert et Hugues Capet, un roi étranger, Jean Casimir de Pologne, et les hommes les plus éminents dans la liste de ses abbés, l'abbaye de Saint-Germain-des-Prés occupe une place considérable dans l'histoire de la capitale. Elle se recommandait encore à plusieurs titres : ses livres, dont a hérité la Bibliothèque royale, étaient choisis et abondants, et elle avait fondé, vers le x° siècle, la première école qui ait laissé quelque trace dans les annales littéraires de Paris.

ABBAYE DE LA CHAISE-DIEU.

Le fondateur de la célèbre abbaye de la Chaise-Dieu, en Auvergne, saint Robert de Brioude, vivait au milieu du xi° siècle, tandis que la plupart des autres solitaires appartiennent aux premiers âges de la religion chrétienne.

Issu d'une illustre maison de Brioude, appelé à de brillantes destinées, Robert n'en avait pas moins embrassé une vie de piété et de prières : il était chanoine, lorsque, son zèle s'échauffant de plus en plus, il se retira dans les montagnes de l'Auvergne. Deux disciples s'étaient attachés à ses pas : ils se construisirent une cabane dans le lieu le plus désolé et le plus mélancolique qu'ils purent trouver, au milieu de forêts profondes, sur un plateau élevé que les neiges blanchissaient sans cesse. Quatre années ne s'étaient pas encore écoulées, que les trois anachorètes avaient vu arriver de nombreux compagnons dans leur solitude. Robert songea alors à fonder un asile pour la pieuse colonie dont il était le patron, et l'abbaye de la *Chaise-Dieu*, construite en 1046, fut consacrée, quelque temps après, par Rancon, 52° évêque d'Auvergne, et approuvée par le roi de France, Henri Ier. Donner à son abbaye le nom de *Maison-de-Dieu*, c'était, de la part de Robert, prendre un solennel engagement de sainteté. Ses moines, placés sous la règle de saint Benoît, n'y manquèrent pas, et peu de monastères jouirent d'une plus pure renommée : on se préparait au voyage de la Terre-Sainte par un pèlerinage fait à l'abbaye de la Chaise-Dieu; et, partant pour les croisades, le comte de Toulouse (1096) voulut emporter, comme un talisman, la coupe dans laquelle avait bu Robert; au moment de mourir en Asie, il la confia à un moine pour qu'il la rapportât au couvent.

Cette réputation de sainteté ne pouvait manquer de valoir des richesses et des honneurs à l'abbaye de la Chaise-Dieu. Une petite ville qui se forma à l'abri des murs du monastère, huit couvents d'hommes, un nombre considérable de bénéfices et de cures relevèrent bientôt de la cabane de Robert changée en église; et chefs de trois cents moines, portant la mitre et la crosse, les fiers abbés, successeurs du modeste solitaire, reçurent le titre de comtes honoraires de Brioude. La splendeur et la prospérité de la Chaise-Dieu furent portées à leur comble lorsqu'un de ses enfants, Clément VI, monta sur le trône pontifical d'Avignon, en 1342. C'est à lui que l'abbaye doit ce beau caractère monumental qui lui fait encore une glorieuse célébrité, aujourd'hui même que sa fortune a tant déchu. Une imposante église remplaça l'humble temple bâti par Robert, et la peinture et la sculpture vinrent décorer le noble travail de l'architecture. Le chœur, plus grand que celui même de la cathédrale de Rheims, réputé cependant le plus vaste de toutes les basiliques de France, était orné de 156 stalles de bois, ciselées avec un art infini et une richesse admirable; sur ses murs d'enceinte étaient représentées, dans une série de tableaux, les figures et les évolutions de la *danse macabre* ou *danse des morts*, sombre et terrible fiction qui agissait si fortement sur les imaginations aux xive et xve siècles, que les lugubres personnages, peints, sculptés ou gravés, en étaient partout reproduits : sur le livre de prières de la châtelaine et sur la garde de l'épée du châtelain, la Mort apparaissait, dansant un pas de deux avec le nouveau venu dans son empire, comme pour le recevoir et l'initier, tandis qu'autour d'eux s'agitait l'immense ronde des vieux trépassés.

La Chaise-Dieu avait atteint le terme de ses grandeurs quand la statue de Clément VI, faite de marbre blanc, vint prendre place dans le chœur, sur un mausolée de marbre noir; elle était depuis longtemps en décadence, lorsque les derniers coups lui furent portés par l'impitoyable baron des Adrets, pendant les guerres religieuses du xvie siècle. Retirés dans une tour massive que Clément VI avait fait construire, les moines purent conserver leur vie; mais ils eurent la douleur de voir l'abbaye et la ville de la Chaise-Dieu ravagées par le feu et par le fer. Le couvent ne se releva guère de ses ruines; cependant il formait encore un bénéfice d'une importance telle que les fils des plus nobles familles se les disputaient; on trouve des La Rochefoucauld, des d'Armagnac, des Rohan sur la liste des abbés de la Chaise-Dieu.

Comme monument, l'abbaye de la Chaise-Dieu eut encore à

subir une autre invasion non moins dévastatrice que celle du baron des Adrets : dans la révolution française, quelques saints personnages furent renversés de leurs piédestaux, d'autres perdirent la tête, des bas-reliefs furent mutilés, et les trésors de la bibliothèque, l'un des plus riches chartiers de France, furent dispersés au vent. L'ignorance, non moins destructive et non moins barbare que la volonté de nuire, a encore ajouté à tous ces ravages. Dans ces derniers temps, un bon curé de la Chaise-Dieu, pour rendre son église plus propre, faisait passer la brosse du badigeonneur sur les peintures de la danse macabre. Cependant la tour et l'église de Clément VI n'ont pas succombé sous toutes ces causes de destruction : leurs restes constituent encore un beau monument, et l'on peut dire même que le caractère d'austérité mélancolique que leur donne leur état de dégradation ne les met que mieux en harmonie avec les lieux sauvages qui les entourent. L'église de la Chaise-Dieu, dit un voyageur, indigente, oubliée, noble seulement de sa grandeur, cachée au milieu des forêts, couronnée par les nuages, vêtue de la mousse et des lichens des ruines, chevronnée des mutilations de trois siècles, avec son pavé brisé et sa voûte ouverte au jour, saisit l'âme d'un plus profond respect que tous les trésors entassés dans Saint-Pierre de Rome.

La Chaise-Dieu est située dans le département de la Haute-Loire, à cinq lieues environ à l'est de Brioude.

LA ROCHE SAINT-MICHEL, AU PUY.

Placer au sommet d'un rocher à pic une chapelle dédiée à l'Archange guerrier qui terrassait les monstres et les dragons, c'était une idée tout-à-fait appropriée au siècle religieux qui l'enfantait. Le diamètre de cette masse si bizarre par sa forme est estimé à soixante-dix pieds, et la hauteur à deux cents. Un escalier taillé dans le roc, et divisé en dix rangées soutenues par des murs en terrasse, conduit à sa cime, d'où se déroule le panorama le plus grandiose. Ce fut en 962 que Gotescal, évêque du Puy, posa la première pierre de la chapelle qui couronne la roche, et qui fut appelée Séguret (Sûr) à cause de sa position inaccessible à toutes les attaques : l'architecture en est romane, et le portail de la petite église est orné de mosaïques formées de pierres blanches et de basaltes colorées dans le genre des belles constructions lombardes. Une cellule et une citerne suffisaient au pieux cénobite qui venait prier dans ce tombeau, si près du ciel. Lorsqu'après avoir inspecté scrupuleusement ces murs vieux et moussus, vos regards se portent sur les lieux environnants, vous plongez dans la ville du Puy qui s'étage en amphithéâtre sur le versant d'un mamelon, au pied duquel coule la rivière de la Borne.

Le Puy, comme toutes les autres cités si populeuses de nos jours, a commencé par être une bourgade de peu d'importance. Le christianisme naissant y fit de nombreux prosélytes; au IIe siècle, saint Grégoire en était évêque. Plus tard, les habitants, fidèles à la religion de Jésus-Christ, eurent de longues et sanglantes persécutions à essuyer sous la domination successive des Visigoths, des Ariens, des Sarrazins et des Normands, qui, en 729, passèrent sur le Velay comme une avalanche effroyable. Au-dessus de ces maisons couvertes en tuiles rouges, s'élève la vieille et vénérable cathédrale, qui domine la ville comme un ange protecteur chargé de veiller à sa conservation.

ABBAYE DE SAINT-BERTIN.

L'abbaye de Saint-Bertin, dont on voit les ruines dans la ville de Saint-Omer, fut bâtie, vers le milieu du VIIe siècle, par des moines dont les efforts persévérants parvinrent à en établir les fondements sur une base ferme et solide, dans un terrain environné de marais. Ce triomphe du travail sur la nature passa pour un miracle à une époque de foi naïve et de pieuses croyances. La réputation du nouveau monastère grandit et s'étendit rapidement; il fut bientôt un des plus riches et reçut des rois de France de brillants priviléges. En peu de temps cette abbaye ne fut plus connue que sous la dénomination du *monastère des monastères*. La dynastie carlovingienne vint établir sa résidence royale dans les environs, et elle confia Childéric III, fragile héritier de Clovis, à la sécurité de ce cloître C'est là que Louis le Débonnaire reçut la première nouvelle de la révolte de ses fils.

Deux fois les Normands renversèrent de fond en comble ce couvent de Saint-Bertin; deux fois, grâce au zèle courageux des pieux solitaires, il se releva avec plus de majesté. Fondée en 648, brûlée par les Barbares en 861 et 881 renversée par un tremblement de terre en 896, un violent incendie consuma de nouveau, en 1020, presque entièrement et en un seul jour cette malheureuse abbaye. Après son quatrième rétablissement, elle soutint avec éclat sa première réputation. Déjà elle avait été témoin paisible de grands changements opérés dans la monarchie. *Baudouin Bras-de-Fer*, qui commence la puissante lignée des comtes de Flandre, avait voulu expressément y être inhumé; et deux rois d'Angleterre, Alfred et Canut, y avaient séjourné longtemps. Au sac de Saint-Omer, en 1071, par Philippe Ier, le monastère de Saint-Bertin fut respecté. Parmi les prisonniers de la bataille de Cassel déposés dans l'enceinte de l'abbaye, se trouvait Pierre l'Ermite, alors à la suite du comte de Boulogne, et dont la voix entraînante allait bientôt retentir dans la chrétienté. Dix ans plus tard, l'abbaye de Saint-Bertin fut encore dévorée par un incendie; elle fut reconstruite, mais en bois, et avec une mince couverture de chaume.

L'abbé Suger, cité encore comme le modèle des hommes d'État, né à Saint-Omer, de parents obscurs, fut élevé à Saint-Bertin. C'est après avoir fait bénir ses armes dans le sanctuaire de cette église que le brave Geoffroi de Saint-Omer alla fonder à Jérusalem le fameux ordre des Templiers. Au commencement du XIIIe siècle, la ville de Saint-Omer étant passée sous l'autorité immédiate des rois de France, le monastère de Saint-Bertin fut visité par Philippe-Auguste et par son fils, dont le front allait ceindre la couronne d'Angleterre. En 1231, saint Louis et la reine Blanche prirent leur logement dans l'abbaye; ils confirmèrent, pendant leur résidence, tous les priviléges des religieux. Guilbert, quarante-neuvième abbé de Saint-Bertin, surnommé l'*Abbé d'or*, à cause des ouvrages somptueux qu'il avait fait exécuter en Belgique, entreprit la construction d'une nouvelle église dans son abbaye, à laquelle il avait fait obtenir les ornements pontificaux : mais le plan des bâtiments, digne d'une métropole, était si vaste et si coûteux, que ses successeurs n'osèrent terminer son œuvre magnifique. Le réfectoire était un des plus remarquables du royaume; rien n'approchait de la richesse du chœur.

Le XIVe siècle fut l'époque de la huitième et dernière réédification de l'église de Saint-Bertin. L'un des successeurs de l'*Abbé d'or* avait renversé le bâtiment colossal entrepris en 1255, et avait fait jeter, en 1326, les fondations du chœur d'un plus modeste monument. L'église abbatiale fut commencée en 1330. En 1406, disent les Annales de Saint-Omer, au moment où Jean Sans-Peur promettait de rendre Calais à la France, quelques misérables vendus à l'Angleterre mirent le feu dans les magasins de Saint-Bertin qui renfermaient une partie du matériel de l'expédition, et le monastère souffrit beaucoup de cet incendie. Le clocher, renommé par son élégance, fut élevé en 1411; trois ans après, le corps de l'église reçut sa riche couverture de plomb, et l'intérieur se vit en possession d'une précieuse bibliothèque. Dans les vicissitudes des guerres, l'abbaye de Saint-Bertin se trouva tantôt dans l'abondance, tantôt dans la pauvreté; mais au XVIe siècle ce monastère parvint à l'apogée de sa splendeur et de sa gloire. Jamais sa prospérité ne fut plus éclatante qu'à l'époque de la domination espagnole.

Plus d'un demi-siècle avant la révolution française, deux moines de la savante congrégation de Saint-Maur, ayant visité l'abbaye de Saint-Bertin, publièrent que ce monastère était un des plus illustres de l'ordre de Saint-Benoît; que l'église était grande, splendide; l'autel d'or, enrichi de figures en vermeil et de pierres précieuses. La Vie de saint Bertin, dirent-ils, était peinte sur des fenêtres de bois; la croix de Charlemagne se trouvait dans le trésor, et le chef du fondateur, en vermeil et garni de diamants, resplendissait dans le sanctuaire. Le 28 mai 1790, on fit l'inventaire du temporel de l'abbaye de Saint-Bertin. L'année suivante, on y installa un curé constitutionnel, qui périt sur l'échafaud. Le 16 août 1791, tous les religieux de Saint-Bertin furent obligés d'abandonner leurs cellules chéries, après onze cent quarante-trois ans d'une possession non interrompue. Ils avaient été plus de cent cinquante dans le premier âge du monastère; ils étaient cent vingt au commencement du XIIe siècle; ce nombre s'était élevé sous la domination espagnole. A l'époque de la fatale sortie, on comptait à peine cinquante religieux.

Après le départ des cénobites, l'abbaye de Saint-Bertin servit d'asile aux militaires blessés. Bientôt on fit la vente de toutes les dépendances du monastère : bâtiments, boiseries, sculptures, stalles, vitraux, croix royales, ornements des tombeaux, tout disparut rapidement; les cloches furent brisées et envoyées à la monnaie. Le 28 mars 1799, cette église fut vendue, comme domaine national, pour la somme de 120,000 francs en numéraire; un habitant d'Arras en fut l'acquéreur; il commença un mois après à la faire démolir, à l'exception de la tour qui fut conservée pour l'usage du guet, établi depuis 1589. Ce vaste et beau monument de l'architecture gothique formait une croix latine avec bas côtés, au-dessus desquels régnait un rang de galeries, soutenu par quarante-huit piliers; sa longueur, prise intérieurement, était de 350 pieds; sa largeur de 137 pieds; il avait pour frontispice la tour carrée, encore existante, de 175 pieds de hauteur.

L'abbaye de Saint-Bertin fut le théâtre et le témoin d'un grand nombre d'événements mémorables, et la résidence de plusieurs personnages marquants. Un puissant intérêt historique se rattache à son existence, et ce qui reste de cet édifice est digne de l'attention des artistes.

ABBAYE DE SAINT-WANDRILLE.

Les ruines de l'abbaye de Saint-Wandrille sont dignes d'être comptées parmi les plus précieux restes du passé que possède la Normandie, si riche en monuments. La haute antiquité de ce monastère le recommande d'abord à l'attention ; le seul couvent de Saint-Ouen, à Rouen, est d'une date plus reculée. Saint Wandrille, qui en fut le fondateur, vers l'an 684, était du sang royal de France ; sa naissance l'appelait aux honneurs, mais une vocation forte l'entraînait à la vie monastique. Un vallon sauvage, que baignaient les eaux d'un petit ruisseau nommé Fontenillac, s'ouvrait sur la rive droite de la Seine, à quelque distance de Caudebec, et à sept lieues environ de Rouen : c'est là que se retira saint Wandrille, et qu'il mit à exécution le dessein qu'il méditait depuis longtemps de fonder un cloître. La nouvelle église, placée sous l'invocation de saint Pierre, devint le centre d'une petite colonie qui prit un rapide essor. Tantôt appelée Saint-Wandrille, du nom de son fondateur, tantôt Fontenelle, du nom du ruisseau qui l'arrosait, l'abbaye fut bientôt assez riche pour fonder des succursales. Nous ne nommerons pas toutes les églises qui durent la naissance à saint Wandrille ; nous en indiquerons seulement une, dont la destinée fut étrange et funeste. Elle avait été fondée sous le nom de l'abbaye de Saint-Condé, dans la grande et belle île de Bercinac, qui s'élevait au milieu de la Seine, à peu près vis-à-vis de Caudebec. De magnifiques édifices, de riches plantations couvraient Bercinac, qui, sortant des eaux, offrait aux yeux un noble et doux aspect. Un matin, le pèlerin et les pauvres qui allaient demander asile et aumône au monastère le cherchèrent en vain de leurs regards étonnés : rien n'interrompait plus le cours de la rivière, ses deux bras s'étaient réunis, l'île de Bercinac avait disparu, les flots roulaient sur elle, et rien ne marquait la place où elle avait existé. Quelques siècles après, en 1641, elle sortit de sa tombe, et montra au-dessus des ondes les débris de ses monuments ; mais bientôt elle s'abîma de nouveau, et, depuis, le soleil n'a jamais lui sur sa surface. Au moment où ce désastre frappa l'un de ses plus opulents rejetons, l'abbaye de Saint-Wandrille était dans toute sa splendeur, et de nombreuses colonies pouvaient la consoler de la perte de Bercinac. Quatre cents religieux bénédictins peuplaient ses cloîtres, et son éclatante renommée était répandue dans toute la France. La musique et les belles-lettres y étaient surtout en grand honneur, et les moines les enseignaient à des disciples qui arrivaient à eux de toutes les parties de la province. Saint-Wandrille était en même temps un sanctuaire renommé pour la piété des cénobites : dix-huit de ses abbés et une douzaine de ses religieux furent jugés dignes d'être honorés par des services institués pour eux, par la dédicace de chapelles placées sous leur invocation. Ce fut dans les cloîtres de cette abbaye que Thierry, le dernier prince de la race mérovingienne, chercha dans la religion l'oubli de ses grandeurs perdues, pendant que son père, Childéric III, renversé du trône par Pépin (750), coulait ses dernières années sous l'habit de moine à Saint-Omer.

La chute de la dynastie à laquelle avait appartenu son fondateur ne fut pas un événement funeste pour l'abbaye de Saint-Wandrille ; elle retrouva, sous les Carlovingiens, toute la protection que lui avaient donnée les rois de la première race. Mais la fortune de Fontenelle déchut quand la maison carlovingienne fut en décadence : les abbayes, possédant les plus grandes richesses du royaume, eurent, pour cela même, le plus à souffrir, le plus à perdre, au milieu des désordres et des dévastations qui virent s'accomplir les règnes des successeurs de Charlemagne. Située sur les bords de la Seine, sur la route favorite des Normands, Fontenelle fut plus souvent visitée et plus cruellement ravagée que la plupart des autres monastères. Elle subit en outre des désastres particuliers : de fréquents incendies détruisirent ses édifices.

L'époque de la réforme et des guerres de religion lui fut également fatale. Gabriel de Montgommery, que ses exploits de partisan dans la Normandie n'ont guère rendu moins célèbre que la mort funeste de Henri II, s'étant emparé du monastère de Saint-Wandrille, le livra au pillage, et fit brûler les ornements de l'église et les objets consacrés au culte, dans un bûcher allumé au milieu du chœur, sur le tombeau d'un des anciens abbés. Un demi-siècle après, un accident ruina complétement l'église : en 1631, le clocher, placé au point d'intersection de la nef, du chœur et de la croisée, s'affaissa tout à coup, et comme il était d'une grande élévation et revêtu de lames de plomb dans toute sa hauteur, il entraîna tout l'édifice dans sa chute, et l'écrasa sous ses débris. La restauration de Saint-Wandrille s'accomplit lentement et avec peu de somptuosité ; on remuait encore des pierres au commencement du dernier siècle.

L'abbaye de Saint-Wandrille a succombé à la révolution française. Il n'en reste plus aujourd'hui que des ruines, mais ces débris sont encore pleins de grandeur et de beauté. De tous côtés abondent des morceaux de bas-reliefs, travaillés avec un art et une délicatesse extrêmes, tandis qu'on découvre auprès des vestiges de peintures qui forment un piquant contraste par leur grossièreté même : on s'étonne qu'au temps où les tailleurs de pierre étaient tous des sculpteurs, les peintres ne fussent que des badigeonneurs. Quelques traits de mœurs intimes et de l'esprit des moines se sont aussi conservés parmi les ruines : ainsi l'on s'arrête avec curiosité devant une figure originale, qui, modelée en pierre, gardait jadis l'entrée du réfectoire. Ce personnage, que caractérisent les insignes de la folle gaîté et de l'ivrognerie, et que décorent des oreilles d'âne, recommandait tacitement aux moines la sobriété et le décorum, sous peine de mériter son ignominieuse décoration.

Une des parties les moins ruinées et les plus remarquables de l'abbaye de Saint-Wandrille est le cloître, qui s'étendait le long de la nef, et qui fut commencé vers le milieu du quatorzième siècle : il a été jugé digne d'être reproduit au Diorama. Ce cloître était le théâtre d'une des principales traditions qui enrichissent les chroniques de l'abbaye de Fontenelle. Un sacristain, nommé de Gruchy, avait introduit des voleurs dans le monastère ; ceux-ci avaient expié leur crime sur l'échafaud, sans révéler la complicité du sacristain, et à sa mort il avait obtenu les honneurs de la sépulture ; mais on l'inhuma non loin du lieu qui avait vu ses pilleries, « et chaque jour, dit un chroniqueur, on voyait naître et pulluler sur icelui tombeau une très-grande abondance de petits crapauds de différentes sortes et couleurs, et c'était pour nous, matin et soir, une perte fort notable de temps dépensé à les faire disparaître. »

A cinq cents pas de l'abbaye de Saint-Wandrille se trouve la fontaine miraculeuse de Caillouville, dont la renommée n'a, depuis plusieurs siècles, rien perdu de son crédit. Autrefois le retour du vendredi saint appelait à Notre-Dame de Caillouville un concours prodigieux de peuple qui venait en pèlerinage pour entendre la prédication du doyen des abbés. On n'y prêche plus aujourd'hui, mais tous les premiers vendredis de mai on voit la même affluence accourir sur ce sol dévasté ; jusqu'à l'arrivée de l'arrière-saison, les baigneurs abondent à Caillouville ; pendant ce temps, on ne laisse plus, dit-on, emporter de l'eau de la fontaine, devenue propriété particulière, à moins de cinq sous la pinte. Ce petit calcul est fort bien entendu sans doute ; mais il n'y a pas trois siècles que son auteur eût subi des peines sévères comme convaincu de simonie !

ABBAYE DE MORTEMER.

L'abbaye de Mortemer, dont les ruines s'élèvent au milieu de la forêt de Lyons, à peu de distance d'Écouy, fut fondée par des moines de Beaumont, venus du Vexin normand. L'emplacement qu'ils choisirent est un vallon étroit et ombragé, dirigé du sud-ouest au nord-ouest. C'est dans cette solitude, asile assuré contre le tumulte et les distractions du monde, qu'ils s'établirent. Henri Ier, qui n'avait plus alors qu'un triste et rapide séjour à finir sur la terre, Etienne et Geoffroy Plantagenet, Henri II, Richard Cœur-de-Lion, protégèrent et dotèrent le monastère naissant, qui, ayant adopté la règle de l'ordre de Citeaux, avait besoin des libéralités des princes pour devenir, comme les autres maisons de l'ordre, un refuge gratuit ouvert à tous les voyageurs. La reine Mathilde, femme d'Étienne Plantagenet, concourut aux dépenses de la construction de l'église, qui ne fut cependant commencée que sous Henri II. Les travaux durèrent trois ans, et coûtèrent plus de mille livres de cette époque. Il ne restait plus à élever que le chevet, ou chœur des moines, dont les fondements furent jetés, de 1178 à 1180, par l'abbé Richard de Blosseville, et qui fut terminé par son successeur Guillaume pendant les dernières années du siècle. Henri II célébra à l'abbaye de Mortemer le commencement du carême en 1161, et avec toute sa cour il reçut les cendres des mains de saint Pierre de Tarentaise, légat du pape. Tel est le seul souvenir qui se rattache à l'abbaye de Mortemer, dont les beaux restes appartiennent aujourd'hui à une riche Anglaise, qui veille à leur conservation.

LA GRANDE CHARTREUSE.

Non loin de Grenoble se trouve une vallée longue, étroite et sombre, qui n'était connue dans les anciens temps que sous le nom de *Grand-Désert*. C'était un désert, en effet, car l'homme ne pouvait songer à s'établir dans ce lieu sauvage. Les approches de cette vallée étaient défendues par de hautes montagnes.

Ce n'étaient, de toutes parts, que rochers et précipices, que fondrières et marais; on ne voyait ni chemins ni sentiers, et le montagnard le plus alerte mettait un jour entier à franchir une distance de trois lieues.

L'entrée était un long défilé entre deux effrayantes masses de rochers qui répandaient sur cet étroit passage la nuit, l'épouvante et l'horreur. Le silence n'y était troublé que par l'éclat des orages ou le mugissement sourd des torrents. On n'y entendait d'autre voix que celle de l'ours, encore était-ce rarement et dans les beaux jours, et ce cri sauvage, répété par tous les échos, effrayait la bête même qui l'avait jeté. On n'y voyait pas un oiseau, et le milan qui se perdait dans les nuages dédaignait d'y descendre.

Au bout de ce défilé, se trouvait la vallée du désert, immense bassin creusé au milieu des montagnes, dont les flancs laissaient voir des rochers nus et livides, ou des bouquets de pins au feuillage noir et à l'aspect sinistre. De sombres vapeurs s'élevaient lentement et semblaient établir une communication aérienne entre les nuages et la terre. Là, tout était affreux et terrible; et cependant c'est là qu'un saint homme fonda un monastère devenu célèbre, et qu'on peut encore voir aujourd'hui.

Cet homme, c'est saint Bruno, qui naquit au commencement du xie siècle. Sa famille, noble et riche, comptait sur lui pour porter avec éclat le nom qu'elle devait lui transmettre; mais bien qu'il fît dans toutes les sciences des progrès de nature à donner les plus brillantes espérances, ce n'était pas dans le monde que Dieu avait marqué sa place. Il ne tarda pas à entrer dans les ordres et à se rendre célèbre à Reims par ses prédications et les leçons qu'il donnait en chaire, car encore fort jeune lui-même, il avait de nombreux disciples. Après avoir fait différents voyages, il annonça tout à coup l'intention de s'ensevelir dans la retraite, et, accompagné de six amis dévoués qui avaient pris la même résolution, il se rendit à Grenoble. Il fut s'établir au milieu du *Grand-Désert*. Ils commencèrent d'abord par bâtir quelques cabanes, qu'ils nommèrent des cellules, et ces cabanes furent l'origine de l'ordre célèbre des *Chartreux*, qui prit son nom de la vallée sauvage qui s'appelait la Grande-Chartreuse.

C'était en 1084, et bientôt on vit s'élever une église et un monastère. Les forêts s'éclaircirent, des sentiers se tracèrent, des ponts grossiers couvrirent les abîmes, et la main de l'homme fit sentir sa puissance dans ce chaos regardé jusqu'alors comme inhabitable. Mais, quoi qu'on ait pu faire, la vallée n'en est pas moins un lieu horrible dans lequel de saints hommes, voués au silence et à la prière, ont pu seuls se déterminer à vivre.

L'ordre des chartreux se distingua parmi tous les ordres religieux par la sévérité de ses statuts. Il suffira, pour en juger, que nous rapportions quelques-unes des principales règles auxquelles ils se soumettaient.

Ils ne mangeaient jamais de viande, dût cette privation mettre leur vie en danger. Ils jeûnaient huit mois de l'année. En carême, pendant l'avent, et tous les vendredis, ils ne mangeaient ni œufs ni laitage. Ils ne faisaient qu'un repas par jour, et le faisaient seuls, enfermés dans leurs cellules, car ce n'était que les jours de grande fête qu'ils se rassemblaient dans le réfectoire. Ils étaient privés du plaisir de se promener ensemble, excepté une fois par semaine. Tout leur temps se passait dans leurs cellules ou à l'église, et les seuls travaux qui leur fussent permis étaient la culture de leur jardin. Dans l'origine, ils s'occupaient beaucoup à copier des manuscrits des ouvrages sacrés; car comme ils ne sortaient jamais du monastère, ils n'avaient pas le secours des quêtes permises aux autres ordres religieux, et ils cherchaient à y remédier par un travail assidu.

Jamais il ne quittaient le cilice. Leur lit se composait d'un sac rempli de paille. A six heures du soir, ils se jetaient sur ce lit tout habillés, en ayant soin cependant de changer de vêtements par mesure de santé. A dix heures, ils étaient éveillés par la cloche, et se rendaient à l'église, où ils restaient en prière jusqu'à trois heures du matin. Ils pouvaient alors rentrer dans leurs cellules et prendre du repos jusqu'à six heures.

Et comme si toutes ces privations et toutes ces rudes épreuves n'étaient pas encore assez fortes, il en est une plus grande que toutes les autres qui leur fut imposée et qu'ils acceptèrent avec une résignation admirable : ce fut la condition d'un silence perpétuel! L'ordre se glorifiait de compter neuf saints qui avaient porté son habit.

Le monastère a été huit fois la proie des flammes et huit fois il a été rebâti par les religieux, aidés des secours qui chaque fois leur étaient apportés de toutes parts. Il se compose de deux grands corps de bâtiments en forme de carré long, et qui forment ensemble un angle aigu. Le premier bâtiment peut avoir 150 toises de long sur 50 de large, et le second n'a pas moins de 200 toises sur 50. Les cellules sont composées d'une chambre, d'un petit oratoire et d'un jardin particulier. Pour tout mobilier, on y voit une table, un siége et un crucifix. Un grand nombre de petites arcades, à vitres plombées, éclairent comme à regret de longs corridors dont le silence n'est interrompu que par le bruit de fontaines dont les eaux glaciales sont destinées à l'usage des religieux.

Au milieu de tous les bâtiments se trouve l'église, et l'intérieur du couvent renferme en outre trois chapelles, dont une, qui porte le nom de *chapelle Saint-Louis*, est surmontée d'un dôme qui ne manque pas d'élégance. Dans la salle du chapitre, qui a au moins 50 pieds de long sur 30 de large, on voit encore la chaire où montait le supérieur quand il haranguait les religieux assemblés, et on voit autour les portraits des généraux de l'ordre par rang d'ancienneté.

L'ordre des chartreux s'étendit par toute l'Europe, et, avant la destruction des monastères, il comptait jusqu'à cent soixante-douze maisons, divisées en seize provinces. Dans toutes, les statuts étaient les mêmes, et chaque religieux, la tête rasée, portait la robe blanche ornée d'une longue croix noire. Le couvent de la Grande-Chartreuse, le plus ancien de tous, a contenu jusqu'à 400 religieux : aujourd'hui il n'en compte plus que quelques-uns.

ABBAYE DE SAINT-RICQUIER.

Deux moines, envoyés pour prêcher le christianisme en Irlande, vers la fin du VIe siècle, prirent leur route, au retour, par le comté de Ponthieu. La populace de la ville de Centule (aujourd'hui bourg Saint-Ricquier, à quelques lieues d'Abbeville) les accablait d'outrages. Seul, un obscur et pauvre artisan, du nom de Ricquier, les prit sous sa protection et leur donna l'hospitalité. Les missionnaires reconnaissants lui racontèrent les merveilles de l'Evangile, et le jeune Ricquier, dont l'âme était tendre et l'intelligence ardente, accueillit avec transport une religion qui parlait aussi vivement à son cœur et à son esprit. A peine converti, il s'efforça de convertir, et l'éloquence de sa parole, l'autorité de sa vie exemplaire avaient déjà conquis au christianisme un grand nombre de ses concitoyens, lorsque, entraîné par son zèle vers les missions périlleuses, il passa la Manche pour aller porter la lumière en Angleterre. Son influence s'en accrut à Centule, et, à son retour, il compta bientôt presque tous les habitants parmi ses disciples. Il fonda alors un asile pour ceux qu'une foi plus vive appelait, loin du monde, à partager les rigueurs de la vie monastique. Telle fut l'origine de l'abbaye de Saint-Ricquier, une des plus puissantes et des plus célèbres de l'ancienne France. La ville avait pris, suivant la tradition, son premier nom de *Centule*, des cent tours qui dominaient ses murailles ; elle l'abandonna pour celui de *Saint-Ricquier*, lorsque l'abbaye fut devenue sa plus grande illustration.

La réputation de Ricquier s'était bientôt répandue au loin, au grand profit de son abbaye, qui recueillait, en donations, le prix de la renommée de son fondateur. Le roi Dagobert lui-même, saisi parfois d'accès religieux au milieu de ses habitudes de luxe et de débauche, avait voulu le voir et avait pris rang, avec une magnificence toute royale, parmi les bienfaiteurs du monastère. La prospérité du couvent s'accrut si rapidement, qu'après quelques années, Ricquier, fuyant la mollesse que l'abondance commençait déjà à y introduire, s'était retiré, pour pratiquer ses austérités, dans la forêt voisine de Crécy, au lieu appelé depuis *Forêt-Montiers*, par corruption de *Forêt Moustier* ou monastère de la forêt. Ce fut là qu'il mourut, en 646; mais les moines de Centule vinrent chercher son corps, qu'ils inhumèrent dans leur église. Cette relique allait être en quelque sorte le *palladium* de leur abbaye, et une des causes les plus actives de sa richesse future. Ricquier, béatifié, obtint en effet, après sa mort, une considération encore plus grande que celle qui lui avait été acquise pendant sa vie, et pas un autre saint ne fut placé aussi haut dans la vénération populaire de ces contrées. Chaque semaine, plus de dix mille livres en argent, sans compter d'autres offrandes de toute nature, étaient déposées sur son tombeau, auquel on attribuait des vertus miraculeuses. Souvent les moines de Saint-Ricquier, lorsque quelque désastre avait frappé l'abbaye, allaient promener processionnellement la dépouille mortelle de leur patron à travers les villes et les villages du voisinage, et de toutes parts les fidèles répondaient abondamment à cet appel fait à leur piété. Une anecdote assez intéressante constate mieux encore la dévotion extraordinaire que ces parties de la France avaient dans les reliques de saint Ricquier. Deux fois, vers la fin du xe siècle, Arnoul, comte de Flandre, enleva le corps du saint, et l'emporta dans ses Etats pour que la possession de ce trésor détournât de sa maison les châtiments célestes que pouvaient mériter ses actes de débauches et de violence, et attirât sur elle les bénédictions dont l'abbaye était comblée. Les moines dépouillés se plaignirent au roi de France, Hugues-Capet, qui, après les avoir accueillis d'autant plus favorablement qu'il avait été lui-même abbé de Saint-Ricquier, se mit en campagne pour forcer le comte de Flandre à restituer la précieuse relique. Elle fut donc rapportée en grande pompe à Centule; nu-pieds et la tête découverte, le roi lui-même s'était mêlé aux porteurs. Les moines reproduisirent dans un tableau tous les détails de cet événement, tandis que leur abbé le célébrait dans une espèce de complainte en vers.

La splendeur de l'abbaye de Saint-Ricquier, en rendant le

titre d'abbé une dignité aussi honorable que lucrative, l'avait fait briguer non seulement par des nobles de première classe, mais même par des princes du sang royal, et ces illustres patronages avaient accru son éclat et sa prospérité. Nous venons de voir que le fondateur de la troisième dynastie avait été abbé de Saint-Ricquier; le plus grand roi de la seconde race avait aussi habité l'abbaye. Charlemagne, lorsque son gendre Angilbert, docte disciple d'Alcuin, était supérieur du monastère de Centule, y venait du fond de la Saxe passer les fêtes de Pâques, et discuter avec les moines des questions littéraires. On montrait encore, dans la bibliothèque du couvent, au milieu du siècle dernier, un souvenir du grand monarque : c'était un livre d'évangiles, couvert en velours cramoisi, et écrit en lettres d'or, sur vélin, que Charlemagne avait donné à Angilbert, qu'il aimait d'une vive affection et qu'il appelait son Homère.

L'abbaye de Saint-Ricquier, au milieu de circonstances aussi favorables, avait acquis une opulence et une puissance extraordinaires. Indépendamment de plus de cent domaines et d'une multitude de fermes et de métairies qu'elle faisait cultiver par des vilains, elle possédait cent dix-sept terres, tenues en fief par des nobles qui, armés de pied en cap, venaient tous les ans, le jour de la Pentecôte faire sur les marches de l'autel acte solennel de vassalité entre les mains de l'abbé. Chacune des deux mille cinq cents maisons que renfermait la ville de Centule payait encore à l'abbaye, en rétribution annuelle, quatre deniers, quatre poules, quatre chapons et trente œufs. Enfin les divers métiers entre lesquels les rues étaient distribuées avec une régularité claustrale, devaient livrer, comme imposition en nature, une partie même des objets sur lesquels s'exerçait leur industrie : ainsi les charpentiers donnaient des planches, les forgerons des fers, les bourreliers des cuirs, les cabaretiers de la bière, les hommes de guerre leurs armes et leur vie. Il faut reconnaître que si les revenus de l'abbaye étaient, comme on peut en juger, considérables, ses charges étaient assez lourdes : elle avait journellement à pourvoir à l'entretien et à la subsistance de trois cents pauvres, de cent cinquante veuves, de soixante clercs et de trois cents religieux. Les prérogatives spirituelles des moines de Saint-Ricquier n'étaient pas moins étendues que leur pouvoir temporel : sept paroisses voisines relevaient de leur église; et quelques-uns de leurs abbés, par autorisation des papes, purent porter la mitre, la crosse et l'anneau dans ces processions fastueuses où, de plusieurs lieues à la ronde, hommes et femmes, clercs et laïcs, nobles et vilains, venaient se ranger sept par sept à la suite du clergé de Centule. Pour compléter enfin cet exposé sommaire des brillantes desti nées de l'abbaye de Saint-Ricquier au ix° siècle, nous ajouterons : ces moines étaient alors des plus érudits, et la bibliothèque des plus riches de la France ; elle possédait deux cent cinquante-six volumes sur des matières sacrées et profanes.

Depuis cette ère de gloire, qui voudrait continuer l'histoire de l'antique abbaye, aurait, de siècle en siècle, quelque trait à retrancher du tableau que nous venons de tracer. Toutes les calamités matérielles que les invasions de barbares, que les guerres étrangères, que les dissensions intestines multiplièrent sur le sol français, furent ressenties par elle ; toutes les révolutions sociales, toutes les agitations intellectuelles, qui changèrent les mœurs et les croyances des peuples, lui furent également funestes, et, par ces causes physiques, sous ces influences morales, elle perdit successivement tous les rayons de son auréole. Lorsque le cardinal de Richelieu, lorsque le fils du chancelier d'Aligre furent abbés de Saint-Ricquier, ils donnaient déjà à ce titre plus d'illustration qu'ils n'en recevaient de lui. Les monuments, comme les hommes, sont atteints dans les grandes commotions : aussi les bâtiments de l'abbaye de Saint-Ricquier furent-ils souvent mutilés, détruits par les Normands, par les barons maraudeurs, par les Anglais, et plusieurs générations d'édifices, pour ainsi dire, se sont placées et écoulées entre l'humble chapelle que fonda Ricquier, entre les trois basiliques pompeuses qu'Angilbert couvrit de lames de plomb, et l'église actuelle, qui date du commencement du xvi° siècle.

Aujourd'hui quelques vestiges rappellent vaguement les murailles et les cent tours de la belliqueuse Centule : à peine des deux mille cinq cents maisons en pourrait-on compter deux cents, pour lesquelles seraient peut-être trop lourdes les vieilles redevances de poulets et d'œufs. Le monastère, enlevé nouvellement aux jésuites, qui l'avaient, jusqu'à un certain point, rendu à sa primitive destination en y établissant une succursale de Saint-Acheul, n'est plus qu'une ruine, et, comme pour rendre ces vicissitudes plus frappantes, à deux lieues de là s'élève la belle et florissante cité d'Abbeville, que l'abbaye de Saint-Ricquier inscrivait encore, à la fin du x° siècle, parmi ses moindres métairies.

ABBAYE DE LA VICTOIRE.

La bataille de Bouvines sauva la France ; au moment où la

bataille, devenue inévitable, allait s'engager, Philippe-Auguste, s'agenouillant devant une petite chapelle rustique qu'ombrageait un frêne, s'écria : « Voici que le Seigneur me donne ce que je désirais : la bataille arrive. Dieu coupera avec nos glaives les membres de ses ennemis ; ce sera lui qui frappera, et nous serons le marteau ; il sera le chef de tout le combat, et nous serons ses ministres ; je ne doute pas que la victoire ne se déclare favorable, qu'il triomphe par nous et que nous ne triomphions par lui de ses propres ennemis ; Othon est un impie qui ose menacer l'Eglise de la dépouiller de ses biens ; nous, au contraire, nous sommes en communion avec le saint-père, et nous chérissons les clercs comme ils nous aiment d'une tendre affection. Que ce combat soit destiné à vaincre, non pour moi, mais pour vous et le royaume. » De bruyants applaudissements accueillirent ces paroles, et pendant que les trompettes et les hérauts d'armes appelaient aux armes, les prêtres qui entouraient le roi entonnèrent les psaumes de David : *Que le Seigneur se lève, et ses ennemis seront dispersés : Béni soit le Seigneur qui a instruit ma main à combattre!*

La mêlée fut longue et terrible. A l'exemple de leurs chefs, Philippe-Auguste et Othon, qui furent renversés de cheval et qui coururent les plus grands dangers, les chevaliers de France, d'Angleterre, d'Allemagne et de Flandre combattirent avec une brillante valeur. Les bourgeois des communes de France se couvrirent aussi de gloire, et gagnèrent par leurs prouesses l'estime et le respect des barons qui avant la bataille les avaient raillés de leurs allures peu martiales. Mais les honneurs de la journée appartinrent à deux évêques. Guérin, évêque de Senlis, ancien chevalier hospitalier, avait rangé l'armée française en bataille avec une habileté supérieure ; et, se maintenant toujours au plus fort du combat, l'évêque de Beauvais, armé d'une massue, assommait tout ce qu'il rencontrait, son caractère ecclésiastique ne lui permettant pas de verser le sang. Les Français remportèrent enfin une victoire complète, dont la prépondérance de Philippe en Europe et la décadence du système féodal en France furent les principales conséquences.

Au moment où Philippe-Auguste triomphait ainsi des alliés au nord, le prince Louis battait les Anglais au midi. Les courriers chargés d'annoncer à chacune des deux armées que l'autre avait vaincu se rencontrèrent, dit-on, aux portes de la ville de Senlis et y échangèrent les bonnes nouvelles dont ils étaient les messagers. Le roi voulut qu'une abbaye fût élevée au lieu même où cette rencontre avait eu lieu, et il lui donna le nom d'*Abbaye de la Victoire*, pour qu'elle perpétuât le souvenir des circonstances glorieuses qui en avaient accompagné la fondation. On peut croire aussi que le politique monarque saisissait avec empressement une occasion de témoigner par un acte de piété sa reconnaissance envers le clergé en général pour les services qu'il en avait reçus, et particulièrement envers l'évêque de Senlis qui avait si efficacement contribué au gain de la bataille.

L'abbaye de la Victoire, dont les beaux matériaux furent extraits des carrières voisines de Borrets, était desservie par des moines de l'ordre de Saint-Augustin ; elle relevait de l'évêché de Senlis et dépendait du château de Mont-l'Evêque, qui était, ainsi que le prouve encore son nom, une des maisons de campagne des évêques de Senlis. Richement dotée, l'abbaye avait des revenus plus considérables que ceux de l'évêché même. Tous ses bâtiments sont aujourd'hui dans un état de complète dégradation ; cependant leurs restes suffisent encore pour donner une haute idée de sa grandeur et de sa magnificence. « La masse découverte et ruinée de ce majestueux édifice, dit un historien de Senlis, se dessine dans l'air, et laisse apercevoir d'énormes piliers, de vastes arcades, et tout l'imposant appareil des ruines gothiques. De quelque point de vue que je l'aie considérée, l'abbaye de la Victoire m'a toujours semblé un des plus curieux débris de l'architecture de nos aïeux. » Ces illustres vestiges sont de l'aspect le plus pittoresque lorsqu'ils se marient dans une lointaine perspective avec le château de Mont-l'Evêque et la tour solitaire de Montespeloy, du haut de laquelle Catherine de Médicis étudiait les astres.

L'abbaye de la Victoire ne rappelle pas seulement le grand Philippe-Auguste et le belliqueux évêque Guérin, elle est encore pleine des souvenirs du superstitieux Louis XI, qui en aimait le séjour.

ABBAYE DE JUMIÈGES.

Sauvages et couvertes de forêts, les rives de la Seine dans la Normandie offraient, au VIIe siècle, de profondes retraites à ceux que leur ferveur religieuse portait à fuir le monde pour aller pratiquer au désert les austérités de la vie monastique. Presqu'au même moment où saint Wandrille jetait sur les bords du fleuve, à quelque distance de Rouen et tout auprès de Caudebec, les fondements de sa célèbre abbaye, la presqu'île de

Jumiéges, située non loin de là, voyait saint Philibert poser la première pierre d'une autre abbaye qu'attendaient de non moins éclatantes destinées. Dagobert I*er*, qui cherchait à racheter par des œuvres et des fondations pieuses ses débauches et ses cruautés, fit concession à saint Philibert de la plaine marécageuse où l'ermite et ses disciples avaient bâti leurs cellules autour d'une chapelle dédiée à saint Pierre. L'abbaye de Jumiéges prenait déjà un rapide essor, lorsqu'un événement remarquable, dont elle fut le théâtre, vint hâter ses progrès.

Clovis II, fils de Dagobert, régnait alors sur une partie de la France; voulant entreprendre un voyage en Terre-Sainte, il laissa le gouvernement de ses États à la reine Bathilde, jeune et belle Danoise, qu'il avait achetée à des pirates, et dont il avait fait sa femme. A peine était-il parti, que ses deux fils aînés formèrent, avec quelques seigneurs, un complot pour le détrôner; le roi, averti à temps, revint sur ses pas et conduisit une armée contre ses fils, qui l'attendaient à la tête d'une troupe nombreuse. Il s'ensuivit une grande bataille, dans laquelle les rebelles furent mis en déroute; les deux princes et leurs principaux adhérents tombèrent entre les mains du roi. Bonne et prompte justice fut faite des seigneurs coupables, mais le conseil que Clovis avait rassemblé refusa de se prononcer sur le sort des deux princes; leur père fut chargé de les juger. Le roi, trouvant ce devoir trop pénible à remplir, le déféra à la reine Bathilde, dont les lumières et la piété étaient en grande considération. « Alors, dit le chroniqueur de Jumiéges, la royne Bathilde, inspirée de l'esprit de Dieu qui ne pouvoit laisser un tel excès impuni, aimant mieux que ses enfants fussent chastiez en leur corps, que d'estre réservez aux supplices éternels par une sévérité pitoyable (compatissante), et pour satisfaire à la justice divine, les déclara inhabiles à succéder à la couronne.

» Et d'autant que la force et puissance corporelle, qui leur avoit servi à s'élever contre leur père, consiste aux nerfs, elle ordonna qu'ils seroient coupés aux bras et aux jambes. Ainsi rendus impotents, elle les fit mettre dans une petite nacelle avec vivres, sur la rivière de Seine, sans gouvernail ou avirons, assistés seulement d'un serviteur pour leur administrer leurs nécessités, remettant le tout à la providence et miséricorde de Dieu, sous la conduite duquel ce bateau dévalla tant sur la rivière de Seine, qu'il parvint en Normandie, et s'arrêta au rivage d'un monastère appelé des anciens Jumiéges, commencé à fonder par le roy Dagobert, dont saint Philibert, qui en étoit le premier abbé, en estant adverty, les alla trouver, et, accompagné de ses religieux, sçut qui ils étoient et la cause de cet événement, et admirant leur contenance et maintien tout auguste, les reçut gracieusement et les mena en son monastère, où, par ses prières, recouvrèrent la santé, et furent instruits à la discipline monastique et à la vie spirituelle. Cependant le roy et la royne, advertis de cet heureux succez, vinrent en toute diligence au monastère de Jumiéges, où ils reçurent une grande consolation et contentement, et rendant graces à Dieu, consentirent que ce sainct propos et volonté de leurs enfants fût accompli, croyant fermement que Nostre-Seigneur les avoit destinez pour vivre et mourir au lieu où leur grand-père Dagobert avoit déjà consacré son ame et son affection. » Les deux jeunes princes, ainsi énervés et devenus moines, passèrent le reste de leurs jours dans l'abbaye de Jumiéges, et à leur mort ils furent inhumés dans l'église de Saint-Pierre ; leur séjour était devenu une source de prospérités pour le monastère, que Clovis et la reine Bathilde dotèrent avec magnificence.

Ce récit ne supporterait sans doute pas une discussion rigoureuse, et, par exemple, on s'expliquerait difficilement comment Clovis II, mort à vingt-trois ans, aurait pu avoir des enfants assez âgés pour se révolter contre lui ; cependant il paraîtrait qu'il était fondé, quant à l'ensemble, sur quelque événement authentique, car on trouve, à une date presque contemporaine, des preuves à l'appui de cette aventure de deux princes qui auraient été énervés, et qui auraient terminé leur vie dans l'abbaye de Jumiéges.

Dans les belles ruines qui nous restent de l'abbaye, ou retrouve encore les restes de trois églises bâties à différentes époques, et au fur et à mesure que l'accroissement de la sainte famille des solitaires nécessitait de nouvelles constructions.

L'église, dite de Saint-Pierre, est la première qui fut bâtie à Jumiéges, et par conséquent la plus ancienne des trois. Il faut avouer qu'en jetant les yeux sur ces murailles sans voûte, sans point d'appui à leur partie supérieure et plutôt suspendues dans les airs comme par un fil invisible qu'assises sur le sol, on s'explique difficilement comment elles sont encore là : on se demande pourquoi le premier vent un peu violent, venu de la mer, n'a pas déjà emporté depuis longtemps ces frêles arceaux sous lesquels le paysan de la Normandie marche avec autant de sécurité que s'il passait sous la porte de sa grange. Mais si l'on vient à mettre le doigt sur les membres disloqués de ces grands corps, on s'aperçoit bien vite que toute cette fragilité n'est qu'apparente et qu'il en est un peu de ces vieux monuments comme des vieux chênes : la vie n'est déjà plus dans les branches, qu'elle est encore dans les racines.

Quand l'église de Saint-Pierre fut détruite par les Normands, au milieu du ixe siècle, elle renfermait une tombe déjà vieille, désignée sous le nom de *Tombeau des Énervés*. Transporté dans la nouvelle église, construite environ deux cents ans après, sur les ruines de la première, par Guillaume Longue-Épée, fils de Guillaume le Conquérant, ce mausolée était encore parfaitement conservé au moment de la révolution française. Il se composait alors d'un massif de pierres sculptées, que décoraient deux rangs de colonnettes superposées, travaillées avec goût, et formant des arcades élégantes. Sur les faces planes, comprises entre les colonnes du bas, étaient figurés, en demi-relief, deux personnages enveloppés de longues robes, que leurs chevelures flottantes, couronnées d'un diadème, faisaient reconnaître pour des princes de la première race. Quelques-uns des ornements sculptés appartenaient à des époques évidemment postérieures au viiie siècle, mais d'autres parties laissaient voir tous les signes d'une longue vieillesse. Ces différents caractères, en indiquant des travaux faits dans des siècles différents, prouvaient que la tradition était de vieille date, et qu'elle avait été admise avec foi d'âge en âge. Au xiie siècle, on avait imaginé d'appliquer à tout le monument une couche de peinture bleue, et de semer çà et là sur ce champ d'azur de royales fleurs de lys, peintes en couleur d'or : on avait en outre gravé au-dessus du mausolée quatre vers latins qui racontaient sommairement la vie et la mort des petits-fils de Dagobert. Malgré ces pièces justificatives, la matière était trop favorable à exploiter pour que la controverse archéologique ne s'en emparât pas; les fils de Clovis devinrent d'abord ses frères, puis petits-fils de Charles-Martel, puis des ducs de Bavière : ces diverses opinions n'étaient guère plus abondamment fournies en preuves que celle qu'elles tendaient à détruire.

Le tombeau des Énervés a subi sa part de profanations, et les révolutionnaires de 93 ont attenté aux dépouilles mortelles des malheureux fils de Clovis II et de sainte Bathilde, comme ils ont jeté au vent le peu de poussière qui avait été le cœur d'Agnès Sorel, et qui reposait en paix sous les voûtes de l'abbaye de Jumiéges. Cependant quelques fragments avaient échappé aux dévastateurs, et les têtes couronnées des jeunes princes apparaissaient encore sur les débris de leur sépulture ; mais un dernier danger les menaçait. Lorsqu'après la Restauration les curieux d'outre-Manche envahirent la France, ils explorèrent les ruines de nos anciens monuments, et en achetèrent les débris à prix d'or. Le tombeau, à moitié détruit, d'Agnès Sorel fut vendu et démoli pièce à pièce, et chaque pierre numérotée passa le détroit pour aller reprendre sa place sur l'autre rive ; ainsi c'est en Angleterre que s'élève le monument funèbre consacré à la mémoire d'une femme qui contribua, par le généreux usage qu'elle fit de son influence sur Charles VII, à l'expulsion des Anglais vers le milieu du xve siècle. Le tombeau des Énerves fut aussi mis aux enchères, mais le marché ne reçut pas son entière exécution; les restes de la vieille sépulture, que recouvrent le lierre et la mousse, sont aujourd'hui encore une des plus précieuses richesses de l'abbaye en ruines, et les souvenirs pleins de mélancolie qui se rattachent au nom des enfants de Clovis se marient bien à l'aspect désolé des lieux où la superstition populaire prétend que leurs ombres reviennent errer.

L'histoire du monastère de Jumiéges est, à quelques incidents près, la même que celle de l'abbaye de Saint-Wandrille. Après deux siècles de prospérité, Jumiéges subit les invasions normandes; ses cloîtres, ses églises disparurent sous le fer et le feu des Barbares: puis sa fortune se rétablit peu à peu, mais pour déchoir de nouveau, de siècle en siècle, à mesure que l'esprit religieux allait s'affaiblissant. Enfin sa dernière heure sonna, à l'instant suprême de tant d'abbayes, à l'époque de la révolution. Les beaux jours de son ancienne splendeur étaient revenus un moment pour l'abbaye de Jumiéges, lorsqu'Agnès Sorel, qui habitait un château voisin, la prit sous sa protection et attira sur elle la faveur de Charles VII : les anciens édifices furent réparés, de nouveaux bâtiments s'élevèrent, et le monastère, détourné de sa destination primitive, devint accidentellement un château royal. Ce rapide passage de la cour de Charles VII à Jumiéges a laissé des traces qui répandent sur les ruines de l'abbaye un double intérêt. Si les flèches aiguës de l'église, si les voûtes hardies, si les colonnes gigantesques, si les cours des cloîtres rappellent la sévérité et la grandeur monastiques, une somptueuse et élégante salle des gardes, en évoquant les souvenirs d'Agnès Sorel, réveille des pensées de solennités et de pompes toutes mondaines.

Le cœur de cette *belle des belles* avait été déposé dans une des chapelles de l'abbaye, et aujourd'hui encore on montre l'humble pierre qui renferme ces restes de la plus noble et de la plus chaste amante de nos rois chevaliers. On lit sur cette pierre cette touchante épitaphe latine d'un vieux poëte du temps :

« *Hic jacet in tumbâ mitis simplexque columba.* » —

« Ici repose dans la tombe
« Une douce et simple colombe. »

ABBAYE DE BOLTON.

Cette abbaye, qui fut jadis si célèbre, est située dans le comté d'Yorck, sur les bords de la rivière Wharfe, à six milles environ de Skipton. La veuve de William Fitz Duncan, neveu du roi d'Ecosse David, qui fonda un si grand nombre d'établissements religieux, fit élever cette magnifique abbaye vers le milieu du xiie siècle, et la dédia à la Vierge. Plus tard, des moines réguliers de l'ordre de saint Augustin s'y établirent. Des bandes nombreuses, venant tantôt d'Ecosse et tantôt d'Angleterre, envahissaient incessamment la contrée, et l'abbaye tomba plus d'une fois dans leurs mains. La dévastation de ces monuments religieux remonte à l'an 1540.

Les restes de l'abbaye sont encore aujourd'hui si grands et si beaux qu'on ne peut se lasser de les admirer. L'église, qui est tout ce qui reste de l'ancienne abbaye de Bolton, est une belle création de l'architecture gothique; elle a la forme de la croix de saint Jean. Dix croisées à la plus longue nef sont encore en bon état, et sont ornées latéralement de petites rosaces, de colliers d'arabesques découpés à jour, et surmontés d'innombrables détails de sculpture et de ciselure. Le chœur et toute la partie centrale n'offrent plus à l'œil que des monceaux de ruines; dans les crevasses des murailles poussent des touffes de bruyères, des ronces, de grandes herbes; mais la tour et la belle croisée qu'on voit à l'occident, ainsi que toute la partie de l'édifice qui regarde la Wharfe, sont dans un bon état de conservation. Mais tout ceci est d'une date postérieure; le dernier prieur de l'abbaye avait entrepris de relever l'antique splendeur de ces monuments; mais la Réforme l'enleva à son abbaye, et cette entreprise ne put s'exécuter. Les armoiries mutilées des rois et des abbés se distinguent encore sur les pierres de cette partie de l'église. Entre de fines colonnettes superposées, l'on voit une grande quantité de niches d'une architecture parfaite, renfermant des têtes de moines et de religieuses pleines de vie et de mouvement.

Autour de cette galerie il règne une bizarre décoration d'arabesques, de rosaces, de volutes, chargés de losanges libres et capricieux qui attestent une singulière facilité. La croisée, malgré ses vastes proportions, est d'une légèreté, d'une élégance et d'une richesse inconcevables. Vous diriez que chaque fragment de moulure a été taillé avec le soin qu'un lapidaire consacre à un diamant. On ne comprend pas comment on a pu assouplir ainsi le roc et donner à la pierre des formes si fantastiques et si légères. Le portail est aussi orné de vives arêtes, de guirlandes et de bas-reliefs qui sont en harmonie parfaite avec les autres ornements de ce curieux édifice.

Les ruines de l'abbaye de Bolton sont aussi précieuses, comme objet d'art, que les belles ruines de l'abbaye de Melrose, dont la fondation remonte à la même époque.

ABBAYE DE MELROSE.

Le premier âge de l'architecture chrétienne en Angleterre a duré depuis la conquête des Saxons jusqu'à la conquête des Normands, en 1066. L'architecture de cette époque était *saxonne;* l'arche demi-circulaire en est le trait caractéristique. De 1066 à 1200, sous Richard Ier, l'architecture se mit du côté de la victoire ; elle fut normande et le type appartenait à la France. Les archéologues anglais, jaloux de leur nationalité, prétendent que, de 1200 à 1300, l'architecture de leur pays avait pris un caractère à elle; ils appellent les monuments de ce siècle des monuments de l'*architecture anglaise commençante.* De 1300 à 1460, cette architecture admet des ornements et se perfectionne ; c'est le *style anglais orné.* Enfin, depuis Édouard III jusqu'à Henri VIII, de 1460 à 1537, les églises appartiennent au style dit *anglais fleur.* Les perfectionnements et les créations s'arrêtent où finit la foi.

L'église seule de Melrose, malgré son état de dégradation, couvre encore un espace de deux cent cinquante-huit pieds de long sur une largeur de cent trente-sept, et embrasse dans son ensemble une circonférence de neuf cent quarante-trois pieds. La grande tour ou le clocher peut bien avoir gardé quatre-vingt-huit pieds de haut, mais on ne sait s'il est en ce moment la moitié de ce qu'il fut jadis.

Huit croisées de la plus longue nef existent encore, ornées latéralement de têtes de moines ou de religieuses, et surmontées de pinacles d'une sculpture parfaite. Ces croisées, dans leurs vastes proportions, sont d'une légèreté, d'une magnificence et d'une élégance surprenantes; à la plus grande, celle de l'occident, qui a trente-six pieds de haut sur seize de large, se rattache une anecdote singulière. On prétend qu'au milieu de ses aiguilles d'arcs-boutants et de piliers sculptés, celui de ces piliers qui tourne en spirale et qui fixe l'attention par la délicatesse du ciseau et par la hardiesse de son élancement, fut l'ouvrage d'un apprenti. L'architecte, son maître, avait parcouru l'Europe entière, afin de chercher un modèle pour ce pilier qui lui restait à faire, et dans lequel il voulait se surpasser lui-même. En son absence, un des apprentis exécuta le chef-d'œuvre qui existe aujourd'hui. Hélas! à son retour le maître tua son élève par jalousie.

On a peine à concevoir qu'une pierre si dure ait pu être taillée avec la perfection exquise de tous les admirables détails de ce monument; mais rien n'a jamais égalé la patience des ouvriers de la foi catholique. Le temple de Diane, à Éphèse, ne couvrait qu'un acre de terrain et passait pour une merveille du monde. Qu'auraient donc dit les architectes païens à la vue de l'abbaye de Melrose?

Quelle audace dans la pensée! quelle précision dans l'exécution! il faut renoncer à décrire; chaque grain de la masse de cet édifice paraît avoir été taillé avec le soin qu'un lapidaire consacre à un diamant. Ce vaisseau somptueux pourrait être comparé à une riche corbeille de fleurs. Ces colonnes sont, pour ainsi dire, des gerbes réunies en faisceau; les arcades sont des guirlandes qui s'entrelacent en festons flexibles et variés; et puis, à l'extérieur, ce sont des décorations bizarres, des fantaisies charmantes. Tout un poëme héroï-comique sur l'humanité est écrit en symboles de pierre dans ces galeries de sculptures.

Ici, ce sont des cariatides burlesques représentant des moines, les uns accablés sous le fardeau qu'ils soutiennent et exprimant leurs fatigues par leurs grimaces, car les architectes immolaient volontiers à la risée publique, par ces satiriques images, les moines d'un ordre rival; là, ce sont des rosaces, des couronnes, des têtes de chérubins, des corps de syrènes, une truie jouant de la cornemuse, un renard tenant deux colombes dans sa gueule, des groupes de soldats, des formes diverses qui figurent les sept péchés capitaux, avec tout l'attirail de leurs pompes et de leurs misères. Mais chaque visage est doué d'une physionomie expressive, et il est impossible de mieux animer la matière que ne l'a fait le sculpteur habile avec toute la puissance de ses croyances naïves.

CHARTREUSE DE PAVIE.

La fondation de la célèbre Chartreuse de Pavie est, dit-on, due à un préjugé de la barberie et de l'ignorance. Les grands criminels ou les grands coupables croyaient racheter l'oubli de leurs méfaits en élevant des églises ou en fondant des monastères. Ce préjugé avait du moins son beau côté, puisqu'il a produit la Chartreuse. En effet, Jean Galeazzo Visconti ayant traîtreusement empoisonné, dans le château de Trezzo, Bernabo, son oncle et son beau-père, qui y périt avec ses deux enfants, songea à expier ce crime en construisant un monument religieux dont la magnificence égalât au moins l'immensité de ses attentats. Il ne crut point avoir assez fait en fondant le Dôme de Milan, il fit construire la Chartreuse, dont la première pierre fut posée le 8 septembre 1396. Galeazzo lui-même prit la truelle pour cette pose, à laquelle assistèrent plusieurs évêques et grands personnages du pays. Trois ans après, elle était déjà occupée par les chartreux, dont l'industrie agricole, jointe aux libéralités de Galeazzo, accumula des revenus considérables. Le duc, dans l'acte de donation qu'il fit en faveur des religieux, leur imposa l'obligation d'employer annuellement une certaine somme à l'achèvement définitif de la Chartreuse, laquelle somme devait être distribuée aux pauvres, l'édifice terminé. Cette distribution eut lieu en 1542. Jusqu'à cette époque, c'est-à-dire depuis plus de cent quarante ans, la somme fixée par Jean Galeazzo, et augmentée annuellement par des économies faites sur les rentes particulières des chartreux, fut dépensée non-seulement en travaux d'utilité, mais à des travaux d'embellissement et de décoration, qui firent de la Chartreuse un monument d'une magnificence inouïe, et le plus curieux, sans contredit, de toute l'Italie supérieure.

L'église, comme celle de Milan, offre un curieux mélange d'architecture ogivale avec celle de la Renaissance. La façade, d'un aspect gracieux, forme un carré long, avec deux ailes de moindre hauteur que le corps du milieu; elle est couverte de sculptures. Quarante-quatre statues et une multitude de bas-reliefs historiques la décorent. L'intérieur de l'église est d'une somptuosité éblouissante. Ce ne sont qu'incrustations de marbres de toutes couleurs, que sculptures, que bas-reliefs, que statues, que voûtes peintes à fresque, ornements, voussoirs, qui se détachent sur un fond d'azur ou d'or. L'ordonnance de l'église est belle ; sa forme est celle d'une croix latine surmontée d'une majestueuse coupole. L'édifice a deux cent trente-cinq pieds de longueur sur cent soixante-cinq de largeur ; il est divisé en trois nefs qui renferment quatorze chapelles, sans y comprendre le maître-autel. Les chapelles sont closes par de riches grilles, et communiquent les unes aux autres par des ouvertures pratiquées dans les murs latéraux. La profusion des marbres les plus beaux, des pierres précieuses, des sculptures, des mosaïques, et de tous les objets curieux, excite au plus haut degré l'admiration et l'étonnement, surtout lorsqu'on examine avec attention la pureté du goût qui a présidé à toutes ces choses, et la somme considérable qui a été employée dans la construction de cet édifice. Le maître-autel est composé de marbres précieux, de marqueteries d'un travail exquis, d'ornements en bronze doré, de pierreries et de raretés de toutes sortes. Quatre petites portes en bronze doré ouvrent le tabernacle, orné d'un grand nombre de statuettes finement exécutées ; des anges soutiennent les degrés de l'autel.

Au bout du bras gauche de la croix latine, à côté de l'autel dédié à saint Bruno, le patron et le fondateur des chartreux, se trouve le tombeau de Jean Galeazzo ; la disposition et les ornements de ce tombeau rappellent celui de François Ier à Saint-Denis.

Du tombeau de Jean Galeazzo on va au lavabo des moines par une porte de marbre de Carrare, embellie de sculptures et surmontée de sept portraits représentant sept duchesses de Milan. Un grand bassin de marbre s'étend le long du mur, contre lequel sont adossées des figures qui lancent de l'eau. A gauche est un petit puits en marbre blanc, sculpté avec beaucoup de délicatesse. Des bas-reliefs reproduisant des sujets religieux forment la décoration des murailles.

Une porte de sortie de l'église conduit dans le portique de la fontaine, vaste cour, autour de laquelle règne un portique en terre cuite sculptée, soutenu par d'élégantes colonnes ; des eaux jaillissantes tombant dans un bassin, au milieu de la cour, répandent la fraîcheur dans un premier cloître destiné à servir de promenade pendant la chaleur du jour.

De ce cloître on passe dans un autre non moins orné, dont les murs sont peints à fresque ; au centre s'étend une pièce de gazon, qui était autrefois le cimetière des chartreux. Les cellules des moines, disposées symétriquement au-dessus du portique de cette seconde enceinte, avaient vue sur ce cimetière.

Tout autour de la célèbre Chartreuse de Pavie, le sol est riant et fertile. De beaux arbres, des eaux, des gazons verts, rien ne manque pour embellir des lieux où, trois siècles auparavant, l'Empire et la France s'entre-heurtèrent dans la personne de Charles-Quint et de François Ier.

ABBAYE DU MONT-CASSIN.

L'abbaye du Mont-Cassin, fondée vers l'année 529, fut le berceau de la plupart des ordres monastiques de l'Occident. Un jeune homme du duché de Spolette, saint Benoît, dédaignant, dans son ravissement religieux, les jouissances mondaines que lui promettaient la fortune et le rang de ses parents, s'était enfui au désert de Subiaco, auprès de Palestrine, pour y dévouer sa vie à des œuvres de piété. La caverne qu'habitait saint Benoît ne tarda pas à être le centre d'une colonie chrétienne, dont le temps se partagea exclusivement entre la culture de la terre et des exercices de dévotion : la règle de l'ordre bénédictin fut ainsi mise en pratique avant d'avoir été formulée en code. Le paganisme, encore armé de pouvoirs matériels, se défendait par des violences et des persécutions. Saint Benoît fut obligé d'abandonner Subiaco, trop voisin de Rome; il conduisit son troupeau sur une des cimes des monts Apennins, dans la ville de Casinum, à quelques lieues de Gaëte. Les habitants de Casinum, encore attachés au culte des faux dieux, adoraient Apollon, mais leur humeur était douce et tolérante; ils accueillirent donc les réfugiés, et bientôt même, convertis au christianisme, ils les aidèrent à construire un vaste monastère. Telle fut l'origine de la célèbre abbaye du Mont-Cassin; tel fut le commencement de l'ordre puissant des bénédictins, qui vit sa règle devenir la loi commune des corporations religieuses, et du sein duquel sont sortis 40 papes, 200 cardinaux, 50 patriarches, 1,600 archevêques, 4,600 évêques, et 3,600 saints canonisés.

L'abbaye du Mont-Cassin, placée dans la contrée de l'Europe la plus ravagée par la guerre, à une époque où l'épée du soldat et du maraudeur ne rentrait jamais dans le fourreau, et mise en évidence par ses richesses et sa renommée, eut plus qu'aucune ville d'Italie sa part de calamités à subir. Saccagée par les Lombards en 589, par les Sarrazins en 884, par les Normands et par d'autres déprédateurs, elle fut forcée de se faire aussi guerrière pour se défendre et se conserver. Elle s'entoura donc de fortifications, les moines apprirent à manier l'épée en même temps que la bêche et la plume, et leurs abbés, qualifiés évêques, auxquels leur haute dignité et l'immensité des domaines relevant féodalement de l'abbaye avaient fait donner le titre de premiers barons du royaume, furent des chefs de soldats non moins que des supérieurs de religieux. Ce n'étaient pas seulement leur vie et leurs biens que les moines du Mont-Cassin avaient à mettre à l'abri des barbares derrière les murailles de leur couvent, c'étaient aussi des reliques de la civilisation passée et les éléments de la civilisation future. Leur règle les astreignait à des travaux intellectuels autant qu'à des occupations manuelles, et après avoir labouré les champs et taillé les vignes, ils devaient se livrer dans leur cellule à l'étude des lettres sacrées et profanes. Ainsi, pendant que les barbares de tout nom et de toute race, Goths, Francs, Italiens, Sarrasins, Normands, éteignaient la lumière dans le sang, les bénédictins la rallumaient au fond de leurs cloîtres, et préservaient les sources des lettres, des arts et des sciences. Tandis que les monuments et les bibliothèques périssaient de toutes parts sous le fer et le feu, les moines du Mont-Cassin faisaient orner leur couvent de sculptures, de peintures, de mosaïques, et multipliaient, en les copiant, les œuvres des philosophes, des historiens et des poëtes de l'antiquité. Quand la tempête commença à s'apaiser, ce fut dans les monastères, presque exclusivement, qu'on retrouva les matériaux, les écrits de l'antiquité. Aux religieux du Mont-Cassin revient la plus large part de la reconnaissance due pour ce grand bienfait. Pendant longtemps les générations se succédèrent sur la docte montagne sans dégénérer ni en savoir ni en zèle; le titre de bénédictin valait un brevet d'érudition. L'abbaye du Mont-Cassin, jusqu'à une époque rapprochée de nous, resta la cité sainte des lettres ; mais elle eut aussi ses jours de décadence. Boccace étant allé visiter le monastère vers le milieu du xive siècle, fut douloureusement étonné de l'état déplorable dans lequel il vit la bibliothèque; la salle, à laquelle on arrivait difficilement par une échelle, n'avait point de portes, et l'herbe tapissait les fenêtres; les livres, jetés çà et là en désordre et couverts de poussière, étaient pour la plupart déchirés, mutilés. Les moines enlevaient les estampes, les feuillets, les couvertures en parchemin, et en faisaient des jouets qu'ils vendaient aux femmes et aux enfants! Aujourd'hui du moins l'ingénieux conteur de Florence aurait la satisfaction de trouver dans les moines, respect, sinon amour, pour la riche collection qu'ils possèdent : ils l'ont somptueusement logée.

Ainsi consacrée par la mémoire de vertus chrétiennes, de combats et de siéges, de travaux littéraires, et aussi par les souvenirs des plus illustres visiteurs, depuis Totila, roi des Goths, l'abbaye du Mont-Cassin mérite encore d'attirer l'attention par son caractère monumental et par les nombreux objets d'art qu'elle renferme. L'édifice, dont la façade principale se développe sur une longueur de cinq cent vingt-cinq pieds, est de l'effet le plus imposant.

A l'intérieur sont partout exposés des morceaux de peinture, de sculpture, de ciselure, de mosaïque. L'église surtout est enjolivée avec une profusion excessive. L'apparition de cette brillante basilique, dit un voyageur, au sommet d'une montagne et dans la solitude sauvage de l'Apennin, est tout à fait merveilleuse. Lorsqu'eprès avoir franchi une porte en lames de bronze, ouvrage curieux des xie et xiie siècles, et sur lesquelles sont écrits en lettres d'argent les noms des châteaux et domaines que possédait l'abbaye, on pénètre dans l'enceinte; tout, de la voûte au pavé, est marbre rare, granit, albâtre, lapis, vert antique, améthyste, bronze, dorure et peinture. L'œil ne sait auquel s'attacher d'une foule de tableaux, précieux non seulement par leur ancienneté et par leur exécution, mais encore en ce qu'ils sont pour ainsi dire, par les sujets qu'ils retracent, des pages de l'histoire du Mont-Cassin. Les uns font voir les actes miraculeux de saint Benoît, les autres les principales scènes de la vie du fils aîné de Charles Martel, du roi Carloman, qui abandonna la pourpre royale pour la robe de bénédictin, et qui mourut dans l'Abbaye : d'autres rois, des princes, des ducs, des comtes, des personages illustres qui préférèrent également la vie claustrale aux pompes du monde, sont aussi représentés accomplissant le sacrifice.

Tous les arts ont été mis à contribution pour rendre hommage au fondateur de l'abbaye; son image, sa mémoire, ses traces sont partout sur le Mont-Cassin. Dès le pied de la montagne, on montre, à la chapelle de la *Crocella*, l'empreinte de la cuisse du saint; plus loin, au lieu dit *il Genocchio* et marqué par une croix, est l'empreinte de son genou. Une voûte profonde, par laquelle on pénètre dans le monastère, est précieusement conservée, parce qu'elle faisait partie, dit-on, d'une grotte qu'il habita; sa statue colossale garde l'entrée de l'édifice; le pinceau a reproduit sa figure sur toutes les murailles; une église souterraine, *il Tugurio*, a été construite et décorée avec magnificence pour recevoir sa dépouille mortelle; enfin une partie de bâtiments, que l'on considère comme un reste de l'abbaye primitive, est l'objet d'une vénération particulière, sous le nom de tour et de chambres de saint Benoît. Là les arts et le luxe ont redoublé d'efforts, et leurs merveilles contrastent étrangement avec les souvenirs d'humilité qu'a laissés le pieux anachorète.

L'abbaye du Mont-Cassin possède encore dans ses archives des trésors du plus grand prix; ce sont des chartes, des diplômes, des priviléges, des bulles, toutes pièces originales émanées d'empereurs, de rois, de papes, de princes, de ducs; des manuscrits de l'époque la plus reculée et du travail le plus remarquable; quelques chefs-d'œuvre de la plume patiente des moines, et des lettres innombrables, écrites par des correspondants de toute classe, de tout siècle, de tout pays, par des papes et des grands-turcs.

Le monastère du Mont-Cassin offre aujourd'hui l'aspect mélancolique de ces grandes villes qui, à moitié vides, semblent désertes, et qui, comme Versailles, ont encore des habitants, mais n'ont plus de population. De rares moines rompent la solitude et s'y engourdissent dans l'oisiveté; leurs mains ne fatiguent pas plus maintenant la plume que la bêche, et les occupations, les intérêts d'une vie ordinaire et doucement mondaine, ont remplacé les pratiques de leur règle.

A un quart de lieue du monastère de Saint-Benoît, s'élevait le petit couvent de l'Albaneta, fondé dans le xe siècle par un pèlerin revenu de la Terre-Sainte. Ce fut là que le fameux patron des jésuites, saint Ignace de Loyola, jeta, en 1538, les bases de la règle de son ordre. Ainsi, par un bizarre rapprochement, le Mont-Cassin a vu s'organiser, après des siècles d'intervalle, deux des plus célèbres ordres religieux : les bénédictins et les jésuites.

ABBAYE D'HAUTECOMBE.

Cette abbaye fut fondée par le comte Humbert qui, après la mort de sa deuxième femme, avait pris le monde en dégoût. Il éleva cette demeure à Hautecombe.

Depuis le xiie siècle, ce royal monastère servit souvent d habitation et toujours de tombeau aux princes de la maison de Savoie, aussi longtemps qu'ils résidèrent dans leurs Etats Il donna à la patrie des historiens, à la chrétienté des papes, et avait porté son illustration à son comble, lorsqu'en 1793 il tomba sous la même dévastation qui enleva saint Louis et Henri IV aux voûtes sépulcrales de Saint-Denis. Une douzaine d'années plus tard, l'abbaye fut transformée en ateliers et en magasin de faïencerie. Les travaux qui s'exécutèrent à ce sujet accumulèrent une grande quantité de décombres vers le chœur de l'église et dans les chapelles, et comme c'était dans ces emplacements que se trouvaient les sépultures, elles furent protégées.

Son église a conservé la configuration d'une croix; la nef, dans son état actuel, a la forme d'un carré long, accompagné de deux bas-côtés très-étroits. La croisée est surmontée d'une coupole. A droite et à gauche du chœur, et sur le même front, sont deux chapelles. Le grand autel est à la romaine; le plafond, les médaillons et les vitraux représentent les traits principaux de la vie de saint Bernard, sans doute par gratitude, et parce que ce saint a parlé de l'abbaye d'Hautecombe dans ses épitres 28 et 142; les pendentifs de la coupole sont remplis par les quatre évangélistes. Toute la longueur de la nef abrite vingt-quatre monuments funèbres : ils commencent à Philippe-de-Savoie, prévôt de Bruges et évêque de Valence, et finissent à Charles-Félix, roi de Sardaigne, mort à Turin, en 1831; huit de ces monuments possèdent leurs sarcophages.

La partie la plus saillante de l'édifice de l'*abbaye d'Hautecombe*, réunion d'architectures diverses, est une tour de construction gothique, bâtie sur la pointe même du rocher le plus avancé vers le lac; elle le domine d'une manière pittoresque, et s'y reflète incessamment. Du pied de cette tour, on découvre un paysage de la plus riche variété et de la plus majestueuse étendue. On voit s'élever à sa droite une des plus hautes montagnes de la Savoie, qui a dû à la conformation de sa cime le surnom de *Dent-du-Chat;* pour la gravir on suit à pied un sentier roide, devenu assez difficile depuis un incendie qui a dévoré les arbres et les broussailles qui masquaient les précipices, et auxquels le voyageur le plus intrépide ne manquait guère de se cramponner prudemment.

COUVENT D'OTROTCH.

Le couvent d'Otrotch est situé, non loin de Tiver, sur la route de Saint-Pétersbourg à Moscou, et près de l'embouchure de la Twertza. Il est un des plus célèbres de la Russie. Il fut fondé par Jaroslaw en mémoire d'un de ses favoris nommé Jégor; ce jeune homme s'était épris d'une violente passion pour une fille du peuple nommée Xéna que le hasard lui avait fait rencontrer. Malgré la distance des conditions, il avait obtenu du grand-duc l'autorisation de l'épouser. Mais, au jour de la célébration du mariage, Jaroslaw, à la vue de Xéna¹ dont rien n'égalait la beauté, fut animé subitement d'un transport de jalousie et d'amour ; et, usant de violence, il la ravit aux bras de son fiancé et en fait sa femme. Jégor, livré au désespoir, mais contraint de céder, se réfugia dans une solitude et se fit ermite. Après sa mort, Jaroslaw, en expiation, éleva sur son tombeau le monastère d'Otrotcht, dont l'antique renommée s'est maintenue en Russie jusqu'à nos jours.

COUVENT DE TROITZKOIÉ.

Ce monastère est le plus opulent de tout l'empire de Russie, après toute fois celui de Petscharsk, à Kiew. Il est situé dans le gouvernement de Moscou, sur la grande route qui conduit à Rostow : il couronne une éminence qui domine plusieurs collines ; on l'aperçoit à plus de trois lieues de distance. Au commencement du xive siècle, saint Serge se retira dans les bois qui se trouvaient sur l'emplacement qu'occupe aujourd'hui le couvent, et y bâtit un petit ermitage et une église en bois. Bientôt la réputation de sainteté de Serge y attira d'autres moines, qui élevèrent d'autres cellules. On n'en compta d'abord que douze ; mais bientôt ce nombre s'accrut, et ce fut autour des roches qu'ils occupaient que se forma le bourg de Troïtza. Après la mort du saint, en 1393, le couvent et les habitations des environs furent brûlés par des Tartares. Après cette catastrophe, ce couvent dut encore à son fondateur de pouvoir se relever. Voici comment : En 1380, saint Serge décida par ses conseils le grand-duc Dmitri Ivanovitch, non seulement à résister aux Tartares, mais encore à les attaquer au delà du Don ; il lui donna deux guerriers, alors moines dans son couvent, qui maintinrent le prince dans ses bonnes dispositions, lui rappelant sans cesse la promesse que lui avait faite le saint d'une victoire éclatante ; ces deux moines combattirent à la tête des troupes, et, faisant des prodiges de valeur, ils contribuèrent à la célèbre victoire qui mérita à Dmitri le surnom de Donskoï. La reconnaissance du souverain n'eut pas de bornes ; il combla de richesses le couvent et les religieux, et ses successeurs rivalisèrent à qui donnerait davantage. Trente ans après la mort du saint, on fit une châsse à son corps, et la dévotion pour lui fut extrême. On baptisa dans ce monastère, en 1530, le czar Iwan ; ses parents, après la cérémonie, allèrent consacrer l'enfant à saint Serge et le déposer dans son tombeau ; aussi Iwan eut pendant toute sa vie une dévotion particulière pour saint Serge ; attribuant à sa protection le succès de ses armes, il enrichit le couvent après la prise d'Astrakan, et il ajouta de nombreux bâtiments en pierre à ceux qui existaient déjà.

Les grandes richesses accumulées dans ce couvent le mirent à même de donner d'utiles secours à la ville de Moscou pendant les guerres civiles causées par les faux Dmitri, soutenus par les Polonais, qui parvinrent à envahir plusieurs provinces russes et à s'emparer de la capitale. Pour la priver de cet appui, les Polonais se décidèrent à mettre le siège devant le couvent ; après un an et demi de travaux et de combats, ils furent forcés de le lever et d'évacuer toute la contrée. Dans plusieurs occasions, le monastère de Troïtzkoïé offrit des sommes considérables aux souverains russes, dont les trésors épuisés ne pouvaient suffire aux besoins de l'Etat. Pendant l'interrègne qui suivit la prison du czar Vassili-Ivanovitch, le supérieur Dionysius envoya cinquante hommes d'armes et d'autres secours à Moscou ; un moine de ce couvent, Abraham Polizine, parcourait la ville, et, par son éloquence et son patriotisme, négociait la paix entre les seigneurs russes, que la désunion empêchait d'agir de concert pour chasser les Polonais ; il parvint à engager le célèbre prince Pojarski à marcher sur Moscou, et on lui dut une grande partie des succès de ce général. Dans la suite, ce couvent eut encore la gloire de sauver Pierre-le-Grand et son frère, qui vinrent s'y mettre à couvert des entreprises des strélitz ; ce souverain, ainsi que ses successeurs jusqu'à l'empereur Alexandre, ont tous enrichi le magnifique monastère, et l'ont agrandi par de nouveaux bâtiments.

Le couvent de Troïtzkoïé est entouré d'épaisses murailles flanquées de huit hautes tours gothiques ; les quatre tours des angles sont entourées de bastions ; du côté de l'est se trouve un fossé revêtu de maçonnerie, sur lequel sont deux ponts de briques. L'église principale de la Trinité a été bâtie sur le tombeau de saint Serge ; presque toutes les statues qui sont dans cette église sont en argent massif ; elle renferme en outre des richesses immenses en vases sacrés, lustres, candélabres et autres ornements en or couverts de pierres précieuses ; le grand clocher, qui est d'une belle architecture, a été commencé sous le règne de l'impératrice Anne, et achevé sous celui de Catherine II. Le couvent renferme en tout neuf églises, plusieurs chapelles, de vastes réfectoires, le palais impérial, celui de l'archevêque, un séminaire où plus de trois cents élèves sont entretenus et fort bien instruits. On y remarque la chambre du trésor, dans laquelle on conserve encore les habits sacerdotaux richement brodés en pierres précieuses et en perles fines. Enfin le monastère de Troïtzkoïé est sans contredit un des plus somptueux qui existent, et en même temps un des plus remarquables par les grands événements historiques qu'il rappelle, par les hommes célèbres qu'il a fournis, et par les services importants qu'il a rendus à la patrie.

MONASTÈRE ROYAL A UMMÉRAPOURA.

Le kioum ou monastère d'Ummerapoura, situé à quelque distance de cette ville qui fut la capitale de l'empire birman depuis 1785 jusqu'en 1824, porte le nom de *dogé* ou royal. C'est un monument d'une splendeur extraordinaire, qui s'élève au centre d'une vaste cour enceinte d'une muraille de briques : il n'étonne pas moins par son genre d'architecture que par la magnificence de ses ornements et la profusion d'or que l'on rencontre dans toutes ses parties. Il est entièrement construit en bois, et les toits, qui, placés l'un au-dessus de l'autre forment cinq étages, diminuent de grandeur, en proportion de leur élévation. Ils sont chacun bordés d'une corniche artistement sculptée et richement dorée.

Le corps de bâtiment, qui commence à 12 pieds du sol, est supporté par 150 gros poteaux de bois enfoncés dans la terre. Après avoir monté l'escalier par lequel on y arrive, il est difficile de ne pas éprouver autant de plaisir que de suprise en voyant l'éclat du dedans. Une balustrade dorée, où l'on a sculpté diverses formes et figures très-bizarres, environne l'extérieur de la plate-forme, qui offre sur le devant une large galerie que l'on retrouve tout autour du bâtiment, et où les dévots vont quelquefois se prosterner. Une balustrade intérieure s'ouvre sur une salle magnifique, supportée par une majestueuse colonnade. Les colonnes du centre ont au moins 50 pieds de hauteur, et sont dorées depuis le sommet jusqu'à 4 pieds de la base, qui est peinte en laque rouge.

Une cloison également dorée, et que forment des jalousies ouvertes, de 15 à 20 pieds de hauteur, divise la salle en deux parties égales, du nord au sud. Les espaces entre les colonnes varient depuis 12 jusqu'à 16 pieds, et le nombre de ces colonnes, y compris celles qui soutiennent les galeries, est au moins de cent. Elles diminuent de grandeur à mesure qu'elles s'approchent des extrémités, de sorte que la dernière rangée ne compte guère plus de 15 pieds. Le bas des colonnes est enveloppé d'une feuille de plomb pour les préserver des injures du temps ou de tout autre accident. Au centre de la cloison est placée une statue en marbre doré, représentant Gaudma assis sur un trône d'or.

Cette énorme quantité d'or que les Birmans mettent tant en dedans qu'au dehors de leurs édifices religieux, et que l'on assure pouvoir rester longtemps à l'air, à cause de son extrême finesse, sans éprouver la moindre dégradation, est la seule manière dont un peuple, naturellement frugal et peu enclin au luxe, dispose du superflu de ses richesses. Il est à regretter que ces édifices soient bâtis avec des matériaux aussi périssables que le bois; et, en effet, bien que celui qu'on y emploie soit peut-être le meilleur qu'il y ait au monde, ces constructions ne peuvent pas durer pendant un grand nombre de générations, et laisser à la postérité des monuments du goût et de la magnificence de l'architecture birmane.

Ce qui ajoute d'ailleurs à la beauté pittoresque des kioums, c'est que les rhahaans choisissent ordinairement, pour les construire, les lieux les plus solitaires, où des arbres nombreux, principalement le tamarin et le banyan, les protégent contre l'ardeur du soleil. Ces arbres forment les bosquets sacrés, asile des rhahaans qui se consacrent à la retraite, et préfèrent la tranquillité des campagnes aux embarras et au tumulte des villes.

Tous les kioums, soit dans les villes, soit dans les campagnes, servent pour l'éducation de la jeunesse. On y enseigne à lire et à écrire, ainsi que les principes de la morale et de la religion. Les villageois y envoient leurs enfants, qui y sont élevés gratis, sans qu'on fasse la moindre distinction entre le fils du paysan et le fils de celui qui porte le *tsaloé*. Les rhahaans ont un jardin clos attenant à leurs bosquets : ils y plantent des arbres fruitiers et y cultivent divers légumes; mais ce qu'on y trouve en plus grande quantité, ce sont des patates et des bananes.

LE MONASTÈRE DE SAINTE-CATHERINE

AU MONT SINAÏ.

Le mont Sinaï est situé presqu'à l'extrémité de l'isthme

qui s'avance dans la mer Rouge, et le monastère de Sainte-Catherine est situé au pied de ce mont. Ce vaste bâtiment se compose de corps de logis séparés qui, comme le mur d'enceinte, suivent la pente de la vallée. Ses murs sont solidement construits en pierres carrées de six pieds de longueur, de hauteurs inégales suivent, et les accidents du terrain.

Le couvent n'a qu'une grande porte, murée depuis longtemps dans la crainte des Arabes, et il faut que les personnes qui désirent y entrer se fassent hisser par les moines, à l'aide d'une corde, jusqu'à une fenêtre placée à trente pieds de hauteur environ.

Il paraît que c'est depuis cent quarante ans environ que les moines ont été obligés de faire murer la porte de leur couvent. Il fut une époque où les pillards de ces contrées montraient plus de respect pour les établissements religieux du christianisme. Même au temps de Charlemagne, les princes arabes accordaient à ces maisons leur efficace protection; alors, par la fenêtre qui sert d'entrée au couvent, on jetait aux Arabes les aumônes qu'ils venaient mendier.

Quand on entre dans le couvent de Sainte-Catherine, on est surpris de sa propreté, de l'ordre qui y règne et de l'air de gaîté et de santé qui se peint sur les figures des moines. Ce tableau riant contraste avec l'aspect misérable du désert et la physionomie sauvage de ses habitants; mais bien des inquiétudes viennent souvent troubler le repos du couvent.

L'église de Sainte-Catherine mérite une attention particulière par son style, ses ornements et surtout par une grande et belle mosaïque qui orne la voûte du rond-point du temple. Cette mosaïque, enfumée par les cierges et les lampes qui brûlent constamment autour des reliques de l'église, a été dessinée, pour la première fois, par M. de Laborde, et reproduite assez fidèlement dans son grand ouvrage sur l'Arabie.

Le mont Horeb forme un mamelon à partir duquel s'élève le Sinaï, et s'aperçoit seul de la vallée, ce qui explique pourquoi le buisson ardent apparut sur cette montagne et non sur le Sinaï : « Or Moïse paissait le troupeau de Jéthro, son beau-père, sacrificateur de Médian; en menant le troupeau dans le desert, il vint à la montagne de Dieu jusqu'à Horeb, et l'ange de l'Eternel lui apparut dans une flamme de feu au milieu d'un buisson. »

Pour gravir le Sinaï, il faut suivre un ravin où les moines avaient jadis établi un escalier de grandes dalles assez régulières; mais le défaut de soin et les orages les ont dégradées. Un peu avant d'atteindre le pied du Sinaï et au moment où l'on va quitter le mont Horeb, on aperçoit une porte bâtie en arcade sur laquelle est une croix. Une coutume touchante voulait jadis qu'un voyageur ne dépassât pas cette porte avant de s'être lavé de ses fautes et d'en avoir fait l'aveu à l'un des Pères du couvent qui tour à tour allaient prier à cette station. Les moines racontent qu'un juif ayant voulu monter au Sinaï, fut arrêté par une croix en fer qui barra subitement le passage, et qu'il se fit baptiser dans les eaux de la source qui coule dans le ravin.

Deux constructions dominent le Sinaï : la chapelle du couvent et une mosquée. Ces édifices sont en ruines; bien des voyageurs y ont inscrit leurs noms, accompagnés de pieuses sentences; mais de ces pèlerins le nombre va diminuant à mesure que les siècles s'écoulent, et bientôt les traces de leur passage auront disparu avec les pierres sur lesquelles elles étaient gravées.

Du haut de ce mont sacré, la vue embrasse la mer Rouge et les montagnes de l'Afrique; mais on a peine à reconnaître les détails de ces amas gigantesques de rochers qui s'amoncellent autour du Sinaï, et s'en vont fuyant en vagues tourmentées.

En descendant le ravin qui sépare le Sinaï du couvent de Sainte-Catherine, on trouve la pierre d'où Moïse fit jaillir, par l'ordre du Seigneur, l'eau qui devait abreuver le peuple voyageur.

« Tous les enfants d'Israël étaient partis du désert de Sinaï, et ayant demeuré dans les lieux que le Seigneur leur avait marqués, ils campèrent à Raphidine, où il ne se trouva point d'eau à boire pour le peuple. Alors ils murmurèrent contre Moïse et lui dirent : « Donnez-nous de l'eau pour boire. » Moïse leur répondit : « Pourquoi murmurez-vous contre moi? Pourquoi tentez-vous le Seigneur? » Et il cria au Seigneur et lui dit : « Que ferai-je à ce peuple? Il s'en faut peu qu'il ne me lapide. » Le Seigneur dit à Moïse : « Marchez devant le peuple. Menez avec vous des anciens du peuple d'Israël; prenez en votre main la verge dont vous avez frappé le fleuve, et allez jusqu'à la pierre d'Horeb. Je me trouverai moi-même là présent devant vous; vous frapperez la pierre, et il en sortira de l'eau, afin que le peuple ait à boire. » Moïse fit devant les anciens d'Israël ce que le Seigneur lui avait ordonné. »

CATHÉDRALE ET COUVENTS DE RIO-JANEIRO.

La cathédrale, appelée église des Carmes déchaussés, se trouve sur la place du Palais-Royal. Moins vaste que ce temple, la chapelle royale, outre qu'elle attire l'attention par son vaisseau gracieux à l'extérieur, et d'une grande richesse d'ornements à l'intérieur, rappelle encore des souvenirs historiques. C'est là que Jean VI venait assister à l'office divin ; c'est là que l'on entendait une musique religieuse, supérieure à toutes celles de nos chapelles européennes.

A côté de ces monuments sacrés nous placerons, pour la magnificence des décorations, Saint-François-de-Paule avec ses nombreux ex-voto, Saint-François-d'Assise aux dorures un peu trop prodiguées, l'église de la Candelaria, aux tours élevées, et qui est sans contredit la plus grande église du Brésil.

Mais la merveille de Rio-Janeiro, c'est San-Bento, ce couvent dont la situation si pittoresque en fait plutôt une maison de plaisance que la demeure d'une communauté religieuse. L'extérieur en est d'une noble simplicité ; on a réservé toute la richesse pour l'intérieur. Les salles et les corridors sont boisés en jaracanda, sculptés en relief ; une teinte aux nuances violettes et aux reflets dorés, ajoute au poli naturel de la boiserie. Des peintures dues à de vieux pinceaux brésiliens retracent les principales scènes de la vie de saint Benoît ; ses reliques sont religieusement conservées dans une chapelle non moins riche de dorures et d'ornements analogues. Malheureusement les dernières révolutions qui ont bouleversé le Brésil ont transformé en caserne ce couvent somptueux, et il est à craindre que l'éclat de l'ameublement ne s'efface sous le vandalisme des soldats américains.

Santo Antonio et Santa-Theresa sont les édifices du même genre les plus remarquables après San-Bento. La situation de Santa-Theresa est peut-être plus admirable encore que celle de San-Bento. L'édifice n'est pas entouré de murailles, et sa blanche façade, qu'on aperçoit du bord de la mer, s'élève d'une pelouse verdoyante qu'entourent de leurs buissons odorants les haies vives qu'on a plantées.

Au-dessous du séjour des vingt-et-une recluses de Sainte-Thérèse, sur un cap, s'élève la jolie église de Notre-Dame-da-Gloria, dont la construction pittoresque donne à la contrée qui l'avoisine un aspect vraiment original. Êtes-vous monté sur le perron de ce temple, devant vous se déploient ce magnifique Océan, ces montagnes des Orgues qui encadrent les bords d'un lac aux ondes calmes et aux rives variées.

TABLE DES MATIÈRES.

Préface.	4
Notre-Dame de Paris.	7
Notre-Dame de Chartres.	25
Cathédrale de Reims.	39
— de Strasbourg.	42
— d'Orléans.	46
— d'Amiens.	47
Saint-Trophyme d'Arles.	54
Eglise de Brou, à Bourg.	57
Cathédrale de Vienne.	61
La Sainte-Chandelle, à Arras.	64
Saint-Vulfran, à Abbeville.	66
Saint-Gratien, à Tours.	67
Cathédrale de Rodez.	69
— d'Autun.	70
— d'Auxerre.	71
Eglise d'Evron.	72
Notre-Dame de Dijon.	73
Saint-Nizier, à Lyon.	74
Notre-Dame-du-Fort, à Etampes.	75
Cathédrale d'Angoulême.	77
— de Rouen.	79
— d'Alby.	81

Eglises de Belgique.

Saint-Gudulle, à Bruxelles.	id.
Cathédrale d'Anvers.	84

Eglises d'Angleterre.

Eglise d'York.	87
— de Sefton.	89
— de Newark.	id.
— de Westminster.	90
Églises de Londres.	91
La Chapelle de Cambridge.	92
Cathédrale de Lichfield.	id.
— d'Exeter.	94
— de Rochester.	96
— de Worcester.	98

Eglises d'Espagne.

Eglises de Cordoue.	99
— de Séville.	103
— de Tarragone.	105

Eglises d'Italie.

Saint-Pierre de Rome.	106
Panthéon d'Agrippa, à Rome.	108
Temple de Bramante, id.	110
Cathédrale de Sienne.	112
Basilique de Saint-Marc, à Venise.	114
Cathédrale de Milan.	118
— de Messine.	120
— de Florence.	121
Saint-Vital, à Ravennes.	122

Eglises d'Allemagne.

Cathédrale de Fribourg.	124
— de Worms.	125
— de Ratisbonne.	126
Eglise de Saint-Charles Borroméo, à Vienne.	id.

Eglises de Russie.

Eglise de Prokrovka, à Moscou.	127

Monuments religieux de Turquie.

Mosquée d'Achmet, à Constantinople.	128
Sainte-Sophie. id.	132

Monuments religieux en Asie et en Afrique.

Mosquée d'El-Haram, à Jérusalem.	138
Eglise du Saint-Sépulcre. id.	141
Saint-Jean de la Résurrection, en Syrie.	144
Le Temple d'Apollinopolis, en Egypte.	147
— de Lama, dans l'Astrakan.	150
— de Schœ-Mandon, à Pégu.	152
Boro-Boedor, dans l'Ile de Java.	155
Temple de Tritchengour, dans l'Inde.	156
Temple souterrain d'Elora.	158

Abbayes, Monastères, Couvents, etc.

Abbaye de Saint-Germain-des-Prés, à Paris.	161
— de la Chaise-Dieu.	163
La Roche Saint-Michel, au Puy.	165
Abbaye de Saint-Bertin.	166
— de Saint-Wandrille.	169
— de Mortemer.	172
La grande Chartreuse.	id.
Abbaye de Saint-Riquier.	175
— de la Victoire.	178
— de Jumièges.	180
— de Bolton.	185
— de Melrose.	id.
Chartreuse de Pavie.	188
Abbaye du Mont-Cassin.	190
— d'Hautecombe.	193
Couvent d'Otrotch.	194
— de Troitzokïe.	195
Monastère royal d'Ummérapoura.	197
— de Sainte-Catherine, au mont Sinaï.	198
Cathédrale et Couvents de Rio-Janeiro.	201

FIN DE LA TABLE

Poissy. — Imp. de G. Olivier

www.ingramcontent.com/pod-product-compliance
Lightning Source LLC
Chambersburg PA
CBHW070620170426
43200CB00010B/1859